教师教育系列教材

教育学基础实践教程
(微课版)

王 芳 主 编

崔 宇 赵月娥 副主编

清华大学出版社
北 京

内 容 简 介

本书是为了配合我国政府《普通高等学校师范类专业认证实施办法(暂行)》《中共中央、国务院关于全面深化新时代教师队伍建设的意见》《教师教育振兴行动计划(2018—2022)》《中国教育现代化 2035》等文件精神，着力推进教师教育人才培养模式的改革，构建教师教育人才培养质量保障体系而推出的教材。本书以教育学基本理论为基础，涵盖教育基本理论、课程与教学、德育、美育、学生与教师、班级管理等有关知识，既满足培养高素质教师队伍，提高师范类专业人才培养质量的需求，又贴近学生学习的需求。本书的编写既注重理论体系的完整，又强调理论与实践的结合，在确保科学性的前提下，突出了教材内容的针对性、实用性和时代性。

本书可用作师范类公共课的教学用书，也可作为报考国家教师资格证考试的辅导用书，更可以成为中小学一线教师及相关从业人员的参考用书。

图书在版编目(CIP)数据

教育学基础实践教程：微课版/王芳主编. —北京：清华大学出版社，2021.6(2023.8 重印)

教师教育系列教材

ISBN 978-7-302-57901-4

Ⅰ．①教… Ⅱ．①王… Ⅲ．①教育学—师资培训—教材 Ⅳ．①G40

中国版本图书馆 CIP 数据核字(2021)第 060976 号

责任编辑：陈冬梅
装帧设计：刘孝琼
责任校对：吴春华
责任印制：宋 林

出版发行：清华大学出版社

网　　　址：http://www.tup.com.cn, http://www.wqbook.com

地　　　址：北京清华大学学研大厦 A 座　　邮　　编：100084

社 总 机：010-83470000　　邮　　购：010-62786544

投稿与读者服务：010-62776969, c-service@tup.tsinghua.edu.cn

质量反馈：010-62772015, zhiliang@tup.tsinghua.edu.cn

课件下载：http://www.tup.com.cn, 010-62791865

印 装 者：三河市铭诚印务有限公司

经　　销：全国新华书店

开　　本：185mm×260mm　　印　张：14.25　　字　数：343 千字

版　　次：2021 年 6 月第 1 版　　印　次：2023 年 8 月第 2 次印刷

定　　价：48.00 元

产品编号：088382-01

前　言

习近平总书记在中国共产党第二十次全国代表大会上的报告中明确指出，要办好人民满意的教育，全面贯彻党的教育方针，落实立德树人根本任务，培养德智体美劳全面发展的社会主义建设者和接班人，加快建设高质量教育体系，发展素质教育，促进教育公平。本教材在编写过程中深刻领会党对高校教育工作的指导意见，认真执行党对高校人才培养的具体要求。

各国教师教育日益关注教师教育质量的提升和教学效能的提高，从而提升教师教育人才培养质量。科教兴国、教育优先发展是我国的基本国策，我国政府先后出台了《教师教育振兴行动计划(2018—2022)》《中国教育现代化 2035》，以促进高质量、专业化、创新型的教师队伍建设，多角度引发课堂教学的深刻变革。面对这些变革，教师教育类课程与教学亟待改革，以适应社会发展和时代对教师教育人才培养的要求，这既是机遇也是挑战。

教育部 2017 年印发《普通高等学校师范类专业认证实施办法(暂行)》，强调为推进国家教育事业发展，培养高素质教师队伍，提高师范类专业人才培养质量，开展普通高等学校师范类专业认证工作。师范类专业认证促使各师范类专业人员思考适合人才培养方案的培养目标，构建培养目标、毕业要求、课程体系、课程教学、课程评价的闭环体系。教师教育类课程"教育学"是师范类专业认证理念下人才培养方案中的重要组成部分，也是达到培养目标和毕业要求的重要支撑，本书是在师范类专业认证背景下对教育学公共课教学内容、编排体例的调整。

本书内容力求使师范生在教育理论知识和教学技能两方面得以提高，为师范生可持续发展提供广阔的空间。本书以阐述教育学的基础知识和基本理论为主，注重实践应用，编写原则是"理论与实践并重""知识、能力与素养并行"；以案例导入引发师范生的学习兴趣，理论知识深入浅出，可读性强；结合教学实际增加拓展阅读的知识，拓宽学生的视野。

本书共分 11 章，各章执笔人如下：第一章，王芳；第二章、第三章，赵月娥；第四章、第五章、第七章，崔宇；第六章，赵月娥；第八章，王芳；第九章，赵雨、王芳；第十章，张雨萌、王芳；第十一章，张果、王芳。全书由王芳统稿。

本书是为师范类专业学生编写的公共课教育学教材，也可作为国家教师资格证考试的辅助教材，还可作为在职教师的培训教材，以及其他教育工作者的参考书。在本书的编写过程中借鉴了许多同类教材的理论观点和研究成果，在此一并表示衷心的感谢！

尽管我们在编写过程中尽了最大的努力，但由于水平有限，不足之处在所难免，还望读者和同仁不吝赐教，以便日后进一步完善和修订。

编　者

目　　录

第一章 教育与教育学

本章学习目标

(1) 掌握教育、教育学、教育现象、教育问题、教育规律等基本概念。
(2) 能够清晰阐述教育的基本构成要素。
(3) 清楚教育发展、教育学发展的历史阶段。
(4) 理解教育的对象与教育学的对象。
(5) 了解我国教育学的发展历史与现状。

重点难点

重点：掌握教育与教育学的基本概念。
难点：理解教育与教育学的产生与发展。

引导案例

历史上的教育概念

教育自产生以来，人们就不断地对"什么是教育？"进行着探讨，得出了许多关于教育的定义。

我国对教育有一些比较有代表性的定义。比如，①《中庸》认为："天命之谓性，率性之谓道，修道之谓教。"②孟子认为："得天下英才而教育之，三乐也。"③荀子说："以善先人者谓之教。"④《说文解字》指出："教，上所施，下所效也。""育，养子使做善也。"⑤张栗原(1940)认为："它(教育)是一种促进人类与自然、社会以及劳动诸方面之关系的工具。"⑥陈桂生(2000)认为："教育"概念的内涵有三义：第一义，为本义，指"善"的影响，使人善良；第二义，指使个人完善发展，为教育的转义；第三义，指使个人成为完善发展的社会人，为第二义转义。⑦袁振国(2004)认为："教育是培养人的一种社会活动，是承传社会文化、传递生产经验和社会生活经验的基本途径。"⑧叶澜(1991)认为："教育是有意识地以影响人的身心发展为直接目标的社会活动。""学校教育是由专职人员和专门机构承担的有目的、有系统、有组织的，以影响入学者的身心发展为直接目标的社会活动。"⑨柳海民(1998)认为："广义的教育……其定义一般为：教育是人类社会特有的一种社会现象，是培养人的一种社会活动。""狭义的教育(即学校教育)定义为：教育是教育者根据一定社会的要求和年轻一代身心发展的规律，对受教育者所进行的有目的、有计划、有组织地传授知识、技能，培养思想品德，发展智力和体力的活动。"⑩齐梅等认为："教育是人类社会珍贵知识文化资源传承的活动。"⑪余文森等认为："教育就是一种价值引导与自主建构。"⑫全国十二所重点师范大学联合编写的《教育学基础》认为："教育是在一定社会背景下发生的促进个体的社会化和社会的个性化的实践活动。"

国外的教育定义也是丰富多样的。比如，①夸美纽斯(1632)认为："教育在于发展健全的个人。"②卢梭认为："教育应当依照儿童自然发展的程序，培养儿童所固有的观察、思维和感受的能力。"③赫尔巴特(1806)认为："教育在于涵养协调的与多方面的兴趣。"④斯宾塞认为：教育是"为我们的完美的生活做好准备"，给各种情况下的各方面行为以正确的指导，"即如何治身、如何养心、如何处事、如何立家、如何尽公民的义务、如何利用天然的资源来增进福利、如何善用我们的才能，达到最高效用，以求人己皆利。要言之，如何营造完美的生活。"⑤杜威(1916)认为："教育即生长、改造、生活的过程。"⑥苏联教育科学院(1967)认为：教育首先被定义为"对发展的控制及对发展的影响。"⑦美国的理查德·D.范斯科德、理查德·J.克拉夫特、约翰·D.哈斯(1984)认为："教育在其基本意义上是世代延续的人们借以取得其历史地位的教化过程。……人们通过教育学习当代文明，并创造未来的文明。简言之，教育有继承、参与和贡献三重目的。"⑧美国的索尔蒂斯认为："教育"表示"社会为了通过有目的的教与学来传递某些文化而创立和维护的那种特殊制度。"⑨日本的大河内一男认为："教育是使儿童(或每个人)变成善良人的各种活动。"⑩德国的沃尔夫冈·布列钦卡认为："所谓教育，就是人们尝试持续在任何一方面改善他人心理素质结构，或者保留其心理素质结构中有价值的部分，或者避免不良心理素质形成的行动。"

许多国家还通过词典的形式对"教育"一词的含义进行了规范。《西方教育词典》(1988)认为："教育即成功地学习知识、技能和态度的过程。其中学习的内容对学习者来说是值得花费时间和精力的。""教育也指上述过程的产物，以及研究该过程的性质和成果的学科。"《美利坚百科全书》认为："从最广泛的意义来说，教育就是个人获得知识或见解的过程，就是个人观点或技能得到提高的过程。"联合国教科文组织教育统计局1976年编写的《国际教育标准分类》确定了适用于国际教育标准分类的教育范围，指出："本标准分类所指的'教育'不是广义的一切教育活动，而是认为教育是有组织地和持续不断地传授知识的工作。"其中，"传授"是指在两个或两个以上的人之间建立一种转让"知识"的关系。这种传授可能是面对面的，也可能是间接的、远距离的；"有组织"的意思是说，有一个组织学习的教育机构和一些聘请来的教师，按一定的模式，有计划地确定目标和课程，有目的地组织传授工作；所谓"持续不断"，意思是说，学习的过程要经常和连续；"知识"是指人的行为、见闻、学识、理解力和态度、技能以及人的能力中任何一种可以长久保持(而并不是先天或遗传产生)的东西。

上述诸多古今中外的教育定义表述了教育这一事物的复杂性，反映出教育认识的发展性，也为我们界定教育提供了坚实的基础。

案例分析：

人们给教育下的定义是在对教育认识的基础之上完成的。随着社会、教育的发展，人们对教育的认识也不断发生着变化。人们普遍认为教育具有多种形态，把教育的定义分为广义与狭义两种。广义教育指一切的教育，狭义的教育指特定的教育。

教育的定义建立在对教育对象科学分析的基础之上。一般来说，人们认为教育的对象是人。苏联教育家乌申斯基曾经说过：教育的对象是人。然而，这是不全面的。从历史与现实的角度来看，我们认为教育的对象是人的身心发展。如案例中的定义"修道之谓教""教育是有意识地以影响人的身心发展为直接目标的社会活动""教育就是个人获得知识或见解的过程"。这些陈述都鲜明地指出了：教育的对象是人的身心发展。

下定义还必须确定其约定俗成的含义。在日常生活中，人们使用的教育的含义往往表示出教育的核心含义。日常生活中，虽然人们有时使用的教育是名词，有时是动词，但是，动词"教育"的含义是以名词"教育"的含义为基础的。在日常生活中，我们使用的"教育"一词的含义主要指方法、过程、制度、培训等，如本案例所展示的。它们具有共同的含义就是都指明了教育能够引起人发生某种变化。

定义往往蕴含着定义者的价值取向。教育的定义也不例外。本案例中的定义大致可以划分为三类：立足于社会的(社会取向)、立足于个人的(个人取向)、立足于文化的(文化取向)。

此外，确定教育的定义还需要明确教育的归属(社会活动)、由教育所导致的变化的内容(身心方面)与方向(向善)、教育的构成要素(人和物)、教育的价值取向(与人类发展方向一致，即求真、求善、求美)、教育的规定性。

第一节　教育与教育学概述

一、教育的概念

(一)"教育"的日常用法

教育的词源.mp4

在日常生活中，我们经常使用教育一词。在不同的情况下，我们对教育的理解亦有所区别。概括地说，教育的日常用法主要有四种。一是作为一种过程的"教育"，表明一种深刻的思想转变过程，如"我从这部影片中受到了一次深刻的教育"中的"教育"；二是作为一种方法的"教育"，如"你的孩子真有出息，你是怎么教育孩子的"中的"教育"；三是作为一种社会制度的"教育"，如"教育振兴地方经济的基础"中的"教育"；四是与"学习"或者"接受培养、训练"通用的"教育"。

人们对"教育"概念的日常理解构成了日常教育生活的基础。但是，就像日常生活中的其他一些词汇一样，人们尽管可以很自如地使用，却往往缺乏比较明晰和深入的思考，更不用说形成系统化、专门化的知识。对"教育"概念的常识理解，对于个体日常教育生活来说也许已经足够了，但是对于专门的社会教育事业来说却远远不够。如果一个国家、一个地区或一所学校的全部教育活动仅是建立在对"教育"概念的常识理解基础上，并受其指导的话，那么它的教育水平和质量是很值得怀疑的。所以，教育学的任务之一就是帮助人们把对"教育"概念的理解从常识水平提升到理论水平，对它进行比较深入和系统的分析。

(二)"教育"的词源

"教"字最早见于甲骨文，写法是"𢼊"，它左卜方的"𣎆"表示一个孩子，是教育的对象；左上方的"𤕝"表示占卜的活动，是教的内容；右下方的"𠂇"表示手；右上方的"丨"表示鞭子或棍子，是教的过程与手段。整个字合起来意指成人手拿着鞭子督促孩子学习的行为。"育"字见于小篆，也是个象形字，表示妇女孕育儿童。

《说文解字》中说："教，上所施，下所效也；育，养子使做善也。"在先秦时期，"教育"一词作为一个专有名词很少出现，只是单独用一个"教"字，如《学记》中的"教也者，长善救失也"。

在我国，一般认为"教育"一词，最早见于《孟子·尽心上》："得天下英才而教育之，三乐也。"但这两个字在当时不是一个固定搭配的词，与我们今天有关"教育"一词的名词用法有明显差别。

因此，从词源上来看，中国文化背景下的"教育"，其意就是培养人，教人为善。

在英语中，教育一词是"education"，在法语中，教育一词是"education"，在德语中，教育一词是"erziehung"，三者均起源于拉丁文"educare"。educare是由前缀"e"与词根"ducare"合成的。前缀"e"有出的意思，而词根"ducare"则为"引导"，二者合起来就是"引出、引导"的意思，即采用一定的手段，把某种本来就潜藏于人身上的本能引导出来，从一种可能的潜质转变为现实的特征。这也源自苏格拉底的"产婆术"，认为儿童头脑中已有知识和观点，教育就是把它引导出来。

19世纪末20世纪初，在连续不断的社会动乱、民族危机的压力下，清政府不得不广开民智，兴学育人，培养经世致用的新型人才。甲午战争之后，早期留学日本的一些人开始了翻译日文教育学书籍的工作。由于日本中有"教育"和"教育学"一词，故翻译过来的有关"兴学"的活动和理论就被称为"教育"和"教育学"。在学术界的影响下，朝廷大臣呈递的奏折中也渐渐地出现了"学"与"教育"交互使用、"兴学"与"普及教育"并提的情况，但一开始还是以"学"为主，如整个教育事业被称为"学务"，国家教育机关被称为"学部"，下设"劝学司""劝学所"，学部中有"管学大臣"，劝学所中有"劝学员"等。1906年，学部才奏请颁布"教育宗旨"。民国之后，正式改"学部"为"教育部"。此后，"教育"一词就取代传统的"教"与"学"成为我国教育学的一个基本概念。这是我国教育现代化和传统教育学范式向现代转换的一个标志。

(三)教育的定义

给"教育"下定义是对教育现象理性认识的开始。在教育学界，关于"教育"的定义多种多样，仁者见仁，智者见智。

《中国大百科全书教育》中对"教育"的解释是：教育是培养人的一种社会活动，它同社会的发展、人的发展有着密切的关系。从广义上说，凡是增进人们的知识和技能、影响人的思想品德的活动，都是教育，它包括家庭教育、学校教育和社会教育。狭义的教育，主要指学校教育，其含义是教育者根据一定社会(或阶级)的要求，有目的、有计划、有组织地对教育者的身心施加影响，把他们培养成为一定社会(或阶级)所需要的人的活动。教育这个词，有时还作为思想品德教育的同义词使用。

德国教育家沃尔夫冈·布列钦卡对教育的表述是："教育是人们尝试在任何一方面提升他人人格的行动。"

教育在人类历史的漫长岁月里，原无所谓广义与狭义之分。随着教育活动的演进，依照教育活动正规化程度，衍生出不同范围和层面的教育，才相应地形成含义不同的诸多"教育"概念。

本书采用《教育学基础》书中的定义：教育是在一定社会背景下发生的促进个体的社

会化和社会的个性化的实践活动。首先，这个定义描述了"教育"的"实践特性"，即"教育"这个概念首先指的是某一类型的实践活动。作为一种实践活动，"教育"必然有其明确的目的，因为人类的任何实践活动都是有目的性的活动，即使是儿童的游戏也不例外。没有明确目的的，偶然发生的外界对个体发展的影响就不能被称为"教育"。其次，这个定义把"教育"看作双向耦合的过程：一方面是"个体的社会化"，另一方面是"社会的个性化"。这两个过程是互为前提、密不可分的。如果片面地强调个体社会化的一面，强调个体发展需要和社会发展需要无条件的一致，而忽视个性心理特征和个性的培养，就会出现机械的"灌输"。机械的灌输不是"教育"。同样，如果片面地强调个性心理特征和个性发展的需要，而忽视现实社会的一般要求，就会导致个体自身发展的随心所欲。随心所欲的学习和发展也不是"教育"。对于个体来说，"教育"总是包含必要的"规范""限制"和"引导"。再次，这个定义强调了教育活动的"动力性"，即教育活动要在个体社会化和社会个性化的过程中起到一种"促进"或"加速"的作用，因此，日常家庭生活中的"抚养""养育"行为严格来说就不能被称为"教育"，因为这类行为大都是在自然或无意识的状态下发生的，在个体与社会的双向建构方面起不到一种明确的"引导""促进""加速"作用。也就是说，"教育"与一组特殊的条件相联系，如明确的目的、精心选择的课程、拥有专门知识的教师、良好的校园环境等。最后，这个定义强调"教育"行为发生的社会背景，强调"教育"与一定社会政治、经济、文化等条件之间的联系，从而说明教育活动的社会性、历史性和文化特征。

知识拓展

美国分析教育哲学家谢弗勒(I. Scheffler)在《教育的语言》(The Language of Education，1960)一书中探讨了三种定义的方式，即"规定性定义""描述性定义""纲领性定义"。所谓规定性定义即作者自己所创制的定义，其内涵在作者的某种话语情境中始终是同一的。也就是说，不管其他人是如何定义某个词的，我就是这么定义的，并且我将始终在我定义的意义上来使用这个词。所谓描述性定义是指对被定义对象的适当描述或对如何使用定义对象的适当说明。所谓纲领性定义是一种有关定义对象应该是什么的界定。谢弗勒有关定义方式的区分为我们研究纷繁多样的教育定义提供了一个逻辑的视角。事实上，任何一个"教育"的定义往往同时具备"规定性""描述性""纲领性"，凸显了"教育"定义的复杂性、多样性和歧义性。

(资料来源：瞿葆奎. 教育学文集·教育与教育学[M]. 北京：人民教育出版社，1993: 31-37.)

二、教育的要素

叶澜认为，教育的基本要素有教育者、受教育者、教育物资。其中，教育物资是指进入教育过程的各种物质资源。根据这些物质资源在教育中的不同作用，可以把它们分为教育的活动场所与设施、教育媒体以及教育辅助手段三大类。这是教育活动中物的要素。

作为一种活动的教育，不可能没有空间和必要的设施，尽管空间的大小、类型，设施的齐缺程度、高低水平可以各异。教育的活动场所与设施在学校中主要指校舍、教室、操场、实验室、校办工厂、农场等的数量与内部的设备装置。

教育媒体是教育活动中两类主体(教育者与受教育者)之间传递信息的工具。由此可见，教育媒体是教育内容的载体，也是教育中其他信息的载体。同样的教育内容，可使用不同的媒体，随着媒体的不同，教育的组织形式、方法、效果等都会发生变化，故有必要把媒体作为独立的要素来考虑。

教育媒体具有多种形式，从最简单的实物、口头语言到图片、书面印刷物、录音磁带、录像带、电影、电视、计算机程序等。它们的形式是随着人类科学技术的发展，教育活动的日趋普及化、个别化而越来越丰富多彩和综合化的。在现代社会中，"教育媒体"已成为教育研究中不可忽视的一个课题。

教育媒体在教育过程中的主要作用是成为沟通教育者与受教育者之间的桥梁。只有借助于教育媒体，教育内容才可被不同的主体所操作，信息才有传递的可能。教育媒体还对教育活动的范围、组织形式，教育内容的容量、来源，教育者的职能，学习者的学习方法等产生影响。如在印刷术发明与普遍运用之前，教育的媒体主要是教师的口头语言或用手工书写或刻出的各种"教材"，在这种情况下，教育不可能普及，教育的组织形式主要是个别式的，教育内容的容量也十分有限，教育者的职能主要是传递知识。当印刷术发明并普及之后，情况就发生了变化，它为教育的普及、班级授课制的推行、教育内容的增多与及时更新、教育者职能的多样化尤其是指导职能的增强提供了可能。现代教育媒体的发展给教育带来的冲击更大，有人甚至提出学校可消亡，教师的职能可由教学机器代替。可见，教育媒体是不可忽视的教育要素之一。

在此要强调，并非上述所列各种媒体的物质形式在任何情况下都能称为教育媒体，只有为一定教育目的服务，在教育过程中供复合主体使用的媒体，才是教育媒体。

教育辅助手段是指那些帮助教育者与受教育者的物质与技术手段。它与媒体的区别在于，它本身并不是教育中需要传递的信息的载体，而是某些信息载体传递时必须有的工具或手段，如录音机、计算机以及供教师和学生使用的工具。它与教学媒体的材料有密切关系，不同的媒体，对辅助手段有不同的要求。

教育活动的进行离不开教育物资，并有一个最低限度的要求。最低限度的具体标准是随时代、具体国家的发展水平而变化的。如在我国当前对中小学教育物资的最低要求是学校无危房，每个班级需有教室，每个教室应有桌椅。如果连这些要求也不能做到，就不可能办教育。在教育物资低于基准线的情况下，教育中的"物"的要素，就成为教育活动能否开展的决定性因素。

如果教育物资这个基本要素已经具备，那么，教育物资的改善只是有利于教育质量提高的重要条件，并不能对教育活动的开展起决定性的作用，也不是学校水平或教育质量的根本标志。在教育活动中起决定性作用的还是人——活动的主体。教育物资的某些不足带来的困难，通过人的主观努力，能够克服或得到部分补偿。相反，有了很好的教育物资，但教育者不愿教或不善教，学习者不愿学或不善学，那么，这些物资就不能充分发挥作用，而只不过成为一种显示经济实力的"摆设"。

三、教育的形态

教育的形态是指由教育者、学习者和教育影响所构成的教育系统在不同时空背景下的变化形式，也是"教育"理念的历史实现。根据不同的标准，可以划分出不同的教育形态。从目前教育学的研究来看，划分教育形态的标准大致有三个：一是教育系统自身的标准，二是教育系统所赖以运行的场所或空间标准，三是教育系统所赖以运行的时间标准。从教育系统自身的标准出发，可以将教育形态划分为"非制度化的教育"与"制度化的教育"；从教育系统所赖以运行的场所或空间标准出发，可以将教育形态划分为"学校教育""家庭教育""社会教育"；从教育系统所赖以运行的时间标准以及建立于其上的产业技术和社会形态出发，可以将教育形态划分为"农业社会的教育""工业社会的教育""信息社会的教育"。

1. 非制度化的教育与制度化的教育

非制度化的教育是指没有能够形成相对独立的教育形式的教育。这种教育是与生产或生活高度一体化的，没有从日常的生产或生活中分离出来成为一种相对独立的社会机构及其制度化行为。人类学校产生以前的教育就属于这种教育形式。就是在人类的学校已经形成一个高度复杂网络的今天，非制度化的教育也仍然存在，只是它在个体发展和整个教育系统中所占的地位和所起的作用已经非常有限了。

制度化的教育是从非制度化的教育中演化而来的，是指由专门的教育人员、机构及其运行制度所构成的教育形态。制度化的教育是人类教育的高级形态，它的出现是人类教育文明的一大进步，也极大地推动了人类总体文明的进步。今天所谈论的种种"教育"和"教育改革"，基本上指的是制度化的教育。

2. 学校教育、家庭教育与社会教育

学校教育是教育者根据一定社会的要求和受教育者身心发展的规律，在专门的教育机构进行的一种有目的、有计划、有组织的培养人的活动。其目的是把受教育者培养成能为一定社会(或阶级)提供服务的人。它不仅包括全日制的学校教育，也包括半日制的、业余的学校教育，包括函授教育、广播电视学校的教育等。

学校教育是最基本、最主要的教育形式，其具有以下基本特征：①有明确的目的，即培养目标；②有确定的教育内容(主要体现为教材)；③有固定的教育组织形式(以班级为基础)；④有精心组织的教育活动；⑤有专门的教育者和适龄的教育对象；⑥有教育场地和教育设施；⑦有稳定的教育周期。

随着现代生产、科技的发展和人类文明程度的提高，学校教育的作用更为突出，又出现了许多新的特征：突破了传统的时空范围，出现了多类型、多层次、多规格的办学形式；教育普及化程度提高，接受学校教育的人日益增多；学校与社会生活的联系越来越广泛、密切，逐渐成为开放式的系统。

家庭教育是指父母或其他年长者在家庭内通过言传身教或其他教育形式、方法对子女及其他家庭成员施行的各种积极影响。家庭教育的特点是：启蒙性、个别性、终身性。

广义的社会教育指整个社会生活、社会环境对人身心发展的教育影响。狭义的社会教育则是指通过学校或家庭以外的社会文化教育机构，以及有关的社会团体或组织对社会成员，特别是青少年所进行的培养思想品德、增进知识、发展智能、健全体魄的教育活动。

我国近几年社会教育有了很大发展，社会教育机构的类型增多。按担负的具体任务划分主要有提高和普及两大类。担负提高任务的社会教育机构有青少年宫、各种科技站(馆)、

业余体校等，这类机构在于配合学校培养青少年和儿童的优良道德品质，帮助他们巩固课堂知识，发展多方面的兴趣和才能，促进全面发展。担负普及任务的社会教育机构有文化馆(站)、博物馆、纪念馆、图书馆、俱乐部、体育场、电影院、公园、广播电台、电视台等。

3. 农业社会的教育、工业社会的教育与信息社会的教育

关于这三种教育形态及其特征，首先，这三种教育形态的产生与社会形态的变迁有着密切的联系，是适应不同的生产力发展阶段以及建立于其上的经济形态和生产关系变革的结果。因此，要把握这三种教育形态的特征，首先就要把握它们所处时代的生产力、经济形态以及上层建筑的特征。要理解这三种教育形态的前后更迭，首先要理解其背后的社会变迁。其次，农业社会的教育不等于"农业教育"，工业社会的教育不等于"工业教育"，信息社会的教育也不等于"信息教育"。前者是指基本的教育形态，而后者是指专门的教育类型。最后，三种形态的教育，是建立在前一种形态教育基础上的，因而在教育目的、内容、方法、管理等各个方面，总是包含着对前一种教育的批判、修正和重构，彼此之间有一种历史的连续性。

第二节　教育的历史与发展

本节通过大量的史实帮助学习者对"教育"的概念作历史丰富的和具体的理解。需要说明的是，这里所说的"教育"主要是指制度化的"教育"，也就是人类学校产生以后的教育。

一、教育的起源

教育的起源问题既是教育史研究中的一个重要问题，也是教育学研究中的一个重要问题。对这个问题的深入研究具有极其重要的学术价值。在教育学史上，关于教育的起源问题，主要有五种观点。

(一)教育的神话起源说

这是人类关于教育起源的最古老的观点，所有的宗教都持这种观点。这种观点认为，教育与其他万事万物一样，都是由人格化的神(上帝或天)所创造的，教育的目的就是体现神或天的意志，使人皈依于神或顺从于天。这种观点是根本错误的，是非科学的。之所以如此，主要是因为受到当时在人类起源问题上认识水平的局限，从而不能正确提出和认识教育的起源问题。

(二)教育的生物起源说

该学说的代表人物是法国社会学家、哲学家勒图尔诺(C. Letourneau，1831—1902)与英国教育学家沛西·能(T. P. Nunn，1870—1944)。勒图尔诺在《人类各种人种的教育演化》(1900)一书中认为，教育活动不仅存在于人类社会之中，而且存在于人类社会之外，甚至存在于动物界；不仅在脊椎动物中存在教育，甚至在非脊椎动物中也存在教育；人类社会的教育是对动物界教育的继承、改善和发展。[1]沛西·能在 1923 年不列颠协会教育科学组大会上以《人民的教育》为题说，"教育从它的起源来说，是一个生物学的过程。""生物的冲动是教育的主要动力"。这就是说，教育的产生完全来自动物的本能，是种族发展的本能需要。[2]

教育的生物起源说是教育学史上第一个正式提出的有关教育起源的学说，也是较早地把教育起源问题作为一个学术问题提出来的。它以达尔文生物进化论为指导。它的提出也有一定的经验基础，与神话起源说相比，不能不说是一大进步，标志着在教育起源问题上开始从神话解释转向科学解释。它的根本错误在于没有把握人类教育的目的性和社会性，从而没能区分出人类教育行为与动物类养育行为之间质的差别，仅从外在行为的角度而没有从内在目的的角度来论述教育的起源问题，从而把教育的起源问题生物学化。

(三)教育的心理起源说

教育的心理起源说在学术界被认为是对教育的生物起源说的批判，其代表人物是美国教育家孟禄(P. Monroe，1869—1947)。他认为，原始教育形式和方法主要是日常生活中儿童对成人的无意识模仿。表面上来看，这种观点不同于生物起源说，但仔细考虑，却也离生物起源说不远。如果教育起源于原始社会中儿童对成人行为的"无意识模仿"的话，这种"无意识"模仿就肯定不是获得性的，而是遗传性的；是先天的，而不是后天的；是本能的，而不是文化的和社会的，只不过这种本能是人类的类本能，而不是动物的类本能。这是孟禄比勒图尔诺和沛西·能进步的地方。可是，这种人类的类本能与动物的类本能的界线又在哪儿呢？孟禄没有回答。

(四)教育的劳动起源说

教育的劳动起源说也称为教育的社会起源说，它是在直接批判生物起源说和心理起源说的基础上，在马克思历史唯物主义理论的指导下形成的。持这一观点的学者很多，主要集中在苏联和我国，苏联的教育史学家、教育学家以及我国的教育史学家和教育学家大都认可这一观点。

这种观点认为，人类社会是和人类同时出现的；只有人才能经营社会生活，从事社会活动。恩格斯说："人离开动物愈远，他们对自然界的作用就愈带有经过思考的、有计划的、向着一定的和事先知道的目标前进的特征。"这种有目的、有意识地同大自然作斗争，其本身便是社会生活、社会活动的重要方面。

(五) 教育的交往起源说

教育的交往起源说认为教育的形态起源于人与人之间的交往。其代表人物是我国的叶澜先生。

叶澜先生认为，自有人类社会以来就有教育存在，教育是人类最古老的活动之一。这个事实本身就表明，教育与人类及其社会的存在与发展有着不可分割的联系。分析教育的起源问题，能使我们看到这种联系的性质与意义。

---

[1] 勒图尔诺. 教育学文集·教育与教育学[M]. 北京：人民教育出版社，1993.
[2] 沛西·能. 教育原理[M]. 王承绪，等译. 北京：人民教育出版社，1992.

在远古时代，人类为了自己的生存而结成社会群体，在社会群体中进行以满足生命活动的基本需要为目的的生产劳动。这种以群体方式进行的社会生产劳动和社会生活过程，不仅使人们产生了教育活动的需要，而且创造了教育活动的条件，形成了教育活动的原型。

二、教育的历史发展过程

(一)农业社会的教育

农业社会是人类进入的第一个文明社会，是指通过原始社会末期的第一次社会大分工，从原始的渔猎采集方式分化出来的以农耕为主要经济活动的社会形态。农业社会的基本特征有：生产工具已经从新石器转变为手工的金属工具；第一产业——农业已经形成，并成为主导性或支柱性产业；物质生产和生活资料除了满足人们的日常需要之外，有了越来越多的剩余，出现了私有制；社会日益分化为两个对立的阶级，阶级压迫和阶级斗争成为社会发展的重要动力；人与人之间的关系也由原始的无差别的平等转变为人身依附甚至是直接占有关系；人们对自然和社会的认识水平有了一定程度的提高，孕育产生了古代的哲学、科学、文学、艺术、道德伦理以及宗教等，产生了一些文明古国，如古代埃及、古代巴比伦、古代印度和中国等。

农业社会的教育具有以下特征。

(1) 古代学校的出现和发展。据可查证的资料，人类最早的学校出现在公元前 2500 年前后的古埃及。我国的学校产生于公元前 1000 多年前的商代，也有着很悠久的历史。学校的出现意味着人类正规教育制度的诞生，是人类教育文明发展的一个质的飞跃。无论是中国还是西方，古代学校都有一些共同特征：以文法学校、修辞学校等古典学校为主；学校的主要目的一方面是培养古代统治阶级所需要的人才，如官吏、牧师、骑士、君子等，另一方面是对广大劳动人民进行宗教、道德或政治的教化；课程内容主要是一些古典学科；教学方法强调严格的纪律和严酷的体罚；教学组织形式以个别化教学为主，没有严格的班级及学年区分；师生关系反映了农业社会的阶级关系、等级关系；劳动人民基本上被排斥在古代学校教育体系之外，在日常生活和生产中接受一些朴素的教育，有的也通过师徒制的形式接受一些民间专门技术教育。

(2) 教育阶级性的出现和强化。由于统治阶级对物质和精神生活及生产资料的绝对占有，他们同样地也占有学校，教育具有阶级性。教育的阶级性不仅体现在教育权和受教育权上，而且体现在教育目的、教育内容、教育方法、教师选择与任用等方面。与统治阶级的教育相对立，也同时存在着被统治阶级的教育，即在自己繁重的劳动和非人的生活过程中，用大量的事实教育自己的子女在本阶级内部团结互助的重要性以及对统治阶级的仇恨。此后，教育的阶级性是一切阶级社会教育的重要属性。

(3) 学校教育与生产劳动相脱离。由于不劳而获的统治阶级对学校教育权的控制，他们不允许向自己的子弟传递那些只有被统治阶级才需要的生产知识和技能。他们要求自己的子弟学习统治术、战争术、外交术等，从思想观念上教唆他们鄙视生产劳动和与之有关的知识技能。生产劳动的经验一开始就被排斥在学校的大门之外，有关这方面经验的传递主要是依靠生产过程中"师徒制"的方式进行的。

(二)工业社会的教育

工业社会的教育具有以下特征。

第一,现代学校的出现和发展。现代学校最早出现在 18 世纪,是应现代大工业生产的要求而产生的;现代学校既包括一些专门传递现代科学技术知识、为现代工业训练劳动力的实科学校、职业技术学校,也包括现代大学。与农业社会的学校相比,现代学校在体系上更完备、类型上更多样、层次上更清晰、性质上更世俗化。就教学组织形式而言,现代学校普遍实行了班级授课制的集体教学形式,极大地提高了教学效率。

第二,教育与生产劳动从分离走向结合,教育的生产性日益突出。人们日益认识到,今天的教育就是明天的经济;教育的消费是明显的消费、潜在的生产;是有限的消费、扩大的生产;是今日的消费、明日的生产。教育已经成为经济发展的杠杆,教育的生产性和经济功能得到了世界各国政府充分的重视,教育改革因此被作为经济发展的战略性条件。

第三,教育的公共性日益突出。工业社会初期,教育的阶级性还是比较明显的,主要为新兴的资产阶级服务,不反映或很少反映广大劳动人民的利益和愿望。但是,随着工业大生产知识含量的增加、随着工人阶级和其他劳动人民争取教育斗争的不断激烈、随着工业社会管理方式的变化,农业社会教育遗留下来的等级以及工业社会教育存在的阶级性越来越不合时宜,越来越受到来自统治阶级和被统治阶级两方面的批判。教育越来越成为社会的公共事业,师生关系也由农业社会的不平等关系转变为工业社会的民主关系,由绝对的教师中心走向教师指导和帮助下的学生自治。

第四,教育的复杂性程度和理论自觉性都越来越高,教育研究在推动教育改革中的作用越来越大。工业社会的教育,无论是从规模上还是从结构上来说,其复杂程度都是农业社会的教育所无法比拟的。因此,教育实践迫切需要教育理论的指导,从客观上促进了教育科学的发展和教育理论的创新。反过来,教育科学的发展和教育理论的创新又指导着教育实践。

(三)信息社会的教育

信息社会的教育具有以下特征。

第一,学校发生了一系列变革。学校的目的不仅是满足人们职业预备的需要,而且也要满足人们人文关怀的需要;学校的类型进一步多样化,以满足不同学习者的多样化学习需要;以现代信息技术为基础,一个四通八达的学校教育网络将会最终建立起来,学校的教育教学时空也得到根本改变;学校与市场的联系日益紧密,"学校市场化"的概念会激发学校不断地进行变革,以提供优质和简便的教育服务;传统的班级授课制将会得到改造、丰富或发展,出现多种多样的教学组织形式,培养学习者良好的学习品质与习惯将成为教学的核心任务;学校教育观念、管理、课程、教学以及师生关系等学校事务将成为公共辩论的焦点,教育的服务性、可选择性、公平性和公正性将成为学校改革的基本价值方向。

第二,教育的功能将进一步得到全面理解。教育的政治性、文化性将继教育的生产性之后成为备受人们关注的教育性质,教育在政治改革和文化建设中的功用将进一步得到系统和深刻的认识。教育将不仅帮助青少年一代适应社会变革的要求,而且还将启发他们去反思社会变革和筹划新的社会变革,既包括经济变革,也包括政治变革和文化变革。教育与社会的关系,从单纯适应走向全面适应、批判、创造和超越的结合。在这个过程中,教育自身也将从社会变革的边缘走向社会变革的中心。教育，已经成为一种公共话题、民生话题，也成为政治家们首先要考虑的社会问题。

第三，教育的国际化与教育的本土化趋势都非常明显。与农业社会和工业社会相比，信息社会无论是在物质、信息方面还是在资金、知识、人员等方面的交流都日益频繁。事实上，从近代资本主义扩张以来，人类就已经进入新一轮全球化的浪潮。20世纪中叶以来，全球化趋势更加明显。全球化不仅意味着不同国家、不同地区人们之间有着休戚与共的关系，而且意味着民族和国家的重新定位。因此，教育应该从梯度、知识、情感、技能等方面培养学习者从小就为一个国际化的时代做准备。此外，教育还应该帮助人们去认识和解决一些威胁人类生存的国际问题，如和平问题、环境问题、道德问题等。与此同时，教育本土化的浪潮将在教育国际化的背景下出现，成为人们重建本土文化和教育传统的主要论题。因为全球化并不是"均质化""西方化"，也不应该是"均质化""西方化"。全球化应该促进世界不同地区、国家和民族的繁荣，而不应该形成新的依附关系。因此，教育本土化对保护世界文化的多样性具有非常重要的意义。

第四，教育终身化、全民化和全纳教育的理念成为指导教育改革的基本理念。教育已不再局限于学龄阶段，而是贯穿于人的一生；教育也不再是青少年一代的专利，而是所有社会成员的基本需要。教育改革也应该着眼于创造一个适合于终身学习的社会，满足不同年龄阶段、不同社会群体学习者的教育需求。从一定意义上来说，受教育权成为与人的生存权和发展权紧密相关的一项公民权利，全民教育和全纳教育的理念不断从理论走向实践。

第三节　教育学的对象和体系、产生和发展

教育学是随着社会的发展和人类教育经验的丰富而逐渐形成和发展起来的一门科学。教育学是研究教育现象和问题，揭示教育规律的一门科学。在原始社会，生产力水平低，没有科学，人类的教育经验很简单，也没有教育学。随着生产力的发展，出现了脑力劳动和体力劳动的分离，产生了文字，出现了学校，人们的教育经验逐渐丰富，教育工作日益复杂，越来越需要对教育工作进行研究，对教育经验加以总结，这样就逐渐产生了教育学。

一、教育学的对象和体系

(一)教育学的对象

每门科学都有它特定的研究对象。科学对象的确定性和科学性，是衡量一门科学是否成熟的重要标志。科学对象是人和客观世界的联系达到一定程度和人的认识达到一定程度的产物。这对教育学也是适用的。自然界独立于人之外而存在，它在人类产生之前已经存在，这时人和客观世界的联系是零级，就是说还没有联系。

当人类社会产生以后，人和自然界、社会都有了联系。这时人和客观世界的联系以及对它的认识进入了第一级水平。这时的自然界和社会是人们在实践中自发认识的对象，它还不是科学的对象，而是科学对象的前提和条件。因为这时已产生了人这个主体，主体已和客观世界这个客体相对立而存在。

当我们在实践和自发的认识活动中对客观世界有了相当程度的认识，并产生了关于客观世界的观念，即对现象能进行某种分辨的时候，人和客观世界的联系及人对客观世界的认识就进入了第二级水平。例如，这时人们能从混沌的社会现象中通过教育活动分辨出教育现象，或者从教育的视角确立教育事实。这时，教育现象和教育事实还不是教育学的对象。

人们在实践活动中和社会的联系日益密切，以至于总结出教育事实和人的关系十分密切，但还不了解它，同时又想知道它，而最终决定去研究它的时候，这样所提出的教育问题才成了教育学的对象。这时人和客观世界的联系及人对客观世界的认识达到第三级水平。人对教育的认识达到这个水平时，即把教育问题作为教育学的对象时，教育学就产生了。

科学的对象是问题，教育学的对象是教育问题，是在教育实践活动中产生并被意识到的涵盖教育事实和教育价值的教育问题。

父母"怎样教育"子女，师长"怎样教育"学生，政治家"怎样教育"青年一代，正是教育的问题之所在。有史以来，教育这一事实在人们中间就是以"怎样教育"的形式提出的一个问题。对于父母来说，是把子女培养成技术人员，培养成艺术家还是其他什么样的人才，这就是教育的问题所在；为此目的，应如何管教或指导，要用什么样的材料来进行等便构成了问题。对于师长来说，应教育学生遵守纪律，还是让学生自由地成长，便是教育的问题之所在；为此目的，应采用什么样的教育课程和教育方法便构成了问题。对于政治家来说，把青年一代培养成为勇士，还是培养成为和平爱好者，这就是教育的问题所在；为此目的，需要有什么样的设备，制定什么样的制度等便构成了问题。从这样的角度提出来的问题，我们一般把它称为教育问题。有时，教育问题并不是以"怎样教育"的形式表现出来的，而是以"什么是教育"的形式表现出来的。[①]

(二)教育学的体系

有关教育知识的学科经历了由一门"教育学"到多门教育学科的发展过程。单数"教育科学"(educational science)主要指的是按经验科学的模式而形成的教育学，以区别于赫尔巴特及其以前的思辨教育学。实验教育学是其典型的形态。复数"教育科学"(educational sciences)的产生源于人们对教育学的理论基础的思考。早在赫尔巴特时，他就明确地把伦理学和心理学作为他的教育学的理论基石；在实证思潮的背景中，人们又陆续意识到生物学、生理学、社会学、统计学等对教育学的贡献；第二次世界大战以后，经济学、政治学及技术学等也进入了教育学研究的行列。

复数"教育科学"出现后，在不同语种的国家，"教育学"与"教育科学"的关系大致有以下几种情况：一是几乎完全承认"教育科学"的复数形式这一概念，它逐渐取代了"教育学"一词，在法国最典型。二是"教育科学"的复数形式与"教育学"共存。在德国最典型。三是较少采用"教育科学"的复数形式，但有自己的表达方式。比如，在英语国家中，经常使用"教育理论及其基础学科"的说法。四是把"教育科学"与"教育学"作同义词使用。

在教育科学的分类中，以对象为依据，可以分为两大类：一是以教育活动为研究对象

---

① [日]大河内一男等. 教育学的理论问题[M]. 曲程，迟凤年，译. 北京，教育科学出版社，1984.

的学科；二是以教育理论为研究对象的学科。在考察了教育学的历史和现状之后，有学者绘制了如表 1-1 所示的"教育科学分类框架表"。

表 1-1　教育科学分类框架表

以教育活动为研究对象；以不同方式运用其他学科	把被运用的学科作为理论分析框架	分析教育中的形而上问题	教育哲学	教育逻辑学
			教育伦理学	教育美学
		分析教育中的社会现象	教育社会学	教育经济学
			教育政治学	教育法学
			教育人类学	教育人口学
			教育生态学	教育文化学
		分析教育中的个体的"人"	教育生物学	教育生理学
			教育心理学	
	采用被运用学科的方法	运用方法直接分析教育活动	教育史学	比较教育学
			教育未来学	
		研究如何运用方法来分析教育活动	教育统计学	教育测量学
			教育评价学	教育实验学
			教育信息学	
	综合运用各门学科，解决教育的实际行动问题	分析与其他领域共有的实际问题	教育卫生学	教育行政(管理)学
			教育规划学	教育技术学
		分析教育领域独有的实际问题	课程论	教学论
以教育理论为研究对象			元教育学　　教育史学	

二、教育学的产生和发展

(一)教育学的萌芽阶段

　　在奴隶制社会和封建社会，教育学处于萌芽阶段，还没有形成一门独立的学科。古代的一些思想家、政治家和教育家的教育思想和教育经验，都混杂在他们的哲学著作或者政治著作中。如《论语》一书，就汇集了我国古代伟大教育家孔子关于哲学、政治、伦理和教育方面的言论；古希腊哲学家柏拉图的教育思想，就散记在他的哲学著作《理想国》一书中。

教育学的萌芽阶段.mp4

　　在人类历史上，最早专门论述教育问题的著作是我们国家的《学记》。它大约出现在公元前 403 至公元前 221 年，比国外最早的教育著作、古罗马昆体良的《论演说家的培养》一书早三百多年。《学记》是我国古代教育经验与思想的高度概括，全文 1200 多字，对教育的作用，古代的学校教育制度、教学原则与教学方法等问题做了精辟的论述。如"道而弗牵，强而弗抑，开而弗达""不陵节而施""长善救失""禁于未发""教学相长"等，都在一定程度上揭示了教育的规律，成为千古传颂的教育格言，至今仍有指导意义。

　　在我国封建社会，也涌现了优秀的教育著作，像韩愈的《师说》、朱熹关于读书法的

《语录》、颜元的《存学篇》等，对师生关系、如何读书和学习，都有精辟的论述。我国丰富的教育遗产，是值得我们自豪的。我们应该吸取其精华，剔除其糟粕，使其更好地为今日的教育服务。

在我国和欧洲的奴隶社会和封建社会时期，所有的教育方面的著作，多属于论文的形式，停留于经验的描述，缺乏科学的理论分析，没有形成完整的体系，因而只可以说是教育学的萌芽或雏形。

(二)教育学的独立阶段

英国哲学家和科学家培根(1561—1626)于1632年发表的《论科学的价值和发展》一文，在对科学的分类中，首次把教育学作为一门独立的科学提了出来。

Pedagogy(教育学)，是由希腊语 Pedgogue 演变来的。Pedgogue 意为带领儿童的人，Pedagogy 是指照管儿童的学问。长期以来，教育经验被视为教育术。很多教育著作，包括洛克(1632—1704)的《教育漫话》和卢梭(1712—1778)的《爱弥儿》，都被视为绅士教育论或育子之书。

夸美纽斯(1592—1670)

1632年，捷克教育家夸美纽斯写了《大教学论》，这是西方教育学史上的一部划时代的著作，它的问世使得教育学从哲学母体中脱颖而出，成为一门独立学科。在这本著作中，他提出了普及初等教育，主张建立适应学生年龄特征的学校教育制度，论证了班级授课制度，规定了广泛的教学内容，提出了教学的便利性、彻底性、简明性与迅捷性的原则，高度评价了教师这一职业，强调了教师的作用。夸美纽斯不但是伟大的教育家，而且是伟大的人道主义者和社会改革家。

其后，在教育界影响最大和最深远的是伟大的教育家和社会改革家裴斯泰洛齐(1746—1852)。他的著作虽不是系统的教育学著作，但他的教育学说和著作充满了对人的热爱、对教育和社会改革的真诚的见解。福禄贝尔(1782—1852)的《人的教育》(1826)一书对教育界特别是幼儿教育界产生了巨大的影响。

1776年，德国著名的哲学家康德(1724—1804)在哥尼斯堡大学开始讲授教育学，这是教育学列入大学课程的开端。后来，赫尔巴特继承了康德的教育学讲座，1806年出版了《普通教育学》，这部自成体系的著作被认为是第一部教育学著作。在这部著作中，他在伦理学基础上建立了自己的教育目的论，在心理学的基础上建立了自己的教育方法论，根据受教育者的心理活动规律确立了教育过程和阶段、手段和方法。

至此，教育学已具有独立的形态，成为一门独立的学科，对教育问题的论述，逐渐从对现象的描述过渡到对理论的说明，强调了教育要适应儿童的身心发展和天性，开始运用心理学的知识来论述教学问题。例如，夸美纽斯提出了一切知识都应以感觉为开端；赫尔巴特根据心理活动的统觉作用，提出了教学的四个步骤(明了、联想、系统、方法)。

(三)教育学的多样化发展阶段

随着科学技术的发展，心理学、社会学、法学、伦理学、政治学等经验学科逐渐兴起，关于这些学科的知识和研究方法，对教育学的发展起了巨大的作用。教育学不仅从这些学科中吸取有关的研究成果，而且逐渐利用社会学所常用的实证方法(搜集资料，进行调查、统计，根据事实进行客观的记述、比较、说明，探究其规律)和心理学所采用的实验方法来研究教育问题，使教育学不再仅仅是根据一定的理想和规范去考察教育，而是从教育事实出发，对其进行客观的分析与研究，从而使教育学向着实证的社会科学转化，在科学化的道路上前进了一步。同时，由于人们所处的社会条件不同，所运用的研究方法不同，因而，自 19 世纪 50 年代以来，教育科学迅速地发展起来，形成了许多门类。现就其中最著名和影响最大的著作介绍如下。

1860 年，英国思想家和社会学家斯宾塞的《教育论》单行本(汇集了之前发表的四篇论文)在美国出版，1861 年，该书在英国出版。斯宾塞是英国著名的实证主义者，他反对思辨，主张科学只是对经验事实的描写和记录。他提出教育的任务是教导人们怎样生活。他运用实证的方法来研究知识的价值问题，认为直接保全自己的知识最有价值，其次是间接保全自己的知识，其他的知识价值次第下降。在教学方法方面，他主张启发学生学习的自觉性，反对形式主义的教学。

20 世纪初，欧美的教育学者利用实验、统计和比较的方法研究教育问题，出现了"实验教育学"。"实验教育学"这个名称是 1901 年由德国的梅伊曼首先提出的。他认为过去的教育学是概念化的，往往与实际相抵触，为了防止仅仅根据理论和偶然的经验下结论，必须采用实验的方法研究儿童的生活和学习。1903 年，德国教育家拉伊出版了《实验教育学》，完成了对实验教育学的系统论述。

19 世纪末至 20 世纪初，美国出现了实用主义教育学说，这种教育学说由杜威创立，其代表著作是 1916 年出版的《民主主义与教育》。杜威从实用主义出发，反对传统的教育以学科教材为中心和脱离实际生活，主张让学生在实际生活中学习，提出"教育即生活""教育即生长""学校即社会"和"从做中学"。他的这种学说是以"经验"为基础，以行动为中心，带有某种经验主义的色彩。杜威的教育学说被广为传播，影响深远。西方教育学出现了以赫尔巴特为代表的传统教育学派和以杜威为代表的现代教育学派的对立局面。

1939 年，苏联出版了凯洛夫主编的《教育学》。这是一本试图以马克思主义的观点和方法阐明社会主义教育规律的著作。这本著作于 1948 年和 1956 年曾作过两次修订，在苏联和中国都产生了很大的影响。该书继承了 17 世纪至 19 世纪欧洲的传统教育思想，重视系统知识的教育，强调课堂教学和教师的主导作用，有其积极意义。它的主要缺点是对学生是学习的主体和发展学生的智力重视不够。

杜威(1859—1952)

在我国，1949 年以前，自 1901 年王国维翻译日本立花铣三郎讲述的《教育学》(刊登在《教育世界》上，实际上是赫尔巴特的教育思想)起，教育理论呈现两方面的态势：一方面是翻译国外的教育学，如周从政翻译霍恩的《教育哲学》、张师竹翻译博比特的《课程》等；另一方面是创编自己的教育学，出现了一些比较好的教育著作，如孟宪承的《教育概论》、吴俊升的《教育哲学大纲》、钱亦石的《现代教育原理》等。

(四)教育学的理论深化阶段

自 20 世纪 50 年代以来，随着科学技术的迅猛发展，智力的开发和运用成了提高生产效率和发展经济的主要因素，引发了世界范围的新的教育改革，促进了教育学的发展。同时，社会科学的综合化趋势越来越明显，教育学也日益与社会学、经济学、心理学等学科互相渗透，在理论上逐渐深化，在内容方面更加丰富。控制论、信息论和系统论的产生与发展，也为教育学的研究提供了新的思路和方法。各国的教育学在不同的思想体系指导下，都有新的发展，在理论上都有深化。

1956 年，美国心理学家布鲁姆制定了《教育目标的分类系统》，他把教育目标分为认知目标、情感目标和动作技能目标三大类，每类目标又分成不同的层次，排列成由低到高的阶梯。布鲁姆的教育目标分类，可以帮助教师更加细致地确定教学的目的和任务，为人们观察教育过程、分析教育活动和进行教育评价，提供了一个框架。1963 年，布鲁姆出版了《教育过程》一书。他主张："不论选教什么学科，务必使学生理解该学科的基本结构。"所谓学科基本结构，即构成学科的基本概念、基本公式、基本原则、基本方法等，以及它们之间的相互联系与规律性。他特别重视学生能力的培养，提倡发现学习。

布鲁姆(1913—1999)

1975 年，苏联出版了心理学家、教育家赞可夫的《教学与发展》一书。他批评了苏联传统的教学理论对发展学生智力的忽视，强调教学应走在学生发展的前面，促进学生的一般发展。赞可夫的教学理论对苏联的学制和教育改革，一度产生了很大的推动作用。1972 年以来，苏联连续出版了巴班斯基的几本著作。在我国，他的《教育过程最优化》一书较为著名。巴班斯基认为，应该把教学看作一个系统，从系统的整体与部分之间，部分与部分之间，以及系统与环境之间的互相联系、相互作用之中考察教学，以便达到最优地处理教育问题。巴班斯基将现代系统论的方法引进教学论的研究，是对教学论进一步科学化的新探索。

1970 年，联合国教科文组织终身教育科前科长保尔朗格朗所著的《终身教育引论》一书出版，此书被公认为终身教育理论的代表作。同一年，联合国教科文组织第 16 届会议通过一项决议，授权当时的总干事勒内·马厄成立国际教育发展委员会，其任务是提交一份报告，供联合国教科文组织及各会员国在制定教育策略时参考。1972 年，该报告以《学会生存——教育世界的今天和明天》为题公开出版。它从回顾教育发展的历史谈起，着重论述了当今世界教育面临的挑战的主要倾向，提出了关于实现教育革新的策略和途径，以及最终走向学习化社会的道路。

(五)新中国成立前，中国教育学的形成与发展

1. 了解和引进西方教育学科

19 世纪末至 20 世纪 20 年代，随着国门的打开，人们的学术视野也开阔起来，表现出以下特征。

(1) 对西方教育思想和理论的了解、引进，不是直接源于西方，而是经由日本学习

的结果；

(2) 引进的内容以赫尔巴特的《普通教育学》为主，还有部分与师范教育类课程如"学校管理法""学校卫生学""内外教育史"等相关的学科；

(3) 引进的过程特点是从直接翻译到编译，引进的主要用途是为教学服务。

这个时期，由我国学者编著的代表作有蒋维乔的《教授法讲义》(1913)、张子和的《教育学》(1914)、张毓聪的《教育学》(1914)。

2. 在国外教育学介绍、研究的基础上开启本国的教育学研究

从 20 世纪 20 年代到 40 年代，对国外教育学科的研究与介绍有所拓展，从国别和文字看，引进已不再局限于日本，而是逐渐转向美国和英语著作；从内容看，一方面重视原著名著的翻译，另一方面趋向流派纷呈，不再局限于一家之言；引进不再只是为教学服务，还为教育研究服务。多种流派的引入促进了对他们的比较、评析、研究，进而推动了中国对西方教育思想的研究，使囫囵吞枣式的吸收模式得到改造。

在此基础上，国内学者开始撰写教育学科方面的教科书等著作，表现出由介绍、翻译转向以评述为主，联系中国教育实际来著述的特点。这个时期，由我国学者编著的代表作有王炽昌的《教育学》(1922)、吴俊生的《教育哲学大纲》(1943)、钱亦石的《现代教育原理》。据不完全统计，1917—1948 年，国内学者先后出版的教育学类著作有 78 本。就其关心的中心问题而言，大致可分为以下几种类型。

(1) "原理型"，着重阐述教育的基本原理；

(2) "指导实践型"，集中在学校的课程设置与教学方法等方面；

(3) "指导研究型"，主要是研究方法的介绍和典型研究的个案式介绍或者研究论文集；

(4) "方针阐释型"，尽管也以教育学之类的名词命名，但立论的根据在于国民党政府的政治纲领和教育纲领，是为当时的政治服务的。

在探索理论的同时，中国教育界的一批革新人士、社会上的一批力图通过教育来救国救民的仁人志士，立足于改造中国教育的现状，开展了教育改革型的实验研究。这类研究涉及：中小学教学方法改革，如设计教学法、道尔顿制等的移植与改造；以社会尤其是农村教育改造为目的的、宏观的社会型教育实验，如黄炎培的农村职业教育研究，梁漱溟、晏阳初、陶行知等的农村教育实验；以儿童身心发展为基础的教育研究，如陈鹤琴的幼儿教育研究。

这些引进与研究，使中国教育界得以在较短时间内了解到国际上的教育思潮和学科发展的基本状态，使中国的教育研究和教育学科发展迈出了重要的一步。

本 章 小 结

教育是在一定社会背景下发生的促进个体的社会化和社会的个性化的实践活动。首先，这个定义描述了"教育"的"实践特性"，即"教育"这个概念首先指的是某一类型的实践活动。其次，这个定义把"教育"看作双向耦合的过程：一方面是"个体的社会化"，另一方面是"社会的个性化"。再次，这个定义强调了教育活动的"动力性"，即教育活

动要在个体社会化和社会个性化的过程中起到一种"促进"或"加速"的作用。最后，这个定义强调"教育"行为发生的社会背景，强调"教育"与一定社会政治、经济、文化等条件之间的联系，从而说明教育活动的社会性、历史性和文化特征。

人类教育的发展与人类社会的发展密切联系，并以后者为动力和条件。本章根据教育系统赖以运行的时间标准以及建立于其上的产业技术和社会形态，将教育形态划分为农业社会的教育、工业社会的教育与信息社会的教育，它们彼此之间既有历史的继承性，又有各自不同的特征。

教育学是一门研究教育问题的学问。它的产生和发展大致经历了萌芽阶段、独立阶段、多样化发展阶段和理论深化阶段四大历史阶段。每一阶段都出现了一批代表人物和著作，熟悉这些人物和著作，掌握他们的代表性观点，有助于提高学习者的教育学素养。

思 考 题

1. 结合实际，谈一谈对"教育"概念的理解。
2. 结合实际，谈一谈对教育三要素时代内涵的认识。
3. 简述教育的产生、历史与发展。
4. 简述教育学科分类体系。
5. 简述教育学科的产生与发展过程。

第二章　教育与人的发展

本章学习目标

(1) 理解人的发展的含义。
(2) 理解影响人的发展的各种因素及其作用，把握教育与人的发展的辩证关系。
(3) 培养运用正确的教育观分析实际问题的能力。

重点难点

重点：把握教育与人的发展的辩证关系。
难点：培养运用正确的教育观分析实际问题的能力。

引导案例

辛格博士挽救狼孩

　　1920年10月，辛格博士在印度加尔各答西部森林的狼穴中救出了两个裸体小女孩。她们中大的八岁，小的约两岁，分别被取名为卡玛那和阿玛那。辛格博士把她们带到米德纳坡尔孤儿院里抚养。

　　刚入孤儿院时，她们每天晚上像狼一样号叫，并竭尽全力寻找出路以便逃回森林。起初，她们用四肢爬行，慢爬时用手掌、膝盖着地；快爬时半屈着腿，用手掌和脚掌着地。她们害怕强烈的光亮，在黑暗中却很自在，也会辨别方向。她们寻觅食物时，凭嗅迹追踪。她们常常撕破衣服，摆脱毛毯，扔开被子，即使天气寒冷也不怕。但是她们怕水和火，给她们洗澡时，她们竭力挣逃。她们用舌头舔饮生水和流汗，只吃放在地板上的生肉，从来不吃任何人手里的东西，啃骨头也能不用手来帮忙。

　　卡玛那对阿玛那怀着深厚的感情，她俩像小狗一样相互依偎着睡在一起。一年后，阿玛那死了，卡玛那流了泪，两天两夜不吃不喝。十天过后，她还经常嗅阿玛那生前常到的那些地方。卡玛那对其他人怀着敌意，要是有人在她吃食时靠近，她就咆哮起来显出凶狠的样子。其他的孩子也引不起她的兴趣。

　　辛格博士虽然下了很大的功夫使卡玛那"恢复人性"，但他的工作还是进行了很久。两年以后(1922年)，卡玛那学会直立，但还得有人扶着。到1926年她已经能够单独直立行走了，但还不会跑，当她想走得快些的时候，仍像从前一样，四肢并用。至于在学习语言方面，几乎没有任何成效可言。四年以后，卡玛那只能听懂几句简单的话，仅仅学会了6个词；七年过后，她学到45个词，并学了几句话。在她生命的最后三年中，卡玛那开始喜欢并适应人类社会了。她已经习惯于晚上睡觉并开始害怕黑暗了；她吃东西用手拿着，喝水也使用杯子；时钟报时也理解成作息的信号了；她整天喜欢和辛格夫人在一起，还能从晾好的衣服中拣出自己的去熨平。但是在智力发展的水平上，卡玛那根本不能与同年龄的正常孩子相比。在刚被发现(8 岁)的时候，她的智力只相当于 6 个月的婴儿；快到 15 岁时，相当于 2 岁幼儿；她在 17 岁那年死去了，当时的智力才相当于 4 岁小孩的水平。

(资料来源：傅维利. 教育问题案例研究[M]. 北京：人民教育出版社，2004：6-7.)

案例分析

影响人发展的因素不仅有遗传素质，还有一个重要的因素——环境，因为环境为人的发展提供了基础性条件。人的发展是身体发展和心理发展的统一。人的发展具有其特殊的客观规律，因此，在回到人类社会之后，由于人的发展规律确定了人的发展存在着"阈限"，"狼孩"的语言、文字、符号和运算及生活常识等方面的学习速度仍然缓慢。卡玛那的大脑在生理解剖特点上是正常的，没有低能的象征，也正因如此，她才能在一生中适应几次生活上的巨大转变。她的智力水平之所以非常低，不是由于大脑在发育上有什么缺陷，而是由于缺乏人类社会环境众多而繁复的刺激。

教育是有意识的、以促进人的身心发展为首要目的的社会活动。为使教育有效地促进人的身心发展，就必须正确理解人的身心发展与教育之间的关系。因此，我们必须厘清人的发展的基本含义，了解影响人的发展的主要因素，明确教育之于人的发展的重大作用。同时，要正确认识人的发展的规律性，遵循人的发展的基本规律而施教。

第一节　人的发展理论

"人的发展与教育"无疑是教育学最重要的主题之一，因为教育的其他功能和价值都建立于"人的发展"之上。然而，目前关于"人的发展"的含义究竟包括哪些确定性，人们没有形成统一的、明确的看法。尤其是不同学科研究问题的角度不同，提出的定义更是众说纷纭、莫衷一是。这里，采用较为通常的解释，将之与人类个体的发展联系起来，看成是人类个体的持续不断地成长变化的过程。

一、人的发展的含义

"人的发展"一般有两种释义，一种将它看成是人类的发展或进化的过程，另一种则将它看成是人类个体的成长变化过程。

对于个体发展的内容，人们都承认主要包括两大方面——身与心。早在古希腊，亚里士多德就提出了"心灵与身体可分为二，心灵又可再分为两部分——理性的与非理性的，以及相应的两种状态——理性和嗜欲"。基于此，他又提出人的灵魂有三个组成部分，即植物灵魂、动物灵魂和理性灵魂。对应身体部分的是植物灵魂，它是灵魂中最低级的部分，它主要表现为生长、繁殖等方面。对应心灵部分的是动物灵魂和理性灵魂。动物灵魂高于植物灵魂，它主要表现为本能、情感、欲望等方面。理性灵魂是灵魂中最高级的部分，它主要表现为认识、思维。他认为，在人的发展与教育中，心灵与身体两个组成部分都应加以充分考虑,不可偏废。亚里士多德这一分类的基本模式延续至今,只是现在对每一类具体方面有了更清晰、细致和科学的认识。

现在一般都认为:人的发展包括身体和心理两大方面。人的身体发展是指机体的各种组织系统(骨骼、肌肉、心脏、神经系统、呼吸系统等)的正常发育及其体质的增强两个方面,是人的生理方面的发展。机体的正常发育包括身体各个器官、系统的健康成长,它是个体体质增强的条件和主要内容,而体质的增强又有助于机体的正常发育。人的心理发展或人的精神方面的发展,也包括两个方面,一是认识的发展,如感觉、知觉、注意、记忆、思维等的发展;二是意向方面的发展,如需要、兴趣、情感、意志、性格等方面的发展。人的身体发展与心理发展是紧密相连的,身体的发展是心理发展的物质基础,特别是神经系统发展的情况制约着心理的活动及其发展。同样,心理的发展也影响着身体的发展,特别是身体的发展受到认识、情感、意志和性格等心理过程和特征的影响。

人的发展问题已经引起哲学、人类学、社会学、心理学、生理学、社会学、教育学等学科的关注和研究。仅就心理学的研究而言,有些问题反复出现,并持续引发争论(见表2-1),也说明了人们对自身的发展的认识还远不清晰、完整,有待深入探讨。

表2-1 发展心理学中反复出现的问题与观点

反复出现的问题	当前占优势的观点
主动—被动	儿童积极地参与探究活动,努力地去创造关于这个世界的意义。他们不仅仅是被动的信息接收器,盲目地对生活给他们提供的奖赏与惩罚做出反应
天生本性—后天养育(遗传与环境)	发展的原因能够在环境与遗传因素的相互作用中被找到,而不是二者独自分开的作用产生效果
社会—历史	发展受到个人的特征与个人发展所依赖的历史、社会和文化环境之间相互作用的深刻影响
发展中的相似性	在不同的个体所采取的发展道路中,存在一些共同的东西。这些发展上的相似性允许心理学家去描述发展阶段或者层次
发展中的独特性	在个体之间存在着显著的不同,这些不同点存在于有相似的背景以及遗传历史的人群中;在社会背景以及遗传历史更加相异之时,不同点变得更大
发展中的可预测性	变化在人类发展中时刻都存在,对它的描述和理解是随着年龄与经验的不同而不同的。这种研究建立在以下的观点之上:影响变化的某些因素以及参与其中的某些过程是可以识别的,它们的效果是可以预测的

人的发展十分复杂,是一个生活与生长并进的过程;是一个"给定"与"自我选择""自我建构"相互作用、相互转化的过程;是发展的各种内外因素和活动方式相互制衡、相互协调的过程。它体现为个体内部的生理、心理、社会文化与外显活动方式的连续而较稳定的发展变化。但是,并非所有的变化都是发展,只有那些具有顺序性、稳定性、不可逆性的变化成长才是发展。发展通常使个体产生更有适应性、组织性、高效性和复杂性的经验、态度、能力和行为。发展持续于人的一生,其中儿童的发展最为显著。

二、人的发展的特点

人的发展的特点可以从不同的视角进行不同的概括及分析。从人与动物的区别的视角来看，可以将人的发展特点概括为"人是能制造和使用工具的动物""人是符号动物"等。在这里，我们从哲学人类学和教育人类学的视角，对人的发展的全过程性和自觉能动性这两个特点进行分析。

(一)人的发展贯穿于生命全程

个体的发展是个体从出生到生命终结，其身心诸方面所发生的一切变化，它是个体的潜在素质变成现实特征的过程。在相当长的时间里，教育理论把对个体发展的研究局限在青少年时期。因为自古以来，人的发展都被看作是一种生命力蓬勃生长的、向上的过程，主要是以身体成长发育为标志的，这就使发展被认为只是人生中某一阶段的事情，这实质上把发展看成是单纯的生理成熟的过程。儿童个体的发展是其生理成熟与生活的社会环境条件相互作用的过程。随着社会为人的发展提供越来越大的可能及提出越来越多和越来越高的要求，随着科学对人自身方方面面研究的深化，人们对个体发展的认识超越了经验的水平，发现人的潜能的多面性与发展的相对无限性，从而改变了对个体发展时限的看法：把上限推前到生命的孕育期，受孕成为个体发展的起点；把下限延伸到生命的终点——死亡。个体的发展贯穿于生命全程。因为个体的发展与动物的发展(生来就基本完成了、定型了、确定了)不同，它具有未成熟性、未完成性和未确定性。"人较动物而言，在本质上是非确定性的。此即人的生命并没有遵循事先确定的路线，事实上只是使人走完一半，另外的一半尚待人自身去完成。"这也意味着个体发展不再被认为只是以身体的生长发育作为标志，而是把个体随着年龄的增长，自身蕴含的潜在可能不断转化为现实可能，这种整体性变化作为发展的实质性的含义，从而使个体发展与个体变化几乎成为同义。人的一生都处在变化之中，不仅是身体的变化，而且包括心理的变化；不仅是个别方面的变化，而且包括整体结构的变化。这一界定使教育理论对个体发展的研究不再局限于青少年时期，而扩展到人的终生，同时也提高了人对自己生命质量的追求与信心，提高了对教育的期望，并把研究的重点转移到人的潜能的开发上。

(二)人的发展是自觉能动的过程

自觉能动性，又称主观能动性，是指人的主观意识和实践活动对于客观世界的反作用或能动作用。这种能动性能把人同周围世界区别开来，是一种自觉的意识。"人必须自我完成，必须自我决定进入某种特殊的事物，必须凭借自身努力力图解决自身出现的问题。"自觉能动性是人类所特有的意识特性，是人的发展区别于动物的一个重要特征。动物的活动是无意识的，与它的生命活动是直接同一的。一切动物的行动，都不能在自然界打下它的意志的印记，只有人才能支配自然界并为自己的目的服务。人的活动具有目的性、意识性和自觉性，表明了人对周围世界有着积极主动的态度。人的自觉能动性的含义包括两个方面：认识世界和改造世界。人的自觉能动性从意识方面来说，它体现为人的需要、动机、目的、对客观世界的能动反应等主观积极性；从它的外部表现来看，则表现为作用于客观事物的自觉活动，即人的实践活动。人的发展是一个自觉能动的过程。人的自觉能动性是在环境和教育的影响下形成的，随着人的自我意识的提高和社会经验的丰富而逐渐发展，并通过人的活动表现出来。在人的社会生活与活动过程中，为了解决生活、生存与发展的需要，人始终是作为活动主体而存在的。人不仅是认识与改造客观世界的主体，同时也是认识与改造自身的主体，并在认识与改造客观世界和主体自身的过程中表现出人的能动性。人在发展过程中表现出的自觉能动性，是人的生长发展与自然界发展变化及动物生长发展最重要的不同，这也是人的教育与改造自然的实践活动以及动物训练等活动之间最根本的区别。它为教育提供了合理的人性假设，为教育活动指明了努力的方向，也为教育活动提供了基本的依据。

三、人的发展的规律性及其教育意义

(一)人的发展的顺序性与阶段性及其教育意义

人的发展的顺序性，是指人的身心发展所具有的由低级到高级、由量变到质变按次序、连续不断发展的特性。在生理方面，身体是按由头部到下肢、由中心部位到全身边缘方向、从骨骼到肌肉的顺序发展；在心理方面，是按从无意注意到有意注意，从机械记忆到意义记忆，从具体形象思维到抽象逻辑思维，从喜怒哀乐等一般情绪到理智感、道德感、美感等高级情绪的顺序发展。

皮亚杰关于发生认识论的研究，比较科学地揭示了个体认识发展的一般顺序，即个体认识的发展是按照感知运算水平、前运算水平、具体运算水平、形式运算水平的顺序而进行的。

人的发展的阶段性是指人的身心发展所具有的不同年龄阶段有不同的发展任务和发展重点的特性。人的发展阶段可分为：婴儿期(从出生至3岁)、幼儿期(3岁至6、7岁)、童年期(6、7岁至11、12岁)、少年期(11、12岁至14、15岁)、青年期(14、15岁至39、40岁)、中年期(39、40岁至59、60岁)、老年期(59、60岁至死亡)。人的成长是一个持续不断的发展过程，不同年龄阶段表现出不同的年龄特征及主要矛盾，面临着不同的发展任务。人的发展的阶段性还表现为各个阶段是互相衔接的，每一个阶段都是前一个阶段的延续，又是后一个阶段的准备。

人的发展的顺序性要求教育要循序渐进地促进学生发展。具体而言，教育必须遵循着由具体到抽象、由浅入深、由简到繁、由低级到高级的顺序逐步进行，切不可"揠苗助长""凌节而施"，更不可"颠三倒四"、逆人的发展顺序而行。若是违反了人的发展的顺序性施教，不但难以达到应有的教育效果，甚至还会损害学生的身心健康。

人的发展的阶段性要求教育必须从学生的实际出发，充分考虑到学生在不同年龄阶段的不同发展特征，并根据这些特征有区别、有重点地提出不同的发展任务，采取不同的教育内容和方法，进行具有针对性的教育。特别是要注意儿童时期的教育，必须充分认识到孩子就是孩子，教育要尊重孩子的天性，若用成人的心态去要求孩子，必然会造成不良后果。

(二)人的发展的稳定性与可变性及其教育意义

稳定性是指在一定社会和教育条件下，青少年身心发展阶段的顺序、年龄特征和变化速度等大体上是相同的，如阶段的顺序以及每一阶段的变化过程和速度，大体上都是稳定的。但是，个体身心发展的稳定性只是相对的，在不同的社会条件或教育条件下，同一年龄阶段的青少年，其身心发展的水平可能不一样，这也就是所谓的可变性。儿童心理年龄特征的稳定性都是相对的，而不是绝对的。随着各种条件的不同，儿童心理年龄特征在一定范围或程度内，可以发生某些变化，而这些变化又是有限度的。在教育活动中，教育工作者要看到学生身心发展的稳定性，把它作为施教的出发点和依据；同时又要看到可变性，尽量创造良好的教育条件，充分利用学生发展的潜在可能性，以加速采取有效措施，促进学生的发展，而不是迁就学生的当前水平。

(三)人的发展的不平衡性及其教育意义

人的发展的不平衡性是指人的身心发展所具有的在发展速度的快慢和发展时间的早迟上的不一致的特性。这种不均衡性主要表现为两个方面：第一个方面是指同一方面的发展速度，在不同的年龄阶段变化是不平衡的，有的阶段发展快，有的阶段发展慢。例如，大脑发展最为迅速的时期是出生后的第五个月到第十个月之间，其后，到五六岁出现第一个加速期，十三四岁时再次出现加速。再如，青少年的身高、体重有两个生长的高峰，第一个高峰出现在出生后的第一年，第二个高峰则在青春发展期。在这两个高峰期内，身高、体重的发展较之其他年龄阶段更为迅速。第二个方面是指不同方面发展的不平衡性。有的方面在较早的年龄阶段就已达到较高的发展水平，有的则要到较晚的年龄阶段才能达到成熟的水平。如在生理方面，神经系统、淋巴系统成熟在先，生殖系统成熟在后；在心理方面，感知成熟在先，思维成熟在后，情感成熟更在后。根据人的身心发展的不平衡性，心理学家提出了人的发展的关键期或最佳期的概念，即人的身体或心理的某一方面机能和能力最适宜于形成的时期。在这一时期中，对个体某一方面的训练可以获得最佳成效，并能充分发挥个性在这一方面的潜力。教育工作者要善于把握个体身心发展的关键期，不失时机地进行教育，以求在最短的时间内取得最好的效果。

(四)人的发展的个别差异性及其教育意义

人的发展的个别差异性是指不同个体之间由于在认知能力、情感差别、意志动向等方面存在不同而表现出来的一种相对稳定而又不同于他人的特有心理或生理上的特性。正常人的发展须经历共同的发展阶段，但不同个体在发展的速度、水平及发展的优势领域等方面则千差万别。人的发展的个别差异性主要表现在三个方面：一是不同个体在同一方面发展的速度和水平各不相同，如有的早慧，有的大器晚成。二是不同个体在不同方面的发展上各有所长，如有的人观察能力强，有的人记忆能力好；有的人善于理性思维，有的人善于形象思维。三是不同个体具有不同的个性心理倾向，如同一年龄阶段的儿童往往具有不同的性格、气质和兴趣、爱好等。人的发展的个别差异性要求教育必须坚持因材施教的原则，即根据一定的教育目标，根据受教育者的个别差异和具体特点，采取不同的教育措施。这就要求教育工作者必须深入了解学生，根据学生不同的发展水平以及不同的兴趣、爱好和特长有针对性地施教，发挥学生的长处，弥补学生的不足，发展学生的个性，促进学生健康成长。

(五)人的发展的互补性及其教育意义

人的各种生理和心理能力的发展、成熟，虽然依赖于明确分化的生理机能的作用，但在总体发展水平方面，又表现出一定的机能互补性特点，使其尽可能地适应自己的生活环境。互补性反映了个体身心发展各组成部分的相互关系，它首先表现为个体某一方面的机能受损甚至缺失后，可以通过其他方面的超常发展得到部分补偿。这一点在残疾人身上体现得尤为明显。互补性也存在于心理机能与生理机能之间，人的精神、意志、情绪等对整个机体的发展能够起到重要的调节作用。这为存在生理缺陷的学生提供了发展的重要保障，使这些学生不至于因某种生理机能的缺陷，而严重地阻碍其整体的发展水平。教育工作者首先要对全体学生，特别是存在身心障碍、学业成绩落后的学生树立起坚定的信心；其次要掌握科学的教育方法，善于发现学生的优势，扬长避短、长善救失，激发学生自我发展的信心和积极性，从而获得身心的协调、统一的发展。

第二节　影响人的发展的因素

　　影响人的发展的因素极为复杂，既有必然的因素，也有偶然的因素。概括起来，有遗传素质、社会环境、学校教育和个体的主观能动性这四个基本方面。这四方面的因素相互联系，交织在一起，共同作用于人的发展。

影响人的发展的
因素.mp4

一、遗传素质在人的发展中的基础作用

　　遗传是指人从上代继承下来的生理解剖上的特点，如机体的结构、形态、感官和神经系统的特点及本能、天赋倾向等。这些遗传的生理特点，也叫遗传素质。在遗传下来的生理解剖特点中，生理特点指功能特点，如出生后感觉的灵敏度、知觉的广度、注意的持久性、记忆的强度、思维的灵活性等；解剖特点是指机体的器官和系统的结构特点。遗传素质是人的发展的物质基础，如果没有遗传所获得的机体，也就无所谓人的发展。

(一)遗传素质是人的发展的生理前提

　　人的发展总是要以遗传获得的生理组织为前提的，没有这个前提条件，任何发展都是不可能的。一个生而失明的孩子，不可能得到视觉能力上的发展，当然更不可能成为一个画家；一个先天失聪的孩子，不可能得到听觉能力上的发展，当然更不可能成为一个音乐家；一个无脑畸形儿或染色体畸变者，无论外在条件如何优越，都无法使他们得到正常人应有的心理发展。此外，个体在智力、情感、意志等方面具有的先天的心理特征，也会对他后天的学习和社会生活产生很大的影响。

　　遗传素质只是提供了身心发展的可能性。不过即使个体具有相应的遗传素质，也不能说他一定能在某些方面获得某种水平的发展。遗传素质是人的先天素质的构成部分，而不是全部。遗传素质并不会直接转变为个体的知识、才能、态度、道德品质等，如果离开了后天的社会生活和教育，遗传素质所给予人的发展的可能性便不能成为现实。美国斯坦福大学心理学教授特尔门对智商在 130 分以上的 1528 名超常儿童，进行了历时 50 余年(1921—1972 年)的追踪观察与系统研究，他们的结论是：早年智力测验并不能正确地预测晚年工作的成就，一个人的成就同智力的高低并无极大的相关，有成就的人并非都是家长、教师认为非常聪明的人，而是有恒心，做事求好、求精的人。这说明了人的遗传素质只是

为人的身心发展提供了某种可能性，要使这种可能性变为现实性，更具有决定性意义的还是人的发展的种种后天因素和主观努力。

(二)遗传素质的差异性决定人的发展的个性差异

遗传差异是指由遗传基因的不同而引起的个体生理和心理的差别。个体遗传基因的差别，会给人的身心发展留下深刻的印记，这主要体现在两个方面：生理方面，遗传控制个体的先天解剖特征和生理机能，致使不同的人在机体构造、形态、感官、神经系统上呈现出差异。典型的是各种族表现出身高、肤色、面孔等不同。心理方面，遗传会给个体的能力发展和性格气质的形成带来一定影响，是人们心理状态各不相同的自然前提。每个人的身上表现出来的与生俱来的不同心理特点，如有的孩子生来好动，有的孩子生来安静，有的儿童智力发展较快，有的儿童智力发展迟缓，这就是遗传素质的不同导致人的千差万别。

遗传素质的差异性是个体发展的差异性的重要原因之一。在人身心上表现出来的不同特点，如不同的智力水平、不同的才能、不同的个性特征等，都在一定程度上受遗传素质的影响。中国科学院心理研究所调查了 22.8 万名儿童，发现低能儿占 3%～4%，低能儿中有 50%以上是先天因素造成的(其中父母低能或与近亲配婚而造成遗传缺陷的占相当比例)。有的实验还证明，在思维活动方面，神经过程灵活性高的人比神经过程不灵活的人，在解决问题上可以快 2～3 倍；在知觉广度方面，神经过程强而灵活的人比较大，反之，神经过程弱而不灵活的人比较小；在注意分配方面，神经过程平衡的人较快，兴奋占优势的人有困难，抑制占优势的人较慢。所以，遗传素质对于人的发展是具有一定的影响作用的。据此，我们应当高度重视优生优育问题。

(三)遗传素质的成熟程度制约人的发展的过程及年龄特征

遗传素质本身有一个发展与成熟的过程，主要表现为人的身体的各种器官的形态及其结构的发展变化与完善。人的身心发展是个渐进的成熟过程，是一个连续不断变化的过程，是从缓慢的量变飞跃到质变的过程。在人的发展的过程中，受遗传素质成熟程度的制约。据研究，人的思维发展与脑的重量发展是密切相连的。人脑平均重量(以下简称脑重)发展的趋势是：新生儿脑重为 390 克，8～9 个月的乳儿脑重为 660 克，2～3 岁的婴儿脑重为 990～1011 克，6～7 岁的幼儿脑重为 1280 克，9 岁的儿童脑重为 1350 克，12～13 岁的少年儿童大脑平均重量已和成人差不多了，即为 1400 克。可见，遗传素质的成熟程度制约着人的发展的过程。只有当人的发展具有一定的生理条件，才为学习一定的知识技能提供了可能。

遗传素质的成熟机制制约人发展的阶段。由于遗传素质生理的逐渐成熟，人的发展就从前一个阶段达到另一个新的阶段，从胎儿期逐次进入婴儿期、幼儿期、童年期、少年期、青年期、中年期、老年期，并在每一阶段表现出一定的生理和心理特征。美国著名的儿童心理学家格塞尔同卵双生子的爬梯实验，就是对遗传素质成熟程度影响人的身心发展水平的有力证明。瑞士著名的心理学家皮亚杰等人提出的儿童认知发展阶段论，也是以在遗传素质的生理成熟程度的基础上发生的认知结构的变化为依据的。在正常条件下，这些阶段的出现是有规律可循的。这就是教育之所以要循序渐进而不可停滞不前或者拔苗助长的原因。

遗传素质为人的发展提供了可能性，但最终成长为什么样的人，并不取决于人的遗传素质。因此，遗传素质的影响既不可被夸大，也不可被贬低。要警惕与反对遗传决定论。遗传决定论者认为，人的发展是由先天的遗传基因所决定的，人的发展过程只不过是这些内在遗传因素的自我展开的过程，环境的作用仅在于引发、促进或延缓这种过程的实现。其创始人是英国人类学家、心理学家高尔顿，他在自己所著的《遗传的天才》一书中，首先提出"天才是遗传的"观点。他认为："一个人的能力是由遗传得来的，它受遗传决定的程度，正如一切有机体的形态及躯体组织受遗传决定一样。"美国心理学家桑代克也认为："人性有种原本趋势，通过多中择一反应形成一切行为和道德品格。这一切是受精卵的遗传基因决定的。"依照这些观点，不论后天的条件如何变化，教育如何改善，都改变不了遗传基因所决定的方向。

遗传决定论过分强调先天的遗传因素在人的发展中的作用，而忽视环境和教育对人的发展的重要作用，显然是错误的。遗传因素影响人的发展，但遗传不决定人的最终发展。我们承认遗传素质是人的发展的前提，承认遗传素质的个性差异性，但不能夸大遗传素质对人的发展的作用。不能认为人的智力水平和品质早已在生殖细胞的基因中就被决定了，后天环境和教育的影响只是对这些"智力种子"的萌发，或者延迟或者加速其遗传能力的实现而已。天资聪慧的人具有未来良好发展的可能性，但也未必就能成功；天资愚钝的人虽然有先天弱势，但通过后天的努力仍然可能成功。如果教育没有跟上成长，那么也会使遗传素质比较好的人趋于平凡。有一个例子众所周知：宋朝王安石写过一篇《伤仲永》的短文，说的是江西金溪县有个名叫方仲永的少年，小时候天资聪慧，5岁就能作诗，但由于后来生活条件和教育条件不好，到了12、13岁时，写的诗已经大不如前了，到20岁左右，则"泯然众人矣"。这个例子说明，遗传因素虽然在人的发展中具有很大的作用，但遗传对人的发展只是提供了物质的前提，它不决定人的最终发展。如果离开后天的社会环境和教育，遗传素质所给予人的发展可能性便不可能成为现实。

二、环境在人的发展中的作用

环境泛指个体生存于其中，在个体的活动交互中，与个体相互作用并影响个体的外部世界。一般而言，根据性质的不同，可以将环境分为自然环境和社会环境。自然环境指环绕着人类并影响人类生存与发展的自然界，主要有大气、土壤、水、岩石、植物、动物、太阳等。社会环境指人类在自然环境基础上创造与积累的物质文化、精神文化和社会关系的总和，主要包括人类赖以生存与发展的物质条件、人与人之间复杂的社会关系以及社会意识形态等。人生活在不同的环境中，这些环境为人的发展提供了不同的条件，对人的发展起着制约作用。本章中的环境主要指社会环境。

(一)环境为人的发展提供了现实条件

人总是在一定环境的影响下，发展着身体，获得一定的生活知识和经验，形成各种思想意识和行为习惯。在不同历史时期、不同地域、不同民族、不同社会阶级与阶层中生活的人，他们的思想意识、道德品质、知识才能和行为习惯都有明显的差别，每个人的思想、品行、才能和习性无不打上历史、地域、民族文化和社会阶级与阶层的烙印。一个人的身心能否得到发展和发展到什么程度，都与他的社会环境分不开，环境是人得以发展的现实条件。即使是智力优异的个体，处在一个生活艰难、教育水平低下的环境里，也很难成为优秀的人才。人类历史上出现的多起"狼孩"的事例，充分说明人的发展是受后天环境影响与制约的，遗传素质仅为人的发展提供可能性，没有一定的环境的影响，这种可能性绝不会转化为现实。

(二)环境制约着人的发展的方向与水平

社会环境是人类世代创造的产物，人出生时所面对的是他所无法选择的生活环境。在人类社会中每个成员总是与其他成员结成一定的社会关系，生活在一定的生活环境中。一个人降生到世界上来，总是生活在一定的由人与人的关系组成的体系之中。这种社会关系体系可以分为不同的层次。在较高的层次上，是由社会生产关系所决定的阶级和阶层的关系，每个人都处于一定的阶级地位之中，这种阶级地位会对人的心理产生影响，作用于人的心理面貌、需要、兴趣、情感以及道德品质的发展。同时，各个阶级所拥有的不同的物质和精神财富(在阶级社会中，一部分人占有发展的垄断权，另一部分人则被剥夺了发展权)，也会影响人的智力、体力等方面的发展。从较低层次看，青少年儿童总是直接生活在各种社会细胞之中，如家庭、邻里、同伴、集团、学校等，其中所发生的各种人与人的关系，均会直接影响到青少年儿童的发展方向和发展水平。马克思说："人的本质不是单个人所固有的抽象物。在其现实性上，它是一切社会关系的总和。"人一生下来就与周围的人发生各种交往，周围人的思想、观念、习惯、风俗等必然对他产生潜移默化的影响。例如，生活在山村的孩子，相对比较勤劳踏实，待人真诚、友善；而生活在城市的孩子，知识面相对来说比较广，善于交往，兴趣广泛。这说明不同的环境会使人的发展方向不一样。

环境对人的发展具有一定的制约与影响，但不决定人的发展。因为环境作用具有以下特点：一是环境影响具有自发性。无论自然环境还是社会环境，对身心发展的影响都具有自发性。人自从来到人世就与环境有不可分割的联系，因为环境本身是客观存在的。二是环境影响具有偶然性，即客观存在的环境影响因素不一定实际影响着个体的发展，因为个体只有接触到这些环境因素，才可能受其影响。三是对于环境的影响，个体存在适应与对抗。即个体的态度决定着环境对个体所产生影响的效果：如果个体接受环境的影响，那么这种特殊的环境就容易产生对人的影响；如果个体对环境的影响有抵抗意识或抵抗情绪，特别是个体能够抵抗不良环境的影响，那么这种特殊的环境因素就不容易对人产生影响。"出淤泥而不染"讲的就是这个道理。

环境决定论者将人看成是环境的消极、被动的产物，片面夸大环境对个体发展的作用。例如，中国古代的思想家墨子认为，人的发展犹如白布放进染缸，"染于苍则苍，染于黄则黄，所入者变，其色亦变"。荀子也有类似的观点，他说："蓬生麻中，不扶而直；白沙在涅，与之俱黑。"同样，西方行为主义心理学家提出的"刺激—反应"学说，认为人与动物的全部行为都可以分为刺激与反应，有什么样的刺激就有什么样的反应，刺激决定反应，环境决定行为，把人看作是环境的消极、被动的适应者。其代表人物华生说："给我一打健全的婴儿和我可以用以培养他们的特殊世界，我就可以保证随机选出任何一个，不问他们的才能、倾向、本领和他父母的职业及种族如何，我都可以把他们训练成我所选定的任何类型的特殊人物，如医生、律师、艺术家、大商人甚至乞丐、小偷。"这是典型的环境决定论的观点，它完全忽视了人的主观能动性。正如遗传决定论一样，环境决定论在人的发展的问题上也是片面的。

三、个体活动在人的发展中的能动作用

人的能动性是在人的活动中、在人的社会生活中产生，并通过人的活动表现出来的。人的能动性发挥，都是通过个体自身所在的不同性质、不同水平的一系列活动来实现的。具体表现为以下几个方面。

(一)人与环境的互动关系

人与环境的互动关系只有通过个体活动才能实现。人的发展既是受动的又是能动的，这种受动性与能动性都是在人与环境的互动关系中表现出来的。一方面，人是在接受环境影响的过程中获得发展的；另一方面，人也是在选择与改变环境的过程中获得发展的。马克思曾经说过："环境的改变和人的活动或自我改变的一致，只能被看作是并合理地理解为革命的实践。"可见，马克思在人与环境的关系问题上，一方面肯定环境可以给人以影响并制约人的活动；另一方面，又强调人的实践活动可以改变环境，并在改变环境的同时，也改造人自身。所以，"环境的改变"和"人的活动"以及人与环境之间的统一，是一种基于实践基础上的辩证的统一，人的活动是连接人与环境的中介。外部环境的因素只有成为人的活动的对象，才能表现出它对人的发展的价值。离开了人的活动，不管环境所赋予的一切发展条件有多大优越性，都不可能实现人的发展。

(二)人的潜能和素质的发挥与展现

人的潜能和素质的发挥与展现只有通过个体活动才能实现。人的潜能是指人的现实活动能力的潜在状态，是人能动地把握客观事物活动的内在根据，也是人自身活动力量的内在源泉和动因。它作为人自身存在的潜在状态，是对人未来发展存在的本质规定。每个人都有潜能的存在，每个人都有无限的潜能，就像能源藏在海底、藏在深山里，需要开发才能显现出来。人的发展就是人的潜能的开发和素质的发展，而潜能的开发和素质的发展必须在活动中加以运用与发挥才能实现。离开了人的活动，人的潜能和素质就无从运用与发挥，也就难以被发现并得以发展。

(三)人的能动性对人的发展的决定作用

人的能动性对人的发展的决定作用只有通过个体活动才能实现。影响人的发展的因素包括外部因素和内部因素。外部因素指自然环境和社会环境，教育也属于影响人的发展的环境因素。人的遗传素质同主观能动性，共同构成人的发展的内部因素。根据唯物辩证法的原理，外因是变化的条件，内因是变化的根据，外因通过内因而起作用。作为外部因素，环境与教育只是为人的发展提供了一定的条件，这些条件能否发挥作用，以及在多大程度上发挥作用，取决于个体的活动；作为内部因素，遗传素质只是为人的身心发展提供了必要的生理前提和发展的潜在可能性，这种可能性要转化为人的发展的现实性，离不开人的能动的活动。人的能动性是其身心发展的内部动力，也是影响人的发展的一个极其重要的因素。在环境和教育等外部条件以及人的先天性因素大致相同的情况下，人的能动性对人的发展具有决定性的意义。

第三节　教育在人的发展中的作用

教育在人发展中的作用.mp4

一、教育在人的发展中起着引领作用

人类的遗传为个体发展提供了生命潜能，环境为个体发展提供了资源和条件，个体活动引发了个体已有的素质与环境的互动，推动了个体的身心发展。在现实的生活中，影响人的发展的还有教育这一因素。在影响个人身心发展的诸因素相互作用的历史发展过程中，发展、分化并不断强化了教育这一因素显得特别重要；教育尤其是学校教育，在影响人的发展过程中加入了教育者这一主体，使环境成为经过选择、设计的环境，使受教育者的学习与身心发展活动成为有指导、讲成效的活动，从而有意识地引领年轻一代由生物人发展成为社会人，成为社会所需要的人才，以确保人类文化的代代传承与持续发展。

我们应当看到，初生儿童虽然具有遗传的能动本性、潜质与潜能，在环境的影响下，他们能够自发地感知事物，与人交往，模仿大人学会吃、喝、行走等简单的生活动作。确实，许多东西并不需要有意识地加以讲授，幼儿在环境的影响下，就能独自地获得经验，自发地养成初步的生活习惯。但是，对于学习前人在历史发展过程中创造的文化，如学习语言、文字及其承载的知识和道德精神，如果没有教育有目的地组织、引领、传授、关怀和帮扶，幼儿只靠环境的自发影响和个人的内在能力是很难学会的，而且他们常常不愿学习与遵守人类社会建构的文化规范和传统习惯。

杜威曾指出："人生来不仅不了解，而且十分不关心社会群体的目的和习惯。必须使他们认识它们，主动地感兴趣。教育，只有教育能弥补这个缺陷。""这个事实，使社会结构通过思想和实践的传递，得以不断重新组织成为可能。但是这种更新不是自动的。除非尽力做到真正和彻底的传递，否则最文明的群体将会进化到野蛮状态，然后回复到原始人类。事实上，初生的孩子是那样不成熟，如果听任他们自行其是，没有别人指导和援助，他们甚至不能获得身体生存所必需的起码的能力。……那么，对于人类一切技术、艺术、科学和道德的成就来说，那就更需要教导了！"他还说："成人有意识地控制未成熟者所受教育的唯一方法，是控制他们的环境。他们在这个环境中行动，因而也在这个环境中思考和感觉。……学校当然是根据影响其成员的智力的和道德的倾向而塑造的环境典型。"

杜威十分重视教育对儿童活动的指导作用，他深刻地指出："儿童不单纯是需要成人向他提出强烈的告诫和技能以便逐渐把潜藏着的活动的幼芽引发出来的处于休眠状态的人。儿童已经是十分积极的。教育的问题就是要抓住他的活动并给予活动以指导的问题。通过指导，通过有组织的运用，他们就会朝着有价值的结果前进而不致成为散乱的或听任其流于仅仅是冲动性的表现。"教育就是这种有意识地选择、设计、组织、控制的传递人类经验的特殊环境，是一种有指导的旨在促进人的发展的特殊活动。

兰德曼从人类学角度论述了这一问题。他说："语言并不是人所固有的。语言是一种历史的创造。人必须敏捷地从外部习得语言。……如果完全没有人教他语言，那么，尽管他有天生的说话能力，也仍然只是哑巴。"人类不仅历史性地创造了语言，而且不断地积累经验，形成了习俗、风尚、道德，创造并积累了用文字表征的各方面的文化知识。"许多东西不得不特意地反复灌输给他们；而他们不得不通过漫长的接受教育的过程才进入传

统。人在产生了文化之后必须通过教育使之不再丧失……这是一切教育的人类学基础。"可见，人类创造的一切文化的东西都需要教育来传递给年轻一代，以便一代代传承并不断发扬光大。

兰德曼明确指出："我们不仅是文化的建设者，我们也为文化所建设。"无论是讲环境创造人，或是讲文化建设人，讲的均为人的成长，尤其是年轻一代的培养、发展、成人与成才，都不可能是自然地、自发地发生的，而是需要通过老一辈和教育者有意识、有组织、特意坚持进行的教育才能实现。

教育在年轻一代的发展中起着极其重要的引领作用，主要体现在有意识地为年轻一代的成长选择、建构、调控良好的环境，对他们的生活、交往、学习与实践等活动进行正确的教导、示范和辅助，并注重尊重他们的主体地位和激发、引导他们内在的学习动力与自我发展的能动性、自主性和自为性，从各方面引领、关怀、维护他们的发展。从这个视角看，康德说得好："人只有通过教育才能成为一个人。人是教育的产物。"

可见，教育在人的发展中起着引领作用，我们应当让年轻一代的发展过程成为在教育引领下的有意识的自为、自觉、自强的过程。

二、学校教育主要通过传承文化科学知识来培养人

学校教育是教育者有意识地为儿童的身心发展精心设置的一种环境，其最大的特点在于，把经过选择的、重新组编的、人类长期积累起来的文化知识作为精神客体与儿童互动，以促进儿童的发展，使他们成人、成才。美国教育家赫钦斯有句名言："教育意味着教学。教学意味着知识。"

为什么学校教育要高度重视儿童学习和掌握知识呢？从根本上看，是儿童成长和发展的需要。心理学研究表明，人的发展即个体心理的"人化"。苏联著名心理学家维果茨基曾对个体心理的"人化"过程进行过研究，创立了"文化历史发展理论"，用以解释人类不同于动物的那些高级心理机能。维果茨基根据恩格斯关于劳动在人类借助于工具进行生产和改造自然过程中的作用的思想，详细地论述了人类高级心理机能的社会起源及其中介性。他指出，必须区分两种心理机能：一种是靠生物进化而来的低级心理机能，另一种是作为历史发展结果的高级心理机能。高级心理机能的实质是人在活动与交往的过程中，随着对符号系统的掌握，从而使人在最初的低级心理机能基础上形成了各种相应的心智的心理机能。因此，高级心理机能的发展是以"心理工具"——人类社会所特有的语言和符号系统为中介的，是受社会历史发展的规律所制约的，对语言符号系统所负载的社会经验的掌握，成为个体心理"人化"的必经之路。他还研究了儿童概念的形成和发展，指出儿童的科学概念对日常概念的主导作用。根据这一理论和他的"最近发展区"概念，他提出了"只有走在发展前面并引导发展才是好的教学"的教学原理。

德国哲学家卡西尔从哲学的角度论述了符号系统在人的发展中的重要性。他认为，任何生命体都有一套感受器系统和一套效应器系统，在人那里，还可发现称之为符号系统的第三环节。"这个新的获得物改变了整个的人类生活。与其他动物相比，人不仅生活在更为宽广的实在之中，而且可以说，他还生活在新的实在之维中。"卡西尔将这个"新的实在之维"称为"符号宇宙"。而"语言、神话、艺术和宗教则是这个符号宇宙的各个部分，

它们是组成符号之网的不同丝线，是人类经验的交织之网。人类在思想和经验之中获得的一切进步都使这符号之网更为精巧和牢固"。由于有了符号之网，人就不再需要事事直接地面对实践来认识世界了，可以凭着符号活动能力，以"符号之网"为媒介来认识世界。"人是如此地使自己被包围在语言的形式、艺术的想象、神话的符号以及宗教的仪式之中，以至除非凭借这些人为媒介物的中介，他不可能看见或认识任何东西。"在卡西尔那里，符号对人是如此重要，以至他把人定义为"符号的动物"。符号所负载的信息内容在人的发展中的作用由此可见一斑。

人类的文明史证明，文化知识是滋养人生长的最重要的社会因素与资源，人类通过学校教育引领年轻一代学习与运用语言、知识不仅能够有意识地传承人类的文化科学和发展自身的能力与品行，而且还在一代一代的传承过程中，使过去在历史上曾经是高难度的知识和技术，到今天逐步转化为普通的知识和技能。黑格尔在论述"个体的教养"时曾强调：应当"引导一个个体使之从他的未受教养的状态变为有知识"，这是个重要任务。他指出："在知识领域里，我们就看见有许多在从前曾为精神成熟的人们所努力追求的知识现在已经降低为儿童的知识、儿童的练习，甚至成了儿童的游戏；而且我们还将在教育的过程里认识到世界文化史的粗略轮廓。"

人类的符号系统，主要包括语言、文字、数字化信息等。符号及其负载的文化科学技术知识(简称为文化知识或知识)，之所以对人的发展至关重要，是因为文化知识蕴含着有利于人的发展的多方面价值。

首先，它促进人的认识的发展。知识是人类长期认识与实践的成果，是前人遗留给我们的精神财富。如果一个人只依靠个人的直接经验，他的知识就会很狭隘，认识必定很肤浅。学生若是能够掌握和运用前人知识，也就等于继承和掌握了前人认识的资源和工具，就能比较便捷地认识世界，能看到别人看不到的事实，发现别人发现不了的问题，解释别人解释不了的疑难，重组别人不能重组的经验。所谓"秀才不出门，能知天下事"，主要是指借助于学习知识来达到了解、认识天下事的目的。今天，在文字的基础上借助于网络与数字化信息，能更快捷有效地获取知识，使人类的认识实现了又一次飞跃。

其次，它促进人的精神的发展。知识蕴含着科学精神和人文精神。科学精神引导人实事求是，独立思考，追求真理，不唯上、不唯书、不迷信、不盲从、不妄言、不作伪、不哗众取宠，不搞假、大、空。人文精神则引导人追求人生的意义与尊严，坚持自由、平等与公正，争取人的合理存在，向往人的解放。这都不单是一个知识问题、认识问题，而是一个引导学生从知识、认识层面上升到人格层面的问题，让学生在这个过程中经历科学精神和人文精神的陶冶，体验到什么是实事求是、坚持真理，感悟到人何以生存，为何生存，才能真正形成人生智慧，具有人生理想和抱负，担当起社会责任、人类使命，才能成为"富贵不能淫，贫贱不能移，威武不能屈"的挣脱奴性、物性的人。

再次，它促进人的能力的发展。知识及其运用能力是前人在认识事物、解决具体问题、进行心理操作与行为操作的过程中提炼形成的结晶。因此，要有效地发展学生的认识问题和处理问题的能力，不仅要引导他们学习、理解知识，更为重要的是应当引导他们运用知识，去解决各种实际存在的问题，并懂得从挫折、失败中总结经验、教训，修正错误，逐步掌握正确的方法与程序，提高自身探究、发现、改进、建构与创新的兴趣和能力。

最后，它促进人的实践的发展。主要指促进人运用知识去指导、推进社会实践的发展。当学生通过学习获取了知识，认识了某种事物特性，就能获得改造某种事物的可能性，也就推动了人们在这一领域的社会实践的发展。人们常说，学习的目的在于运用，在很大程度上就是强调知识对促进人的实践发展的价值。

鉴于知识的多方面价值，要有效地促进学生的发展，教育必须引导学生尊重知识、热爱知识、追求真知、创造性地理解和运用知识，并在这个过程中使儿童的智能、品德、审美等方面获得自由而全面的发展，成为社会实践的主体。在此，有必要指出，知识固然有重要的教育价值，但却不可搞"唯知识教育论"。杜威明确肯定学校知识教育的作用，他指出："没有这种正规的教育，不可能传递一个复杂社会的一切资源和成就。"但他同时也强调了学校的"教学容易变得冷漠和死板——用通常的贬义词来说，变得抽象和书生气。""总是有一种危险，正规教学的材料仅仅是学校中的教材，和生活经验的教材脱节。永久的社会利益很可能被忽视。"因为学校学习的东西储存在符号里，与实际事物分离，同生活经验脱节，如果不经过学生观察、思考与操作等活动，如果不经过运用、实践、反思和提高，而是死记硬背，一知半解，教条主义，不可能使学生把所学的东西转化为自己的经验，并与社会利益联系起来转化为自己的品性。因此，杜威认为这种教育"忽视教育的社会必要性，不顾教育与影响有意识地生活的一切人类群体的一致性"。他还指出："如果所获得的知识和专习的智力技能不能影响社会倾向的形成、平常的充满活力的经验的意义的增进，学校教育只能制造学习上的'骗子'——自私自利的专家。"杜威的警告并非空穴来风，中国也早就有人把"两耳不闻天下事，一心只读圣贤书"视为教育的弊端。如何引入社会实践和社会交往，密切学校教育与现实生活的联系，关注教育的社会必要性，促进学生的全面发展，正是教育改革的重要课题。

三、学校教育对提高人的现代性有显著的作用

在社会发展的不同阶段，教育对人的发展所起的作用并不是完全相同的。与古代社会相比，现代社会对人的发展提出了越来越高的要求，教育对人的发展的作用也越来越大，这在人的现代性发展方面表现得尤为明显。

英克尔斯和史密斯是美国研究"人的现代化"问题的著名学者，他们从 12 个方面勾画了现代人的特征：①乐于接受新经验、新思想和新的行为方式；②准备接受社会的变革；③不盲从，不故步自封，愿意考虑各方面的不同意见；④积极获取能够形成见解或态度的事实和信息；⑤注重面向现在与未来，惜时守时；⑥强烈的效能感，对自己的能力或与他人合作充满信心，能够应对生活带来的挑战；⑦讲求事先的计划和安排；⑧能够信赖合理合法的社会机构和周围的人以解决问题；⑨重视专门技术，并愿意以此作为分配报酬的正确基础；⑩乐于让自己和自己的后代选择离开传统所认可的职业，而去从事与新事物相关的现代职业；⑪注重尊重他人和自尊；⑫注重了解生产及过程。

人的现代性的形成与教育是什么样的关系呢？或者说教育(主要是学校教育)在人的现代性发展中起着什么样的作用呢？英克尔斯等人通过对阿根廷、智利、孟加拉、印度、以色列和尼日利亚六个国家的大规模实证研究表明：在受教育程度最低的人中，只有不到10%的人被列为有现代人的特征；而在受教育程度最高的人中，约有 80%或更多的人被列为有

现代人的特征；他们还选择了两组工厂的工人进行配对测试，结果在受教育"较少"的人中，具有现代人特征的平均比例是 13%，而受教育"较多"的人中，则是 49%。因此，"在决定一个人的现代性水平方面，教育是个首要的因素""教育对个人的现代性有着直接的和独立的贡献"。教育之所以能在人的现代化过程中起着重要的作用，是因为学生在学校里不仅学会了读、写、算等各个方面的基本知识与技能，而且学到了与他们个人的发展和他们国家的未来有关的态度、价值和行为方式。"那些在校时间较长的人，不仅知识更多，而且言辞也更流利。他们有一种不同的时间感，有更强的个人与社会效能感；他们更积极地参与社区事务；更多地向新观念、新经验和新的人开放；与不同的人互动，对属下和少数人显示出更多的关心。他们更重视科学，更容易接受变化，而且准备限制其孩子的数量。简言之，由于有受到更多正式教育之利，他们的个人性格无疑是比较现代的。"我国正在进行社会主义现代化建设，人的现代化是社会现代化的重要基础和前提条件。我们应当自觉地优先发展教育，高度重视并充分发挥教育对人的现代化的促进作用。

📖 知识拓展

教育与个体的收入：舒尔茨的人力资本理论

西奥多·W. 舒尔茨(Theodre W. Schultz)1902 年 4 月出生于美国南达科他州阿林顿的一个德裔农村社团，22 岁毕业于布鲁克林农业学校，后考入州立学院，获科学学士文凭，1928 年和 1930 年相继获威斯康星大学科学硕士和哲学博士学位。他先后担任依荷华州立学院和芝加哥大学经济学系主任，1960 年被推选为美国经济学会会长，并于 1972 年被授予该学会最高荣誉奖章——沃克奖章。1979 年，舒尔茨获得经济学最高成就奖——诺贝尔经济学奖。1980 年曾来华作学术演讲，先后在北京大学和上海复旦大学传播其人力资本理论。

20 世纪 30 年代后期和 40 年代，他主要研究农业经济问题；自 50 年代中期以后，致力于人力资本理论的研究和著述。1959 年发表了关于人力资本的第一篇论文，题为《人力资本——一个经济学家的观点》。此后，舒尔茨又发表了大量有关人力资本理论的论著，如《教育和经济增长》(1961)、《教育的经济价值》(1963)等。这些著作构成了人力资本理论体系，稳定了其在人力资本理论研究中的核心地位。

人力资本是与物质资本相对应的概念，它是由舒尔茨首先阐释而获得特定含义的一种资本概念。按照舒尔茨的解释：全面的资本概念应当包括人和物两个方面，即人力资本和物质资本。

所谓人力资本，指的是凝聚在劳动者身上的知识、技能及其所表现出来的能力。这种能力是生产增长的主要因素，它是给个人和社会带来财富的源泉。

人力资本是由投资的方式产生的，人们为自己的教育、卫生、医疗以及为了获得就业机会而进行的国内迁移所付出的直接费用，乃至为了获得教育而放弃的收入，都属于对人力资本的投资。其中，教育投资是最主要的部分。简言之，人力资本就是对人的技能的过去投资的现行价值，也就是对提高人的能力而进行投资所形成的一种资本。舒尔茨对人力资本作了如下概括："人们需要有益的技能和知识，这是显而易见的，但是人们却不完全知道技能和知识是一种资本"，这种资本实质上是一种计划投资的产物；这种投资在西方社会以一种比传统的(非人力)投资大得多的速率增长，而且这种增长恰好是该经济体系最为突出的特点。

本 章 小 结

"人的发展与教育"无疑是教育学最重要的主题之一,因为教育的其他功能和价值都基于"人的发展"之上。因此关于"人的发展",本章从人的发展的含义、特点以及规律性三个方面具体地进行了阐述。

影响人的发展的因素极为复杂,既有必然的因素,也有偶然的因素。概括起来,有遗传素质、社会环境、学校教育和个体的主观能动性这四个基本方面。这四个方面的因素相互联系,交织在一起,共同作用于人的发展。

人类的遗传为个体发展提供了生命潜能,环境为个体发展提供了资源和条件,个体活动引发了个体已有的素质与环境的互动,推动了个体的身心发展。对于人的发展至关重要的因素还有教育,它在人的发展中起着引领的作用。教育对于人的发展的影响主要是通过传承文化科学知识,其对人的现代性发展起到了巨大作用。

思 考 题

1. 美国斯坦莱·霍尔说:"一两的遗传胜过一吨的教育。"上述说法表明了什么观点?

2. 有人认为"近墨者黑",有人认为"近墨者未必黑"。请联系自己的成长过程,谈谈你的看法。

3. 如何认识学校教育在人的发展中的主导作用?

4. 如何认识个体活动在人的发展中的能动作用?

5. 人的身心发展具有哪些基本规律?教育工作者应如何遵循人的身心发展规律而施教?

第三章　教育与社会发展

本章学习目标

(1) 全面认识经济、政治、文化、人口对教育发展的制约作用。
(2) 科学地认识教育对经济、政治、文化、人口等社会要素的功能。
(3) 理解教育的相对独立性。

重点难点

重点：理解社会基本要素对教育的制约作用、教育对社会发展的功能。
难点：理解教育的独立性。

政治人才的培养

从历史上看，各个国家的政治人才几乎都是受过一定教育的人。古今中外各个国家的教育在政治人才的培养过程中发挥的作用及其形式有所不同。

董仲舒(公元前179—前104)，广川(今属河北省景县)人，是研究《公羊春秋》的大师，景帝时为博士。他以"三年不窥园"的治学精神和学术上的高深造诣，赢得了当时读书人的尊敬，纷纷拜他为师。他教授弟子众多，创立"弟子传以久次相授业"的教学制度。董仲舒在《举贤良对策》中提出的建议，受到汉武帝的赏识，开始参加实际的政治活动，先后担任过江都王刘非和胶西王刘端的国相。但在政治上并不得志，于公元前121年托病弃官归家，潜心著书讲学，不问私家产业。朝廷每遇大事，派人征询董仲舒的意见，可见他仍然受到汉武帝的尊重。

韩愈(768—824)，字退之，唐河内南阳(今属河南省孟州)人，祖籍昌黎，故人称韩昌黎，唐代著名的文学家、思想家和教育家。韩愈生于世代官僚家庭，个人生活道路曲折，一生处于社会动荡不安阶段，辗转于河内、长安、韶州、宣州等地。七岁开始读儒家经籍，学习特别勤奋，记忆力很好，重视博览百家，尤好西汉司马迁、司马相如、扬雄的文章。青年时曾从独孤及、梁肃、萧存等游学，受其影响，钻研古文，潜心儒道，奠定一生学问的基础。贞元八年(792)进士及第。贞元十二年被汴州刺史、宣武节度使董晋招为幕僚，任观察推官，并首次接受弟子，开始教育活动。以后多次起伏，迁徙不定，先后在地方和京都任官，曾为四门博士、权知国子博士、国子博士、国子祭酒。他是当时三个运动——思想文化运动、文学运动和教育的主要倡导者。

(资料来源：孙培青，李国钧. 中国教育思想史(第一卷)[M]. 上海：华东师范大学出版社，1995：520-521.)

案例分析

从历史上看，教育的发展与其对于政治所具有的特定功能是分不开的。无论是在中国还是在外国，各个国家都重视通过教育来培养和选拔政治人才。教育具有政治功能，其政治功能的发挥主要是通过政治人才的培养和选拔。教育培养政治人才主要是通过学校来实现的。古今中外政治人才的培养具有不同的类型。在中国，自从"仕而优则学，学而优则仕"的思想出现之后，几乎各个朝代都十分重视通过教育培养政治人才。

东北师范教育新举措

2003 年东北师范大学高考招生出台一项新的举措：新生入学两年后选专业。东北师大有关负责人认为，以往高考录取专业一次就决定考生命运，忽视学生的专业兴趣，限制他们的发展空间，不利于他们毕业后主动地寻找可以发挥自身潜能的职业，致使他们在就业市场上表现得盲目、被动。基于此，东北师范大学 2003 年打破专业界限，对于一些相同学科门类的专业采取先从大的门类中录取，两年后根据学生的成绩、志愿情况重新选择其中的专业。这项新举措涉及的专业是经济学类、工商行政管理类、生物学类、数学类等。其中，经济学类学生可选择经济学、国际经济与贸易、金融学、财政学等专业；工商行政管理类学生可选择工商管理、会计学、市场营销、人力资源管理等专业；生物学类学生可选择生物科学、生物技术等专业；数学类学生可选择数学与应用数学、统计学等专业。

（资料来源：傅维利. 教育问题案例研究[M]. 北京：人民教育出版社，2004: 23.）

案例分析

专业划分过早和过细是我国高校专业设置的弊端之一。在计划经济中，学校的专业是由职业的类型决定的，因此，计划经济中学校专业门类的划分非常细，国家甚至规定每个专业招收的生员数量。因而，学校根本无须考虑市场的需求和毕业生的就业问题。在市场经济中，需要的是适应能力强的多面手，而专业划分过早和细化，必然导致学生的专业知识单一，社会适应性差，就业困难。东北师范大学"两年后选专业"的新举措，有利于拓展学生的专业视野，拓宽学生的专业知识背景。一方面让他们在了解自己专业的基础上，依据自己的能力、兴趣以及市场经济发展的需求选择自己的专业方向；另一方面又拓展他们的专业基础，增强他们的专业适应能力，以便毕业后顺利地实现自身和社会的双向选择。

教育作为一种培养人的活动，是社会大系统中的一个重要的子系统。教育以社会为基础，是在社会这个大背景下进行的。教育与社会发展的关系就是教育与社会构成要素之间的相互制约关系。它既要受到社会中的其他构成要素的影响，也要发挥自身的功能服务于社会，促进社会的发展和进步。前者表现为教育的社会制约性，后者表现为教育的社会功能。

教育学基础实践教程（微课版）

第一节　社会对教育发展的制约

构成社会大系统的子系统很多，诸如社会的生产力水平、政治经济制度、文化和人口等，它们对教育的目的、教育制度、教育内容、教育方式以及教育发展的规模和速度等都会产生影响和制约，这就是教育的社会制约性。这种制约性主要表现在以下几个方面。

一、生产力对教育的制约

社会发展的基础是物质资料的生产，在物质资料的生产中，生产力是最活跃的因素。生产力的发展变化必定会影响到生产关系的发展变化，从而也必定会对教育的发展产生影响。生产力对教育的制约作用，意味着教育的发展要以生产力发展的水平为依据，而不能脱离生产力这个基础。生产力对教育的制约作用主要表现在：生产力的发展制约着教育事业发展的规模和速度，人才培养的规格和质量，教育的结构，教育内容、教学方法和教学组织形式的变化。

(一)生产力的发展制约着教育事业发展的规模和速度

教育的发展需要社会为其提供一定的人力、物力和资金，这是教育发展的物质基础。而社会所能提供给教育发展的物质条件则是由社会生产力的发展水平决定的。一般来说，社会生产力发展的程度，决定了社会能为教育提供多少物质条件，能够发展多大规模的教育，且能以多大的速度发展教育。在原始社会生产力水平低下的情况下，不能向社会提供剩余产品，就更不能出现专门培养人才的教育机构即学校，教育只是在生产劳动中进行，教育的内容仅限于一般的生活经验。到了奴隶社会、封建社会，随着生产力的发展，社会产生了专门为统治阶级培养人才的机构，但仅限于占少数的统治阶级，大多数的劳动者一般不可能也不需要接受学校教育。随着机器生产代替手工生产，人类进入了资本主义社会，由于采用机器生产，这就必然要求劳动者接受一定的科学文化知识，从而扩大了教育的规模和对象。

总体上讲，生产力的发展水平与教育事业发展的规模和速度大致成正比关系，即生产力发展水平越高的社会，一般来说，其教育发展的规模就越大，速度就越快，受教育的人数就越多，受教育的时间就越长。

由于生产力的发展水平与教育事业发展的规模和速度大致成正比，这就决定了教育发展的规模和速度必然受到生产力发展水平的制约，这种制约要求教育的发展与生产力的发展相适应。当学校教育的发展水平落后于生产力发展水平的时候，社会经济的发展会因为人才的缺乏而受到阻碍，这时就需要重视兴办教育，使教育的发展速度跟上社会的发展速度。例如，工业革命的兴起，机器大工业生产取代传统的手工业劳动生产，这使得生产变得日益复杂，仅靠体力和简单的经验的生产已经无法满足社会发展的需求，这就要求大力发展教育，扩大教育的对象，使更多的人接受教育。

(二)生产力的发展制约着人才培养的规格和质量

教育是培养人的活动，关于培养什么样的人以及培养人的质量如何，都与生产力的发展有一定的联系。在不同的生产力的发展水平上，社会及其各方面的发展都很不相同，因而对人才的培养的规格和质量也会提出不同的要求。所以人才的培养规格和质量在很大程度上都必须根据生产力的发展水平和要求来确定。如，在古代社会，由于当时生产力水平低下，科技含量低，劳动只要靠经验的传递，学校的教育仅仅是为统治阶级服务，为统治阶级培养出巩固其统治和管理社会的人才，对这种人才的要求就是有一定的文化修养，有为统治阶级服务的意识以及具备一定的管理能力。随着生产力的快速发展，生产社会化程度日益提高，进入工业社会后，科学技术广泛应用于生产，这就要求学校必须重视社会生产方面的劳动者、管理者和科技人员的培养，不仅要求他们具备一定的科学知识，同时还需具备适应职业结构变化的能力。到了现今的信息化社会，生产劳动的技术含量更加显著，这就对学校培养的人才的规格和质量提出更高的要求，如知识性劳动者要具有较高的人文素养和科学素养。

(三)生产力的发展制约着教育的结构

所谓教育的结构是指构成教育体系的各个部分及其各部分的比例关系，包括教育的纵向结构和教育的横向结构。教育的纵向结构是指按教育程度划分的各级教育在教育体系中的比例构成，即初等教育、中等教育和高等教育。教育的横向结构是指按教育的类别或专业划分的各类教育在教育体系中的比例构成。例如：我国有普通中学和职业中学之分；在高等教育中，有文、理、工、农、林、医、师范、财经等专业类别。社会生产力发展水平，以及在此基础上形成的社会经济结构的变化必定引起产业结构、行业结构、技术结构、消费结构和分配结构等方面的变化，从而改变对不同类型、不同级别、不同知识结构的人才的需求量。与此相应，教育的结构，如初等、中等和高等教育的比例关系，普通教育和职业教育的比例关系，以及高等教育的层次、招生比例和专业类别等也会随之变化。学校的教育结构必须反映经济的产业结构、技术结构等的发展变革，这样教育为生产培养的人才在总量、类型和质量上才能满足生产力发展的需求，否则就会引起教育结构的失调，进而导致培养人才的结构比例失调。

(四)生产力的发展制约着教育内容、教学方法和教学组织形式的变化

生产力的发展促进着科学技术的发展，为了适应社会发展的需要，必然要求学校所传授的知识，即教育的内容反映生产力和科学技术的发展要求，这也就必然促进着教育内容的发展与更新。14世纪以前，学校教育中的自然学科的课程一般只有算术、几何、天文等几门学科；从14世纪到16世纪，随着生产力的发展，教学科目增加了地理和力学；17世纪之后，增加了代数、物理、化学、动物学、植物学等学科；从19世纪下半叶以来，近代地理、历史、动物学、植物学、矿物学、航海术、天文学及外国语等，被纳入了学校的教育内容；到了现代社会，原子物理、控制论、信息论、系统论、计算机、遗传工程等新兴学科，也逐渐成为教学内容。从大多数的发达国家的教育发展可以看出，其教育中课程体系和教学内容的革新都是为了适应生产力和科学技术发展的新水平。而且，生产力和科学技术的发展，也促使着教学方法的不断改进、教学组织形式的不断变革。在古代社会，落后的生产力以及由此决定的简单的经济基础决定了学校教育只能采取个别施教的方式；到了近代社会，由于工业生产的需要，产生了以高效率和集体教学为特征的班级授课制来大

规模培养劳动力；到了现代社会，随着科学技术和生产力的不断发展，幻灯片、电子计算机等现代化教学设备在学校中得到广泛应用，而且产生了远程教育和网络教育等新的教学组织形式，完全突破了时间和空间的限制，这极大地促进了教育的发展。

二、政治经济制度对教育的制约

作为一种社会现象，政治经济制度属于上层建筑的范畴。一定的政治经济制度决定着教育的性质，从教育的领导权到个体的受教育权，从国家的教育目的到各级各类学校的具体培养目标，以及教育的内容都会受到政治经济制度的制约。

(一)政治经济制度制约着教育的性质

一定时期的教育具有什么性质，是由所在社会的政治经济制度直接决定的。换句话说，有什么样的政治经济制度就要求有什么样的教育为其服务，且表现出其相应的社会性质。如近代大工业革命的产生，大工业机器的制造要求劳动者必须具备一定文化知识，所以资产阶级开办学校对劳动阶级进行教育，这样资产阶级的社会性质也就决定了学校成了为资产阶级统治服务的工具，即为其快速发展生产培养劳动力。教育的性质是与一定的政治经济制度相对应的，不可能脱离生产关系而独立存在。随着社会生产关系的变革，即新的社会关系代替旧的社会关系时，教育也会随之变革，与新的社会关系相适应。所以说，一定社会占主导地位的教育都反映着统治阶级的利益和需要，从属于统治阶级建构的社会经济政治制度，成为一定社会进行统治的工具。

(二)政治经济制度制约着教育的目的

教育需要培养什么样的人，尤其是培养具有什么样政治方向、社会价值和思想品德取向的人，都受到一定国家政治经济制度的制约。不同的政治经济制度，对受教育者的政治要求也不同；任何的教育都是出于维护统治阶级的利益的目的，为统治阶级培养他们所需的人才。例如，在我国的封建社会，统治阶级按照本阶级的要求，决定学校的教育目的是培养能"明人伦"，懂得三纲五常，能维护封建统治阶级的君子。在欧洲的封建社会，学校教育主要掌握在基督教徒的手中，他们主张的教育目的就是培养能够很好地传播基督教教义的宗教神职人员；在世俗的学校中，贵族子弟则被培养成勇猛善战、对封建领主忠诚的骑士。在现代社会，我国的社会主义教育主要是培养有社会主义觉悟、有理想、有道德、有文化、有纪律的社会主义建设者和接班人。

(三)政治经济制度制约着教育的领导权

教育的领导权是判断和确定教育性质的最主要的标志。在阶级社会，掌握政权的阶级，必然掌握着生产资料的所有权，从而也就必然拥有支配教育的权力，即掌握着教育的领导权。掌握政权的阶级必然会按照本阶级的利益，利用其在政治上的特权，通过多种方式和途径对教育进行组织、管理和指导，从而使教育为其政治统治服务。一般而言，统治阶级主要通过以下几种方式来实施对教育领导权的控制。第一，统治阶级通过国家权力机构对教育进行控制。统治阶级通过国家颁布的政策、法令、法规制定教育发展规划和发展战略，规定教育的方针政策和路线，并用强制手段监督、执行。同时，各级政权机构往往还利用其权力任用教育机构的领导者和教师，从组织上保证这种领导权的实现。第二，通过对经济力量的控制来控制对教育的领导权。国家权力机关通过对教育经费进行划拨、捐助等办法来实现其对教育的领导。第三，通过意识形态控制和影响教育。在社会上占统治地位的统治阶级，他们的思想必然是社会的主流思想。在教育上，统治阶级就是按照他们的主流思想来决定教育内容的，包括教科书的编写、各种读物的发行以及对教师的教育等，对受教育者进行思想政治教育，培养为其社会服务的公民。

(四)政治经济制度制约着受教育的权利

谁拥有受教育的权利、谁不能拥有受教育的权利，以及拥有什么样的受教育的权利，都是由一定的社会政治经济制度决定的。在奴隶社会，奴隶毫无人权可言，更不用说受教育的权利；在封建社会，占绝大多数的下层劳动人民也极少有受教育的权利，只有封建统治阶级才能享受到受教育的权利；在资本主义社会，资产阶级倡导教育权利平等和教育机会均等，从而使劳动者受教育的权利有了很大改观，但也仅限于低等水平的教育。在当代资本主义社会，虽然实行了普及教育，但是由于资产阶级和无产阶级在经济、政治、社会等各方面的不平等，每个人受教育的权利和机会也并不是完全平等的；在社会主义国家，生产资料实行公有制，劳动人民当家做主，受教育成为每个公民应享有的权利。必须指出的是，我国现在处于社会主义初级阶段，受教育的权利和机会不平等的状况在一定时期仍然会存在；随着生产力的不断发展，物质的极大丰富，作为社会主义社会的劳动者必然都会享受到平等的受教育的权利和机会。

(五)政治经济制度制约着教育的内容、结构和管理体制

统治阶级总是基于自身利益，他们积极地利用学校教育，把本阶级的思想意识、价值规范等强加到学校的教育内容中，向年轻一代灌输和传播他们的政治思想观念；或者采用比较隐蔽的方式，将其引入学校的课程和教材，对年轻一代的成长和发展施加影响。另外，特定社会的教育结构也是由该社会的社会结构和经济结构决定的。教育管理体制更是直接受制于社会的政治经济制度，例如在政治经济制度上实行地方分权的国家，在教育管理体制上也多赋予地方的教育自主权。

三、文化对教育的制约

文化是一个比较复杂的概念，它是人类在社会历史发展过程中所创造的各种财富的总和。一般认为，文化有广义的文化和狭义的文化之分。广义的文化一般指人类在长期的社会实践中所创造的物质财富和精神财富的总和。狭义的文化指科学技术、教育、艺术、文学、宗教、道德、哲学等社会意识形态，以及与之相适应的制度、机构等，即文化是社会客观精神文化和社会主观精神文化的统一整体。这里我们主要讨论的是狭义的文化和教育的关系。教育与文化有着极其密切的关系，这种关系从教育产生之初就存在了。教育的所有活动都是在文化系统的背景中展开的，因此文化必然对教育有着制约和影响。这主要表现在：文化传统影响着教育观念，文化知识影响着教育内容，以及文化模式影响着教育模式，等等。

(一)文化传统影响着教育观念

文化传统是文化生成中的历史积淀，是文化存在的底蕴。教育观念存在于每个教育者或其他人的思想中，具体表现为人才观、教学观、师生观和德育观等。教育观念的形成直接受到传统文化的影响。例如，我国的传统文化的价值取向有以下明显的特点，这些价值取向都对当今的教育观念具有显著的影响：一是尊重传统和尊重权威对教育过程和师生关系的影响。传统文化强调尊师重道，肯定教师的权威地位，这就导致了现在的教育也还强调教师的作用而忽视学生的主动性发挥，强调教师对学生的教导或直接发号施令，而忽视与学生的平等相待。二是官本位的思想对教育价值观的影响。传统的儒家主流文化强调出仕做官，更多关注的是学习、考试、做官，这导致了教育只强调知识的传授而忽视能力的培养，片面强调智育而忽视学生的全面发展，强调精英主义的教育观，而忽视大众主义的教育观。

教育是文化的产物，不同国家、不同民族的文化传统的差异，也必然会导致教育观念的不同。如，传统的英国社会有着浓厚的古典人文主义传统，所以强调教育的目的在于培养有风度和有修养的绅士；在美国，由于受实用主义传统的影响，他们更强调的是教育的实用性，教育不仅要促进人的和谐发展，更要培养对社会有用的人才。

(二)文化知识影响着教育内容

教育内容必然是对一定社会文化的选择，它是从人类文化中精选出来的部分。随着人类社会的不断发展，人类所积累的文化知识越来越多，并且逐渐趋于系统化和理论化；学校作为实施教育的场所，以保存和传递文化知识为己任。这就使得文化的发展决定了教育内容的可选范围。在一定时期，占有统治地位的社会主流文化往往直接决定了教育的内容。如，在我国的封建社会，学校教育的内容就是占主流的儒家文化。另外，各国、各民族的差异，也塑造了各国、各民族各具特色的教育内容。例如，中国古代传统文化在很大程度上是一种注重人际关系的伦理性文化，从这种文化中衍生出的中国古代教育内容，自然十分注重传授修己治人的学问，将伦理道德教育内容等作为教育内容的重要组成部分，而相对地忽视对自然学科和职业技术的传授。与此相对，西方的传统文化在很大程度上是一种尊重客观世界的理性文化，在教育内容的选择上，西方教育强调以自然界客观的事物作为教育内容，更加关注对理性的培养和科学知识的传授。

文化对教育内容的影响更多的是反映在学校的课程内容上。文化的发展，尤其是现代社会新的科学技术成果的出现，都会及时地反映到课程中，吸收先进的科学知识内容，同时剔除课程中的陈旧内容。随着文化发展越来越丰富，选择的课程也会越来越精深。可以说，文化内容的变化直接导致课程内容的变化。在我国古代，教育内容仅限于四书五经，现代的课程，如信息技术课、生物课等则包含着很多反映当今社会文化的内容。

(三)文化模式影响着教育模式

每个国家、每个民族都有自己特定的文化模式。根据时间的不同，有传统文化模式和现代文化模式之分；根据区域的不同可分为东方文化模式和西方文化模式；根据国家的不同则有中国文化模式、美国文化模式、英国文化模式等。不同的文化模式，往往都有与之相适应的教育模式。如，中国古代的文化模式是以儒家为主的伦理型的文化模式，所以古代的中国教育注重培养"明人伦"的"君子"，强调"克己""自省"，关注修己治人的学问；西方文化是一种理性的文化模式，在教育上关注对真理的追求，强调自然学科的学习，注重对人的理性的培养。随着文化的不断发展，文化模式也随之变化，而与之相对应的教育模式也发生着变革。在当今的多元文化社会，文化朝着多元性的方向发展，这要求教育模式也要随之变化。教育应该在文化多样性的背景下，促进多元文化社会中人们对不同文化的理解，促进不同文化群体间的平等与尊重。多元文化教育倡导教育公平，帮助学生走出自身文化的局限性，强调对学习者主体性和自主性的尊重，培养学习者在面对不同文化时的抉择能力、批判能力和反思能力，以及促进教育的机会均等。

四、人口对教育的制约

人口一般指的是生活在一定社会、一定地域，具有一定数量、质量和结构的人的总体。教育是培养人的活动。因此，教育与人口之间必然存在着一定的联系。人口主要在数量、质量和结构上对教育产生影响。

(一)人口数量对教育的影响

人口数量的变化，对教育的发展具有重要的影响。这主要表现在以下两个方面：第一，人口数量影响着教育事业的发展规模和速度。一定数量的人口是构成教育事业和其活动的前提和基础。随着人口数量的增长，必然要求不断扩大教育规模，以满足人口的教育需求。人口数量与出生率密切相关，人口出生率越高，儿童人口的增长数量就越大，普通教育的规模就越大；反之，人口出生率越低，儿童的入学数量就越小，相应的普通教育的规模就越小。第二，人口数量对人口受教育水平的影响。人口数量增长的快慢直接影响着人的受教育水平。在社会全部投资系数和人口投资系数不变的情况下，人口自然增长率的高低，人口数量的多少，决定着人均经济投资和开发智力资源的教育投资的高低。所以，在国家教育投资既定的情况下，人口越多，人均所享受到的教育经费就越少，人均享受到的教育资源也就相应地减少，这必然影响到人的受教育水平。而且，人口的数量大不利于教育资源的优化。

(二)人口质量对教育的影响

人口的质量主要指人口的身体素质、文化修养和道德水平。人口对教育的影响既有直接影响，又有间接影响。一方面，受教育者的素质直接影响着教育的质量。受教育者的原有文化素质高，则教育的起点就高，随之教育质量的提高速度就越快；反之，受教育者的文化素质较低，则会导致教育质量的增长速度放缓。另一方面，年长一代人口的质量影响新生一代的人口质量，从而间接影响教育的质量。例如，父母文化素质的高低，直接影响子女的早期教育、对子女的教育期望和情感陶冶；不同文化水平的父母，对于子女能否接受更高程度的教育也有着重要影响。此外，一个社会的人口质量的高低也会影响人们对教育的态度。拥有高质量人口的社会更加注重对教育的投资，促进教育的发展，加强年轻一代的受教育程度。

(三)人口结构对教育的影响

人口结构包括人口的年龄结构、人口的就业结构、人口的地域结构等。人口结构的每个方面的变化都会影响教育。

第一，人口的年龄结构对教育的影响。一般来说，有什么样的人口年龄结构就会有什么样的教育结构，人口的年龄结构主要影响各级各类学校在教育结构中的比例。例如，人口年龄结构趋于年轻的国家，教育的重点在基础教育；如果人口年龄结构趋向老龄化，教育的重点在老年教育。

第二，人口的就业结构对教育的影响。人口的就业结构对教育的影响主要是各学校和各专业间的比例关系。例如，社会上不同职业的就业比例的高低会影响到高等教育的专业设置和招生情况。此外，生产力水平的高低决定着就业结构状况，这必然也会影响教育的发展水平。如生产力水平低，劳动就业主要是第一、第二产业，此时教育的发展水平就比较有限。

第三，人口的地域结构对教育的影响。人口的地域结构主要包括人口的居住密度和分布方式。人口的居住密度和分布方式会影响学校的分布情况，进而直接影响教育资源的分布状况。人口密度分布大的地区，有利于办学，学校集中在一定地域，有利于教育资源的优化；相反，人口密度小、居住分散的地区，办学困难，学校分布较散，不利于儿童就近上学，不利于教育资源的优化。

以上主要是从社会生产力、政治经济制度、文化和人口这四个方面讨论了社会发展对教育的制约作用。当然，社会发展对教育的影响不可能只是这四个方面，社会中的其他方面，如地域环境、生态等因素也会影响教育的发展。所以我们在发展教育时必然要考虑到这些社会的制约因素。

第二节　教育对社会发展的功能

教育一方面受到社会发展的制约，另一方面也表现出对社会发展的能动作用。教育通过培养的人参与社会实践活动而作用于社会，促进社会各方面的发展。

教育对社会发展
的功能.mp4

一、教育的经济功能

教育的经济功能是指教育对一定社会的经济发展所起的作用。教育在受到经济制约的同时也对经济的发展发挥着重要作用。尤其是在现代社会，教育对经济快速发展的作用越来越明显。当代经济的发展已由依靠物质、资金的物力增长模式转变为依靠人力和知识的资本增长模式，其中人力资本是经济增长的关键，而教育就是形成人力资本的重要因素。所以，"教育先行"成为当代教育的一大趋势。教育对经济的促进功能主要体现在以下两个方面。

(一)教育是劳动力再生产的基本途径

作为劳动者的人是生产力各要素中最重要和最活跃的因素，这里的人指的是掌握生产知识和劳动技能且具有一定劳动能力的人。严格地说，一个人在不具备任何劳动知识和劳动经验之前，只是一个可能的劳动力。正如马克思所指出的："要改变一般的人的本性，使他获得一定劳动部门的技能和技巧，成为发达的和专门的劳动力，就要有一定的教育和训练。因此，要把可能的劳动力转化为现实的劳动力，就必须通过教育。"尤其是在现代经济活动中，先进的生产工具和技术需要素质高、技能熟练的劳动者；生产的高效率需要具有高素质、科学管理才能的管理人员；技术的更新、科技的创新、新产品的研发需要高水平的科技人员。据苏联经济学家统计，一个熟练工人接受 1 年的科技文化教育，比工人在工厂工作 1 年，平均能提高工作效率 1.6 倍。据国外一些企业的统计，劳动者受教育年限每增加 1 年，合理化建议就平均增加 6%；受过完全中等教育的工人在技术创造的积极性方面，比没有受过同等教育而工龄相同的工人要高 4~5 倍。还有研究表明，劳动力受教育平均年限每增长 1 年，国内生产总值就可增加 9%。教育通过提高劳动力来促进生产力的发展以及社会的发展。我国"两基"的实现，使我国初中及以上学历人口比例从 1982 年的 24.87%，提高到 2010 年的 61.75%，为保证我国经济社会全面高速发展提供了源源不断的人力资源，推动了我国经济社会的发展与进步。

(二)教育是科学知识和技术再生产的重要手段

随着生产力的发展，科学技术在生产力中所占的比重越来越大，以至于在现代高速发展的社会生产中，科学技术成为第一生产力。科学技术的发展依赖于教育，教育可以说是科学技术的母体。教育作为科学知识和技术再生产的重要手段主要表现在以下三个方面。

1. 教育传递科学技术

科学技术的显著特点之一是它具有历史继承性，正是这一特点的存在，人类才能够把已有的科学技术继承下来，使科学技术由低级向高级一步步地发展。科学技术的继承和积累不是自发完成的，而是通过一定的手段使已经创建的科学技术为新一代所继承和掌握，且一代一代地传下去。这个手段就是教育。通过教育使人类掌握已有的科学技术并为其进一步发展奠定基础。因为不掌握已有的科学技术成果，人类就不可能去探求科学技术的未知领域，也就不可能使科学技术不断地更新。从这个意义上说，教育是科学技术创新的基础和前提条件。

2. 教育可以促进科学技术的"物化"

社会发展的历史充分证明，生产越发展，对科学技术的依赖性就越大。尤其是现代社会，科学技术越来越成为生产发展的关键性因素，正如邓小平所说："科学技术是第一生产力"。尽管科学技术已经成为"第一生产力"，然而，科学技术自身是作为知识形态而存在的，说到底它仅仅是一种潜在的、间接的、精神性的生产力，并不能对生产的发展起到任何有意义的、实质性的作用，只有把它应用于生产过程并使其发挥应有的作用时，它才算是显性的、直接的、物质性的生产力。由此看来，科学技术这种潜在的、间接的、精神性的生产力，要成为显性的、直接的、物质性的生产力，必须有一个"物化""转化"的过程。即通过劳动者应用科学技术去开辟新的领域，开发新的材料，形成新设备、新工艺、新产品，产生生产的高效益。显然，这个"物化""转化"的唯一途径是教育。即通过教育把知识形态的间接生产力转化为物质形态的直接生产力，促进科学技术在生产过程中的应用，从而使科学技术在经济发展中成为一种巨大的物质力量。经济要发展，科技是关键，而教育是基础，这是被现代生产过程所证明的一条真理。

3. 教育是创造新科学知识与技术的重要途径

学校教育的教学功能是多方面的，仅就其对科学技术创新的角度来说，一是传递功能，二是发展功能。从传递功能上看，一方面，教育通过对科学技术的教学传递过程，使掌握科学技术的人越来越多，科学技术得以在更大的范围内推广和应用。这是科学技术的扩大再生产。另一方面，教育通过有效的形式、途径和方法，大大缩短了科学技术生产和再生产所花费的必要劳动时间。这也是科学技术的扩大再生产。正如马克思所说："再生产科学所需要的必要劳动时间，同最初生产科学所需要的时间是无法相比的。例如学生一个小时内就能学会二项式定理。"从发展功能上来看，学校通过教学活动能够有效地发展受教育者的智力和培养其创造能力，从而使他们能够不断地开拓新的科学领域、产生新的科研成果，在科学技术的创新上做出贡献。从高等学校的任务来看，高等学校作为学校的最高层次，有教学、科研和科技开发三大基本任务。高等学校的教学对科学技术创新的作用无须赘述。从科研方面来说，高等学校科研力量雄厚，学科领域齐全，科研设备集中，科研后备队伍强大，等等，这一系列优势条件决定了高等学校必然成为国家的科研主力军。事实上，高等学校确实承担并完成了国家大部分的科研任务。从科技开发方面来说，高等学校将科技新成果开发出来，推广出去，应用于社会的生产过程，使科学技术发挥应有的作用，这是科学技术创新的最高形式。

总之，随着社会的不新进步和发展，教育的经济功能将越来越大。当代世界各国都把发展教育看作民富国强的根本措施，并达成共识："经济的竞争，实际上是科学技术的竞争，而科学技术的竞争则表现为教育的竞争。"

二、教育的政治功能

教育的政治功能是教育的重要功能，古代学校的产生就是基于社会治理的需要。《学记》中说："君子如欲化民成俗，其必由学乎！""建国君民，教学为先"。古代社会的教育是为政治服务的，教育通过培养具有统治阶级意识的官吏来管理人民，向底层人民传递统治阶级主流意识，进而来维护统治阶级的地位。随着科学技术的发展，在现代社会，教育通过传播一定的政治观点促进年轻一代的政治社会化；现代社会更加关注的是民主和法制，在这一方面教育发挥着极其重要的作用；现代教育不只是维护统治阶级政治的稳定，还要促进社会的民主进程，推动民主政治的发展。

(一)教育通过传播一定的政治观点、意识形态，促进年轻一代的政治社会化

所谓的政治社会化，是指人们通过接受一定社会政治意识形态，逐步形成适应一定社会政治制度的政治态度、政治认同感、政治生活方式和政治生活习惯的过程。政治社会化是人的社会化的重要方面，通过政治社会化，可以形成一定社会主流性的政治意向，提高人们的政治参与意识，巩固社会的政治基础。任何一个社会，如果不能使很多人认同与其相应的某种政治制度、政治原则和政治态度，这个社会就会处于政治危机中。因此，学校教育培养出来的人的政治面貌与文化教养、精神面貌如何，对整个社会的政治面貌和精神

文明的建设是至关重要的。教育作为培养人的活动，能以直接或间接的、隐性或显性的方式向年轻一代传播一定的社会意识，以此来促进他们的政治社会化。在现代社会，教育促进年轻一代的政治社会化一般可以通过以下几种方式进行。第一，通过政治教育课程，教育者能够引导受教育者掌握系统的政治、哲学以及关于民族史、革命史等多方面的知识，来达到促进受教育者政治社会化的目的。第二，教育通过教师和学生集体，将社会政治意识贯穿于其他教育内容和各个教育环节。第三，指导学生参加一定的校外政治活动和其他社会活动，在活动和交往的过程中调整和强化他们的政治思想和道德观念。

教育不仅可以促进年轻一代的政治社会化，使年轻一代普遍具有一定的政治意识和政治态度，而且可以培养出各种专门的政治人才。随着社会的发展和政治活动的日益复杂，要求专门从事政治活动的人必须具备较高的科学文化素养、政治素质、从政和管理的能力，这些都是需要教育来完成的。

(二)教育通过思想传播、制造舆论作用于政治

政治上的舆论和思潮是一定社会政治的稳定与变革所不可或缺的重要因素，而学校自古以来就是传播文化的场所，所以统治阶级借助学校教育来传播其阶级的思想体系、道德规范，使统治阶级的思想由少数人掌握逐渐变成为广大人民群众所知晓。教育的宣讲具有一定的说服性，不仅使教育者了解这一思想，更重要的是让他们相信这一思想。另外，学校还是一个营造社会舆论的场所。这是由于学校里的教师和学生本就是社会成员，他们的思想意识是整个社会意识的一个方面，对社会风尚、社会意识有一定的影响作用。尤其是在高校，高校是知识分子和青年学生的聚集场所，他们思考人生、关注社会，对社会具有强烈的责任感和批判意识；他们学习人类优秀文化知识，具有强烈的追求民主、自由和进步的意识；他们具有强烈的爱国主义精神和政治责任感，这就使得学校成为研究、探讨和传播政治思想的场所，同时对社会政治的稳定发展产生一定的影响。例如五四运动就是一个典型的例子。在现代社会，教育更是发挥了其特有的政治舆论制造和思想营造的功能，教育通过研究和咨询直接参与社会政治决策。特别是高校和国际社会的政治有着越来越密切的联系，国家和社会的许多政治决策都是先在高校讨论、研究和酝酿，完善后再应用于社会。

(三)教育能够促进政治民主化

政治民主化是现代社会政治发展的必然趋势。一个国家的政治是否民主取决于该国家的政治体制，同时也与这个国家的人民的政治素养有关。人民的政治素养必然与其文化素养有关，也就是与其所接受的教育水平有关。一个国家普及教育的程度越高，人们的文化素养就越高，政治意识也就越强烈，对应地就越能认识到民主的价值，进而推动民主化的政治社会。所以不断提高和推动社会政治的民主化的前提和保障就是要不断提高这个社会的教育普及程度和公民的文化素质。教育不仅通过提高人们的文化素质来推动社会的政治民主化，而且还能通过教育自身的民主化来培养人们的民主意识和观念。民主的政治必然要求民主的教育。民主的教育不仅仅传播民主观念，而且其本身就是社会政治民主化的一部分。诸如教育公平、教育机会均等、师生关系的民主等，这些体现教育民主的同时，也反映着社会的政治民主。

知识拓展

历史上的关于教育与政治关系的观点

(1) 亚里士多德指出："忽视教育就会危害政制。应陶冶公民，使他们的生活适应于政府的形式。"

（转引自：华东师范大学教育系、杭州大学教育系. 西方古代教育论著选[M].

北京：人民教育出版社，1985：107.）

(2) "是故，古之王者，建国君民，教学为先。"

《礼记·学记》

(3) "仁言不如仁声之入人深也，善政不如善教之得民也。善政民畏之，善教民爱之。善政得民财，善教得民心。"

《孟子·尽心上》

三、教育的文化功能

文化是人类的创造物，文化创造的过程就是一个教育过程，教育的文化功能也就体现于此。教育正是通过文化这一中介来进行人的培养活动。围绕着对人的培养，教育表现出对文化的保存和传递、选择和批判、交流和融合、更新和创造。随着人类进入现代社会，文化的发展日益繁荣，内容愈加丰富，各国、各民族间的文化交流也愈加频繁，教育的文化功能也就更加突出。

(一)教育对文化具有保存和传递功能

人类丰富多彩的文化并不是一朝一夕创造出来的，而是经历了漫长时间的积累，通过许多代人的努力，不断地保存和传递的结果。教育在这一过程中起着非常重要的作用。文化作为一种抽象的概念，它的存在必须依赖于一定的载体。主要包括两种载体，一种是以物为载体，如实物保存、运用各种符号(文字)；另一种则是以人为载体。在这两种载体中，文化的保存和传递特别离不开人这个载体。文化的保存和传递不可能自行完成，而需要通过教育。教育，尤其学校教育，是对受教育者进行有目的、有组织、有系统的培养的活动。在教育过程中，教育者将人类积累的文化系统地转化为可传授的方式，对受教育者进行由浅入深、由易到难的传授。这一过程中表现出系统化、集中化、高效化和普及化等特点。教育保存和传递文化的功能是教育对文化的最基本的功能。没有人类文化知识的保存和传递，文化就无法延续，社会也就无法发展。教育和文化发展所经历的三个阶段，有着密不可分的联系。文化发展的第一个阶段在人类社会的早期，那时没有文字，没有专门的教育，文化的保存和传递只是采取口耳相传的模式，相应的教育也只限于生活或生产过程中的简单经验传授。第二个阶段是文字出现以后，文化的保存和传递是通过文字的记载，在这时期，学校教育应运而生，其对文化的传递功能也随之表现出来。第三个阶段是在现代社会，随着科学技术的迅猛发展，文化的保存和传递使用包括教育在内的多种高科技手段。教育也从大量地向人类传授文化知识的形式转化成教育人学会学习、学会获取知识的教育模式。

(二)教育对文化具有选择和批判功能

文化是构成教育活动的重要内容，但这并不意味着所有的人类文化都能作为教育的内容，需要对文化进行选择和批判，从中整理出有助于人和社会发展的知识。教育对文化知识的传递有选择性且是对其批判性地继承，即选择文化中的精华。一般来说，教育在对文化进行选择和整理的过程中，主要依据两个标准。一是社会的发展需要。这意味着教育必须符合和促进社会的发展，还要与社会的主流文化保持一致。二是要符合受教育者的心理发展水平。如果文化的选择不符合受教育者的心理状况，就会导致受教育者对其排斥进而弱化教育的作用。只有经过选择和批判的文化知识才能成为教育的内容，这一点在对待我国的传统文化上尤为重要。就我国目前的情况来看，学校教育在这方面的任务十分艰巨。中国有几千年的文化传统，选择精华，尤其是对今日社会主义现代化有益的精华的选择任务十分复杂。

(三)教育对文化具有交流和融合功能

文化交流是两个或两个以上的文化共同体相互传播文化的过程。各个民族、各个国家或地区都有自己的文化特色，随着社会的发展，特别是进入现代社会以后，不同民族、国家或地区之间的文化交流也随之大大增加。文化的传播和交流既是文化发展的需要，也是人类文化发展的需要。教育促进社会文化的交流主要是通过两条途径来实现：一是以教育活动本身为交流的手段，如互派留学生、学术协作、国家间教师互访等，来促进不同文化间的相互影响、相互吸收。二是通过教育本身对不同文化的学习，如引进国外教材、介绍国外的学术成果和理论，来促使文化交流。不同民族、国家或地区间文化的交流为不同文化的融合提供了条件。文化的融合不是不同特质文化的简单相加，也不是一种文化对另一种文化的取代。每种文化都既包含了积极的、健康的要素，也包含着消极的、落后的东西，不是所有东西都是适合本国的。所以要通过教育促使不同文化进行交流，并以自身文化为主吸收其他文化的有益成分，引起原质文化的发展。不同文化的交流、融合，不仅促进了世界文化的发展，而且促进了本民族文化的繁荣。

(四)教育对文化具有更新和创造功能

教育通过选择、保存、传递的方式，显示了对文化发展的巨大影响。但这主要是建立在原有文化的基础之上。 人类文化的发展，不仅需要保存和传递，更需要创新。如果文化失去了更新和创造，文化就失去了发展的可能性。教育的文化功能，最根本的就是实现文化的创新。教育对文化的更新和创造主要表现在以下几个方面：首先，教育能够通过培养大量的人才来促进社会文化的更新和创造。人不仅是文化的产物，也是文化的创造者。教育传递文化知识，开发人的智力潜能和求知欲望，培养人的创新和创造才能，进而促使有创新精神和创造能力的人才的成长，以此来促进文化的更新和创造。其次，教育本身也是文化更新和创造的重要组成部分。一方面，教育的过程本身具有创造性，教育的过程也是文化的创造过程。教育对文化的传播不是文化的简单混合，教育是根据社会的需要和受教育者的心理发展水平有选择地整合文化知识，这一过程也赋予教育以新的含义。另一方面，教育对文化的选择、批判和融合，总是着眼于古为今用、洋为中用，取其精华、剔其糟粕，适应社会发展变化的需要，构建新的文化特质和体系，使文化得到不断更新和发展。再次，现代学校，尤其是高等学校，以科学研究为主进行文化的创造活动，这就使得教育直接体现了教育对文化的更新和创造功能。最后，教育的文化功能主要是通过对学生发展的影响来实现的。学校教育先把人类共同创造的文化财富转化为个体的知识、才能、信仰、思维、能力等，再通过这些个体成长了的智慧和才能的发挥做出新的创造，使个人的智慧又汇入人类智慧，完成群体→个体→群体的螺旋式的上升过程。能否迈好这一过程的每一步，实现每一次转换，是学校教育文化功能能否实现的内在决定性因素。

四、教育对人口的功能

人口是社会的生态基础，是连接个体与社会的桥梁。社会现有的人口状况与人口发展的趋势，对教育事业发展的规模、结构、速度、形式乃至目标、内容都有一定的制约作用。而教育反过来对控制人口数量、改善人口质量和调整人口结构等方面也发挥着重要功能。

(一)教育是控制人口数量的重要手段

控制人口数量增长的手段有很多，而教育则是控制人口数量的重要手段，且被认为是长期起作用的手段。教育的发展及人的受教育程度与人口数量控制的有效性成相关关系。通过教育能够改变人的生育观念，对人口的出生率具有明显的影响。主要原因有以下几点。

第一，受教育程度高的人拥有较强的理性，能在认清人口与经济、数量与质量等一系列关系的前提下，自觉地具有人口生产行为和自我约束力，从而有效地控制人口数量增长。

第二，人口受教育水平的提高，能够使人们懂得并自觉执行优生优育政策，较高的受教育程度是人类具有内在的生育控制能力的先决条件。

第三，学校教育提高人口文化素质而且也在一定程度上推迟了人口的结婚年龄，从而也控制了生育率。

第四，学校教育通过开设人口教育这方面的课程，教授年轻一代关于人口状况、人口质量、人口发展与社会的发展和人的基本生活状况的相互关系、国家的人口政策及青春期生理卫生等知识，进而使年轻一代能够为控制人口增长发挥作用。

(二)教育可以促使人口质量改善

人口的质量主要由人口的身体素质、文化修养和道德水平这三个方面组成。教育对控制人口数量、调整人口结构都有着重要作用，但是与这些功能相比，教育对改善人口质量的功能表现得更为直接、更为突出。教育对人口质量的改善首先表现在对人口身体素质的提高上。通过教育，人们懂得优生优育的重要性并且自觉运用优生优育和卫生保健知识，这大大降低了孕产妇和婴儿的死亡率，减少了先天性疾病和遗传病的发生，从而可以提高下一代的身体素质。教育可以促进人口质量改善，最主要表现在促进人口的文化修养和道德水平的提高上。人的文化修养和道德水平的高低，主要取决于学校教育，尤其是义务教育的普及程度。义务教育是普遍提高人口文化水平、消除文盲的重要手段。此外，受教育程度高、文化水平高的一代也会对下一代产生重要影响。一个科学文化素质高、文化氛围浓的家庭环境以及良好的学校教育和社会教育的环境，对年轻一代文化素质和道德水平的作用是巨大的。

(三)教育可以促进人口结构合理化

人口结构合理化是指人口结构有利于社会生产和人口的自然平衡。教育可以促进人口结构合理化主要表现在以下三个方面。第一，教育有利于性别结构的合理化，受过教育的人们，随着生育观的改变，会摆脱传统的"重男轻女"的观念，进而能够调节新生儿的性别比例。第二，教育影响人口的职业构成。一般而言，除了社会背景、家庭出生、人生机遇等因素的影响，受教育程度往往决定了多数人的职业角色。此外，教育还能调节职业人员比例构成，从而影响人口的职业构成。第三，教育通过促进人口迁移来促进人口结构合理化。

人口迁移主要是指人口在空间位置上的移动。人口合理地迁移有利于生产力资源的开发利用，能够促进地区间的科学文化技术的交流、合作和发展。受过较好教育的人不容易受本土观念的制约，有着广泛的知识、技能，变化职业的意愿和能力也更强，更适应职业流动的要求，也就更容易实现迁移。

教育对社会的功能通过对人的培养来体现，进而促进社会的发展，它主要表现在社会经济、政治、文化以及人口四个方面。当然，教育对社会的功能不仅仅只表现在这四个方面，还体现在社会生活的方方面面。一个社会的教育水平往往反映着该社会的发展程度。所以，我们应该重视教育对社会的发展功能。

第三节　教育的相对独立性

教育受到社会发展的制约，具有对社会的依存性。教育为一定社会的生产力发展水平所制约，为一定社会的政治、经济制度所决定，为一定社会的文化所影响。但是，教育又常显示出其自身所特有的形式和发展轨迹。这是因为，作为教育活动主体的教育者和受教育者是人，而人又具有自主性、能动性和创造性等特性，这些特性决定了人具有一定的独立性，从而也决定了教育的独立性。所以，教育在遵循社会发展规律的同时，也必然有其自身运动的内在规律，即具有相对的独立性。

教育的相对
独立性.mp4

一、教育具有自身的特点和规律性

教育之所以为教育，必然具有其自身的特点和规律性。第一，教育是通过专门的活动来促进人的发展的。社会生活的其他活动也能促进人的发展，但教育是由教师在一定的教育环境下所组织的专门活动，它对人的发展是一种人为的自觉影响。第二，教育把人类积累的生产经验和生活经验转化为精神内容传递给受教育者，是一种转化活动。第三，教育的对象是人，尤其是未成熟的人，而人具有能动性、可塑性和创造性，并且具有自身身心发展的特点。所以这就要求在实施教育活动时，教育者要尊重教育自身的特点和规律。忽略教育自身的特点和规律，企图用经济和政治的规律、原理及做法简单地取而代之，会对教育产生严重的干扰和破坏，降低教育的水平，影响人才的培养质量。

二、教育具有历史继承性

教育自产生之日起，作为一种社会现象，就有了自己独立的发展道路。它和其他社会现象一样，在其历史的发展过程中必然从各个方面吸收和利用以往历史阶段的教育成果和经验。教育的思想、制度、内容和方法等各个方面，反映着一定社会的生产力发展水平和政治、经济制度的要求。教育是培养人的一种社会实践活动，其根本任务是把人类积累的生产经验和生活知识转化为受教育者个体的精神财富，形成受教育者的个性。为了实现这一转化，教育要遵循自身活动的规律。随着人类教育活动的延续，人们对教育规律的认识由简单到复杂、由低级到高级，越来越丰富、越来越深入。这些具有规律性的认识是在其历史进程中逐步形成、发展和丰富起来的，是人类社会共同的财富，不会因生产力发展水平的变化和政治、经济制度的改变而被否定。任何一个历史时期的教育，都是在以前教育遗产的基础上发展起来的。社会主义社会的建立，社会性质变了，社会的经济基础和政治制度变了，教育的性质和目的也会随之改变，并不是教育的所有方面都要改变。无产阶级要用明确的科学态度对待教育历史遗产，弃其糟粕，取其精华，批判地继承，并在此基础上发展社会主义的教育事业。正是由于教育具有历史继承性，使得在同样的生产力发展水平和政治、经济制度的国度里有着不同的教育特点，不同民族的教育具有不同的传统和特点。当然，一个时代的教育从以往时代的教育中继承些什么、舍弃些什么，归根结底还要由当代社会的生产力发展水平和政治、经济制度的需要所决定。

三、教育具有与社会发展的不平衡性

教育受一定社会的生产力发展水平和政治、经济制度制约，但与社会生产力发展水平和政治、经济制度的改变，并非完全同步，具有与社会发展的不平衡性。

(一)教育与社会生产力发展的不平衡性

就教育与社会生产力的关系来看，有两种情况：一种是从发展的时间维度看，有时教育的发展落后于社会生产力的发展，有时则与生产力的发展同步，有时又会超过社会生产力的发展。例如，近代的普鲁士是最早颁布义务教育法案的国家，可是其当时的生产力水平却落后于欧洲其他的国家；19世纪中期的英国，虽然已经完成了第一次工业革命，生产力水平领先于当时欧洲的其他国家，然而其教育水平却落后于其他国。第二次世界大战后，随着科学技术的迅速发展，很多国家出现了教育的发展领先于生产力发展的情况。现在，教育先行的理念日益普遍，已经成为多数国家发展教育的共识。另一种是从教育内容维度看，由于教育内容相对稳定和生产力与科学技术日新月异的矛盾，使得教育内容不可能随时把科学技术新成果都反映出来，它总是滞后于生产力与科学技术的发展水平；另外，由于教育是面向未来的事业，人们可以在科学预测的基础上，展示科技发展的未来要求，并将其反映在教育内容中，使部分教育内容具有超前性。

(二)教育与社会政治经济制度发展的不平衡性

就教育制度与政治经济制度的关系而言，教育制度的变革往往滞后于政治经济制度的变革；通常是在政治经济制度建立以后，与之相适应的教育制度才随之建立。如我国的社会主义性质的教育是在我国社会主义制度建立以后才得以建立和发展的。就教育思想和政治经济制度的关系而言，新的教育思想会出现在旧的社会政治经济制度下，影响教育制度甚至是政治经济制度的变革。在新的政治经济制度下也还会在一定时期内存在旧的教育思想，它并不会迅速消失，而是需要经过一定时期才能被新的教育思想和教育制度替代。

由于教育具有上述的相对独立性，因此我们在分析教育问题的时候，不能仅仅从社会发展的其他方面来考察教育，我们还应该重视教育的相对独立性，注重教育自身特有的社会功能。不顾教育的相对独立性，甚至视学校教育为政治、经济的附庸，在教育工作中任意将教育、教学活动机械地从属于政治、经济活动，或依政治、经济上的惯常做法简单取代教育特有的做法，轻率地否定教育的特点、规律，都会有损于教育工作，也不利于政治、经济和文化的发展。

四、教育与其他社会意识形式的平行性

教育作为社会意识形态中的一种意识形式，与社会意识形态中的其他意识形式，如政治思想、哲学观念、伦理道德、宗教、文学、艺术等，有着密切的联系，这种联系不是决定与被决定的关系，而是相互影响的平行性关系。

(一)其他社会意识形式对教育的影响

其他社会意识形式对教育的影响，主要通过两个方面表现出来。一是对教育思想、理论产生影响，特别是政治思想、哲学观念直接而深刻地影响着教育思想和教育的理论体系。如中国古代的孟子和荀子，各从其哲学观点"性善论"和"性恶论"出发来阐明自己的教育思想和主张。二是对教育内容产生影响。可以说，社会意识形态中的各种意识形式都会在教育内容中得到反映，各种意识形式的每一个变化都会引起教育内容的变化，教育内容不能离开社会的政治思想、哲学观念、伦理道德、宗教、文学、艺术等而存在。

(二)教育对其他社会意识形式的影响

教育对其他社会意识形式的影响，也主要通过两个方面表现出来。一是其他各种社会意识形式的传播离不开教育。可以说，教育是传播其他各种社会意识形式的重要手段，是它们赖以存在、延续和发展的基础。二是其他各种社会意识形式的内容在教育的发展中不断丰富。可以说，没有教育，其他各种社会意识形式的内容就不会随着社会的发展而不断地充实和丰富。

教育与其他社会意识形式之间是相互影响、相互补充、相互促进的平行性关系，我们要正确处理好它们之间的关系，既不能割裂，又不能相互代替。

综上所述，教育具有独立性。这里的独立性是一定程度上的独立，是相对的，不能理解为教育的绝对独立性，从而否定社会生产力、政治经济制度和文化等对教育的制约性。如果把教育的相对独立性理解为绝对的独立性，就会使教育走上"超阶级""超政治""超经济"的错误轨道。根据社会发展的趋势，充分认识教育自身的特点和规律，重视教育的相对独立性，才能更好地发挥教育的社会功能。

本 章 小 结

构成社会大系统的子系统很多，诸如社会的生产力水平、政治经济制度、文化和人口等，它们对教育的目的、教育制度、教育内容、教育方式以及教育发展的规模和速度等都会产生影响和制约，这就是教育的社会制约性。它包括：生产力对教育的制约，政治经济制度对教育的制约，文化对教育的制约，人口对教育的制约。

教育的社会功能指的是教育在社会发展中的作用。教育一方面受到社会发展的制约，另一方面也表现出对社会发展的能动作用。教育通过培养的人参与社会实践活动而作用于社会，促进社会各方面，包括生产力、政治经济制度、文化等方面的发展，从而体现出教育的社会功能。因此教育具有经济功能、政治功能、文化功能和人口功能。

一方面教育受到社会发展的制约，具有对社会的依存性。另一方面教育又是一种主体性的实践活动，在能动反作用于社会发展的过程中，教育又具有主体自身的价值取向与行为选择，由此来实现自己的社会功能，表现出其相对独立性。所谓教育的相对独立性，是指教育在一定的范围内、在一定程度上具有独立于政治、经济、文化等其他社会现象的性质。具体而言，教育的相对独立性表现在具有自身的特点和规律性、历史继承性、与社会发展的不平衡性以及与其他社会意识形式的平行性。

思 考 题

1. 什么是教育的社会制约性和相对独立性？怎样协调二者的关系？
2. 教育的政治功能有哪些具体的表现？在现实中，哪些现象体现了教育的政治功能？
3. 怎样理解教育是一种投资、一种"人力资本"？
4. 如何理解"经济要发展，教育需先行"？
5. 简述教育的相对独立性及其表现。

第四章　教育目的

本章学习目标

(1) 了解教育目的的内涵、特征、结构、基本类型。
(2) 掌握教育目的的价值取向。
(3) 了解我国教育目的的历史演变历程。
(4) 熟悉我国教育目的的精神实质。
(5) 了解我国全面发展教育内容的构成。

重点难点

重点：了解教育目的的内涵、特征、结构、基本类型；熟知马克思主义关于人的全面发展的含义、我国全面发展教育内容的构成。

难点：掌握教育目的的个人本位和社会本位的价值取向；重点掌握我国教育目的的理论基础。

新教育目的观如何确立

一、教育，究竟要培养什么样的人？

马克思主义人的全面发展学说，是新中国有关教育目的最为重要的思想来源。但遗憾的是，前人在运用这一学说确定教育目的时存在一个重要误区：社会本位主义作为我国传统思想的重要组成部分，淡化了这一理论中促进人自主、自由和个性化发展的重要思想。当时代向人的发展提出多元化要求时，中国教育需要做出改变。

我国高考改革方案已经出台，各地特色学校的建设如火如荼，中国教育改革步入攻坚克难的深水区。要想走出一条顺畅、健康的教育改革发展轨迹，必须找到一座能引导其沿着正确方向前进的灯塔。笔者认为，这座灯塔就是符合马克思主义基本原理和时代发展特征的新教育目的。

教育目的制约着教育发展方向，规定了各级各类学校培养人才的总规格，是校长和教师开展教育活动的主要依据，还是检验各项教育改革是否成功的基本标准。从现实看，发端于20世纪50年代、简称为"全面发展"的我国教育目的已不能满足时代发展对人的要求和深层次教育改革的迫切需要。无论是可选择考试科目的高考改革方案，还是支持学生特长发展的基础教育特色化建设，都要求人们必须在新的时代背景下重新认识人的全面发展与个性化发展的关系，并按照新的理解适时调整我国教育目的。

二、旧有的教育目的观不能满足时代发展和教育改革的迫切需要

1957年，毛泽东在《关于正确处理人民内部矛盾》一文中指出："我们的教育方针，应该使受教育者在德育、智育、体育几方面都得到发展，成为有社会主义觉悟的有文化的劳动者。"1958年，中共中央、国务院颁布的《关于教育工作的指示》，将这段话正式规定为我国的教育目的。

改革开放后，依据时代发展的要求，党和政府对我国的教育方针和教育目的做了一些修订，代表性的有：

1982年，《中华人民共和国宪法》明确规定："国家培养青年、少年、儿童在品德、智力、体质等方面全面发展。"

2006年修订的《中华人民共和国义务教育法》规定："义务教育必须贯彻国家的教育方针，实施素质教育，提高教育质量，使适龄儿童、少年在品德、智力、体质等方面全面发展，为培养有理想、有道德、有文化、有纪律的社会主义建设者和接班人奠定基础。"

2010年公布的《国家中长期教育改革和发展规划纲要(2010—2020年)》表述为："全面贯彻党的教育方针，坚持教育为社会主义现代化建设服务，为人民服务，与生产劳动和社会实践相结合，培养德智体美全面发展的社会主义建设者和接班人。"

纵观新中国成立后我国教育方针和教育目的的变革，除了教育方针的表述有所变化外，对教育目的的内核一直没有作过重要修正，基本沿用了1958年的表述，其核心思想是促进学生在德智体几方面得到全面发展。

这种教育目的观已不能满足时代发展和教育改革的迫切需要。基础教育上，统一要求的课程比例大，选修课程和选作活动少，无法适应不同学生优势潜能和个性化兴趣发展。面对可选择考试科目的新高考改革方案，许多高中和高校表现出畏难和消极态度。据浙江省教育考试院披露，2017年拟在浙江省招生的全国1368所高校中，有500余所高校没有提出选考科目要求；在所有2.37万余个各个高校提供的招生专业(类)中，不限选考科目的占54%，总共12798个。

从世界教育的发展趋势看，国际相关研究越来越支持"不同的人具有不同优势发展潜能"的观点，并将其作为教育改革和人才选拔、使用的重要依据。原因有二：一是它符合人们的优势能力发展的生理和心理基础，二是人们只有在感兴趣和擅长的领域才能爆发出强劲的创造力。世界教育改革的这一发展趋势契合了以创造为主旋律的当代社会内在需要，只有坚定推进，才能为中国步入"大众创业，万众创新"的新时代提供持久而坚实的人才基础。

三、重视人自主、自由发展在教育目的中的时代价值

我国著名马克思主义教育理论研究专家厉以贤先生曾深入阐述了马克思主义人的全面发展概念的基本内涵，"指由资本主义生产提供物质基础，人有目的地联合起来控制和发展这一物质基础，并消除其历史造成的自发性和盲目性；消除人的发展中的矛盾，这些矛盾都是以私有制为核心展开的。从而达到人的智力和体力，精神劳动、物质劳动和享受，生存和发展的统一；使人的潜能和天资、兴趣和才能得到空前未有的充分发展；使人的身心、精神(道德)、才能、个性全面而丰富地发展。"这正说明，马克思主义人的全面发展思想包含着促进人的潜能和天资以及兴趣、才能和个性得到空前未有的充分发展的主张。

马克思主义人的全面发展的思想体系中，还包括了十分丰富的促进人自由发展的思想。厉以贤先生对自由发展有更为具体的解读——"所谓自由发展，第一，就是说每个人的发展

不再屈从于其他任何活动和条件,例如,奴隶般的分工、他被迫从事的某种活动等;第二,人的发展能为个人所驾驭。"

人绝对的自由发展是不存在的,但给予人们更多的自由发展空间却是社会和教育进步的发展方向。教育目的变更和发展历史就是一部在强调教育的社会价值和强调教育的个人价值间博弈和选择的历史。中国是社会本位主义思想传统深厚的国家,在阶级斗争思想占据主导地位的时代,人们在解读马克思主义人的全面发展的思想时有意或无意强化其中社会性要素不足为奇。但无论从理解马克思主义人的全面发展思想的角度,还是从人类社会和教育进步的角度,我们都应特别关注人自主、自由发展在当代教育目的中的价值和意义,并据此不失时机地调整教育目的的重心。

四、适度全面发展基础上的个性化发展

按照马克思主义人的全面发展的基本原理和时代发展的要求,笔者认为,我国教育目的应当修订为:培养德智体美等适度全面协调发展,个人优势潜能和兴趣、爱好自主充分发展的社会主义建设者和接班人。为此应坚持教育与社会实践密切结合;适度促进全面发展基础上的个性化发展;社会需求与个人发展需求协调一致。

这个修订方案有三个着重点。

第一,将人的全面发展和人的个性化发展放到同等重要的位置,彰显时代发展方向和社会主义核心价值观,为教育改革指出了发展方向。

第二,提出了适度全面发展的新理念。这可以防止多方面过度发展要求带来的过重身心压力,让出足够时间和空间,推进学生个性化的优势潜能和兴趣爱好充分发展。

第三,进一步强调了社会需求与个人发展需求协调一致的理念,让多数优势潜质充分发展的人从容顺畅地流动到适合他们的社会工作岗位上,从而大大提高社会的总体效能水平。

社会分工如同乐队,由不同类型的乐手组成,没必要每个乐手都精通所有乐器。当个人爱好、特长与团体工作效率和谐统一时,整个社会就能实现社会进步与人的自主充分发展的协调一致,演奏出华美乐章。令人向往的教育,一定会尽最大可能在满足社会未来对人才总体需求的前提下,为学生的个性化发展提供日益广泛的选择空间和资源条件——它代表了中国教育改革的发展方向。

(作者傅维利系中国教育学会教育理论刊物分会理事长)

——作者:傅维利 引自《光明日报》(2015年09月08日14版)

案例分析:

教育目的对于教育乃至国家具有重要的导向功能。教育是一个国家、阶级实行管理、统治的重要工具。教育目的是教育活动的出发点与归宿。所以,教育目的能够决定教育发展的方向、质量与水平,对国家的发展产生重大影响。

个人本位的价值取向和社会本位的价值取向,虽各有一定的道理,但都有其方法上的僵化性和绝对性。其实,一个社会(或国家、民族)教育目的的选择,不只是价值选择确立的问题,还有价值实现的问题。不只涉及整个社会(或国家、民族)教育事业的目的问题,还涉及具体教育实践的目的问题。因此,应以动态的、层次对等的方式来认识和看待在教育目的和选择中人与社会的关系问题。

第一节　教育目的概述

一、教育目的的内涵

人类的一切活动都是经过大脑思考，为了达到预期的目的而进行的。目的是人类对于所希望达成或获得的活动结果的一种主观上的设定。人的实践活动以目的为依据，目的贯穿实践过程的始终。教育是人类依照自觉设定的目的所进行的一种对象性实践活动，一部人类的历史就是人有意识地通过自己的有目的的对象性活动创造的历史。

(一)教育目的

教育目的的内涵有广义和狭义之分。广义的教育目的是指人们对受教育者的期望和要求，即人们希望受教育者通过教育在身心诸方面发生什么样的变化，或产生怎样的结果。国家、社会、学生的家长、教师等，都对新一代寄予这样那样的期望，这些期望都可以理解为广义的教育目的。

狭义的教育目的是指国家对把受教育者培养成为什么样人的总的要求、教育要达到的预期结果，反映了教育在人的培养规格和标准、努力方向和社会倾向性等方面的规定性。教育目的不仅规定着一定社会(国家或地区)对所需人才的总要求，也标志着教育活动的方向和目标，是教育活动的出发点和归宿。各级各类学校无论具体培养什么领域和什么层次的人才，都必须努力使所有学生都符合国家提出的总要求。

教育目的主要回答了两个问题：一是规定教育"为谁培养人"，这是关于教育活动的质的规定性；二是"培养什么样的人"，这是关于教育对象的质的规定性。教育目的是教育实践活动的出发点和落脚点，是整个国家教育工作的方向。在一定的社会中，所有参与和关心教育活动的人，例如教育家、思想家、科学家、教育管理者、教师、学生家长及学生自己等，对把受教育者培养成什么样的人都有各自的期望，这些也是教育目的，这些目的反映了社会各个层面对人才培养的特殊要求。无论谁对教育提出需求都必须符合国家提出的总的要求。因此，国家的教育目的对学校、家庭和个人的教育目的起着宏观的指导和调节作用。

(二)教育方针

为了进一步理解教育目的的内涵，这里将引出与之含义接近的教育方针一词，把两者进行分析比较，从而正确认识教育目的。

教育方针是国家或政党在一定历史阶段根据当时社会的政治、经济需求提出的有关教育工作的基本指导思想和发展方向。它是国家教育工作的宏观指导思想、总方向和根本指针，是教育政策的总概括。它是确定教育事业发展方向，指导整个教育事业发展的战略原则和行动纲领。其内容包括四部分：教育的性质和指导思想、教育工作方向、教育目的以及实现教育目的的基本途径和原则。不同的历史时期有不同的教育方针；相同的历史时期因需要强调某个方面，教育方针的表述也会有所不同。

(三)教育目的与教育方针的联系和区别

1. 教育目的与教育方针的联系

教育目的与教育方针的联系表现在以下几个方面：①教育方针是上位概念，教育目的是下位概念。两者都是由国家规定的，都是对教育工作的基本要求，是全国必须统一执行的，教育目的要通过贯彻教育方针来实现。②教育目的与教育方针在对教育社会性质的规定上具有内在一致性，两者都含有"为谁培养人"的规定性，都是一定社会各级各类教育在其性质和方向上不得违背的根本指导原则。③教育方针包括教育目的，教育目的是教育方针四个部分内容中最核心的内容；教育方针与教育目的是手段和目的的关系。科学的教育目的更有助于制定有效地指导教育实践的教育方针。

2. 教育目的与教育方针的区别

教育方针所含的内容比教育目的更多些。教育目的一般只包含"为谁培养人"和"培养什么样的人"的问题，教育方针还含有"怎样培养人"的问题和教育事业发展的基本原则。

教育目的与教育方针的区别具体如下。

1) 研究范畴不同

教育目的是学术性概念，是教育基本理论研究的内容与范畴；教育方针是政治性概念，是教育政策学或教育行政学范畴。

2) 定位不同

教育目的是针对人的发展而言，指向受教育者个体；教育方针是反映对教育事业整体的要求和希望，定位于上层建筑或意识领域的地位和作用。

3) 特点不同

教育目的具有理想性、不确定性，教育目的在对人的培养的质量规格方面要求较为明确；教育方针具有不可回避性和现实针对性，在"办什么样的教育""怎样办教育"方面显得更为突出。

二、教育目的的特征

(一)教育目的的社会性

教育目的的社会性是指教育目的总是反映一定社会对其教育的要求，表现为明显的社会性特征。教育目的涵盖了"为谁培养人""为谁服务"的基本规定，具有人才培养的社会性质和根本方向性，最终通过教育培养出与一定社会要求相一致的人才。

(二)教育目的的时代性

教育目的的时代性是指教育具有历史性和阶级性。教育总要反映一定阶级的要求，不同的阶级或时代有着不同的教育目的，因而随着时代的发展，教育目的表现为历史性特征。在中国古代，平民接受教育是为了做官，教育带有浓厚的阶级性。在中国近代，洋务运动时期，西学中用，教育目的是维持清政府的统治；五四文化运动时期，教育目的是提高全民素质，唤醒中国人的觉悟。在中国现代，教育目的是维护社会主义利益，为社会主义服务。

(三)教育目的的预见性

教育目的的预见性，是指教育目的所规定的人才的素质结构是目前所不具备的，它反映出一定社会或个人对于受教育者未来发展状况的一种期望和预见。

三、教育目的的功能

教育目的的功能是指教育目的对实际教育活动所具有的作用。教育目的是教育活动的出发点和归宿，其层次的多样性，使它具有多方面的功能。

(一)对教育活动的定向功能

教育目的既有对整个教育活动方向的指向性，也有对具体教育活动的具体的规定性。具体体现在以下几个方面。

(1) 对教育社会性质的定向：对"为谁培养人"具有明确的规定。

(2) 对人的培养的定向：社会倾向、基本要求。

(3) 对课程选择及其建设的定向：课程内容、教学内容取舍。

(4) 对教师教学的定向：学生能力技能、道德品质。

(二)对教育活动的调控功能

教育目的的调控功能是指一定社会根据自身或人的发展需要对教育活动进行调节、调控的一种重要手段，以便达到其自身发展的目的。教育目的对教育活动的调控功能主要借助以下方式来发挥。

(1) 通过价值的方式：教育的价值取向(价值观)。

(2) 通过标准的方式："培养什么样的人"这个标准——调节自身对教育内容或教学方式的选择。

(3) 通过目标的方式：教育目的的实现会使它自身衍生出系列的短、中、长期目标。

教育目的对教育活动的不同对象进行调控。首先，教育目的调控教育工作者的教育观念和行为，如学生观、教师观、教育观、敬业状态、责任感、教学内容的选择与教学方式等。其次，教育目的促进受教育者的外部调控和自我控制，如：外部控制——外界根据教育目的所含的对学生成长的期望和要求，对学生进行指导与纠正，把学生的发展纳入预定的轨道；自我控制——学生自己意识到教育目的对自身未来成长的意义和要求时，主动规划和发展自己。

(三)对教育活动的评价功能

教育目的是衡量和评价教育活动效果的根本依据和标准。评价学校的办学方向、办学水平和办学效率，检查教育教学工作的质量，评价教师的教学质量和工作效益，检查学生的学习质量和发展程度等工作，都必须以教育目的为根本标准和依据。

(1) 依据教育目的，评价学校的总体办学方向、办学思想、办学路线是否清晰，是否符合社会发展需要。

(2) 依据教育目的，评价教育质量是否达到了教育目的规定的规格和标准。

(3) 依据教育目的，评价学校的教学和管理是否科学有效，是否遵循了教育规律，促进了学生的健康全面发展。

综上所述，教育目的的定向、调控和评价功能之间是相互联系的，每种功能都不是单一发挥作用的。定向功能是依靠调控和评价功能而发挥作用的；调控功能的发挥需要以定向和评价功能为依据；评价功能离不开定向和调控功能的指引。

四、教育目的的基本类型

(一)价值性教育目的和功用性教育目的

根据教育目的自身实践的特点，我们可以将教育目的划分为价值性教育目的和功用性教育目的。

价值性教育目的，是指教育在人的价值倾向性发展上意欲达到的目的。这种目的包含对人的价值观、生活观、道义观、审美观、社会观、世界观等方面发展的指向和要求，反映教育在建构和引领人的精神世界、人文情感、人格品行、审美意识、生活态度、社会倾向等方面所要达到的结果。

功用性教育目的，是指教育在发展人从事或作用于各种事物的活动性能方面所预期的结果。其包含对人的功用性发展的指向和要求，在教育实践中以能力、技能技巧等方面的具体要求呈现。

(二)终极性教育目的和发展性教育目的

从教育目的要求的特点看，可将教育目的划分为终极性教育目的和发展性教育目的。

终极性教育目的，也称理想的教育目的，是指具有终极结果的教育目的，表示各种教育及其活动在人的培养上要最终实现的结果。它蕴含着人发展的最为理想的要求，具有"完人"的性质。

发展性教育目的，也称现实的教育目的，是指具有连续性的教育目的，表示教育及其活动在发展的不同阶段所要实现的各种结果，表明对人培养的不同时期、不同阶段前后具有衔接性的各种要求。

这种分类中，上述两种教育目的存在一定的联系，前者是后者的根本依据和方向性指引，后者是前者的具体体现和实现形式。

此外，有的专家学者还从教育目的被国家重视程度的角度进行分类，可分为正式决策的教育目的和非正式决策的教育目的，正式决策的教育目的是指被社会权力机构确定并要求各级各类教育都必须遵守的教育目的；非正式决策的教育目的是指蕴含在教育思想、教育理论中，尚未上升到政策层面的教育目的。

从教育发展史看，教育目的指向性有所不同，我们把教育目的区分为内在教育目的和外在教育目的。内在教育目的是指具体教育过程要实现的直接目的，是对具体教育活动预期结果的直接指向；外在教育目的是指教育目的领域位次较高的教育目的，体现在国家的教育在人的培养上所预期达到的总的目标和结果。

五、教育目的的结构

教育目的的结构是指教育目的的组成部分及其相互关系，可以从横向和纵向对教育目的的结构做出不同的分析。

(一)横向结构

从横向的内容结构上看，教育目的的结构包括：一是就教育所要培养的人的身心素质做出规定；二是就教育所要培养的人的社会价值做出规定，它是教育目的横向结构的核心部分。

(二)纵向结构

从纵向的形式结构上看，教育目的的结构包括国家的教育目的，各级各类学校的培养目标、课程目标和教师的教学目标。具体层次划分如表4-1所示。

表4-1 教育目的纵向层次结构示意表

层 级	陈述名称	制定者	特 点	举 例
一级教育目的	教育目的	政府／国家	抽象，笼统，比较关注应然状态	在德育、智育、体育几方面都得到全面发展
二级培养目标	九年义务教育的培养目标	教育部		具有适应终身学习的基础知识、基本技能和方法
三级课程目标	九年义务教育语文课程目标	学科专家	从"抽象"逐步过渡到"具体"	具有独立阅读能力，注重情感体验，激发想象力和创造潜能。学会运用多种阅读方法
	一至二年级语文课程目标(阅读领域课程)	课程专家		结合上下文和生活实际了解课文中词句的意思，在阅读中积累词语
四级教学目标	本单元/章或节(课)或本次活动的教学目标	教师	比较具体，比较关注"实然"状态	《沁园春·雪》的教学目标：感情充沛地吟诵；当堂背诵；理解诗人的壮志豪情

一级教育目的——国家或社会所规定的教育的总目的，即代表国家或社会对受教育者提出的总的要求。它是由国家提出来的，其决策要经过一定的组织程序，一般体现在国家的教育方针和教育法令之中。

二级培养目标——各级各类学校的培养目标，是国家教育总目的的具体化，属于第二个层次，它是根据国家的教育目的制定的某一级或某一类学校、某一专业对人才培养的具体要求，是国家教育目的在不同教育阶段、不同级别的学校、不同专业方向的具体化。

三级课程目标——课程方案设置的各个教学科目所规定的教学应达到的要求或标准。

四级教学目标——教师在实施课程计划过程中，在完成某一阶段的教学工作时所期望达到的要求或结果。

第二节　教育目的的价值取向

教育目的的价值取向，即对教育目的的价值性进行选择时所具有的倾向性，是人们对教育目的的看法和态度。实质上，是对"教育为了什么"的不同认识。

教育目的的价值
取向.mp4

一、教育目的的不同价值取向

一般而言，教育发展过程中总是存在着为了人的发展和为了社会发展的矛盾争论。人们总是从各自的利益和需要出发，对教育目的做出选择和取舍，其中体现着人们不同的价值追求。目前，教育理论界存在着两种最基本的观点：一是重视教育目的的个人价值取向；二是重视教育目的的社会价值取向。两者分别被定义为教育目的的个人本位论和教育目的的社会本位论。教育目的相关理论中的大多数观点分歧都与上述价值取向有关。此外，也有专家学者将两个看似对立的价值取向融合在一起，提出自己中立的价值取向；还有的学者认为教育无目的，更脱离了上述两者价值取向的理论纷争。

(一)个人本位的价值取向

教育目的的个人本位价值取向，即个人本位论，就是主张教育目的因个人发展的需要而存在，强调根据人的自身发展和完善的需要来制定教育目的，从而建构相应的教育活动体系。这是把人的价值看成高于社会价值，把人作为教育的根本所在的思想主张。这一观点最早可以追溯到古希腊的智者派，18世纪和19世纪上半叶达到了全盛时期。它反对社会对个人的束缚，强调个人自由权利的至高无上，主张人是万物的主宰，认为教育的主要目的不在于谋求国家利益、社会发展，而在于为个人谋生服务，教育就是为了弘扬人性、发展人的个性，使人成为人，使人精神丰富、道德高尚。

代表人物：卢梭、裴斯泰洛奇、康德、福禄贝尔、爱伦·凯、马斯洛等人本主义学者等。

个人本位论的基本主张：人的价值高于社会价值，把人作为教育目的的根本所在。

其具体特点如下。

(1) 重视人的价值、个性发展及其需要，把人的个性发展及其需要和满足视为教育的价值所在。

(2) 教育目的的根本在于促使人的本性、本能得到自然发展，使其需要得到满足。

(3) 个人价值高于社会价值，社会只有在有助于个人的发展时才有价值，教育的价值应当以其对个人发展所起的作用来衡量。

(4) 教育目的的选择应依据人的本性发展和自身完善这种"天然的需要"。

在教育发展史上，个人本位论的具体表现不尽相同。不同历史发展阶段，各种人本位的价值取向背景和针对性有所不同。在对待人与社会的关系上，人本位的价值取向在态度上，具有对立与非对立之分、激进与非激进之别。

对"教育目的个人本位论"的评价如下。

个人本位的价值取向重视教育的个人价值，强调教育目的从个人出发，满足个人的需要，具有一定的合理性。特别是在文艺复兴以后的历史条件下，高扬人的自由和个性解放的旗帜，它对于打破宗教神学和封建专制对人的束缚，提升人的价值和地位，使教育回归到人间等方面是具有积极、进步的意义的。

但是，激进的个人本位论者离开了社会来思考人的发展，无视个人的社会需要和社会条件，甚至把满足个人需要和满足社会需要对立起来，把教育的个人目的和社会目的看成不可调和的。这极易导致唯自由论和个人主义倾向，带有历史唯心主义色彩，具有片面性，易导致个性、自由和个人主义的绝对化。

(二)社会本位的价值取向

社会本位的价值取向，把满足社会需要视为教育的根本价值。这种观点认为，确立教育目的的根据是社会的要求，个人发展必须服从社会的要求。个人生活在社会中，受制于社会环境；教育的目的是为社会培养合格的成员和公民，使受教育者社会化，社会价值高于个人价值，教育的质量和效果可用社会发展的各种指标来评价。

代表人物：涂尔干、斯宾塞、孔德、中国古代孔子、纳托普、凯兴斯泰纳等。

社会本位论的基本主张：把满足社会需要视为教育的根本价值。

其具体特点如下。

(1) 教育目的不应从人的本位出发，而应根据社会需要来确定。

(2) 个人只是教育加工的原料，它的发展必须服从社会的需要。

(3) 教育的目的在于把受教育者培养成符合社会准则的公民，使受教育者社会化，保证社会生活的稳定与延续。

(4) 社会价值高于个人价值，个人的存在和发展依赖并从属于社会，评价教育的价值只能以其对社会的效益来衡量。

由此可以看出，这些主张是从人适应社会以及维稳社会这两个角度出发的。社会本位的价值取向重视教育的社会价值，强调教育目的从社会出发，满足社会的需要，具有一定的合理性。但是它过分强调人对社会的依赖，把教育的社会目的绝对化，完全割裂人与社会的关系，极易导致教育对个人的培养只见社会不见个人，单纯地把人当作社会工具，而不是把人作为社会的主体，造成对人发展的严重束缚和压抑。

(三)教育目的的其他价值取向

1. 杜威的"教育无目的论"

杜威提出"教育的过程，在它自身之外没有目的；它就是它自己的目的"，他认为教育过程就是教育目的。教育目的就是强调对儿童心理的关注，反对传统的远离儿童目前需要的抽象遥远的目的。

不是个人本位论，而是根据自身发展需求去"干预"。

2. "完满生活准备的教育目的论"

英国教育家斯宾塞提出带有功利色彩的所谓"个人完满生活准备"说的教育目的论。在他看来，"怎样运用我们的一切能力使对己对人最为有益，怎样去完满地生活？这个既是我们需要学的大事，当然也就是教育中应当教的大事""为我们的完满生活做准备是教育应尽的职责"。所谓的"完满生活"包括：直接有助于自我保全的活动，从获得生活必需品而间接自我保全的活动，目的在于抚养和教育子女的活动，与维持正常社会和政治关系有关的活动，以及在生活中的闲暇时间满足爱好和感情的各种活动。

不同价值取向的教育目的观参见表 4-2。

表 4-2　不同价值取向的教育目的观

教育目的的价值取向	代表人物	主要观点
宗教本位论		人在宗教的影响下，以皈依上帝为其生活理想，把人培养成虔诚的宗教人士
个人本位论	卢梭 裴斯泰洛奇 福禄贝尔 马斯洛 罗斯杰	从个体本能需要出发，强调教育要服从人的成长规律和满足人的需要；注重教育对个人的价值；主张教育的目的是培养"自然人"，发展人的个性，增进人的价值，促进人的自我实现；注重人的身心和谐发展
社会本位论	孔德 涂尔干 赫钦斯 凯兴斯泰纳 赫尔巴特	从社会发展需要出发，注重教育的社会价值；主张教育目的是培养合格公民和社会成员；评价教育要看其对社会发展的贡献；强调人是社会的产物，教育就是要使受教育者成为社会需要的人；教育的根本目的在于使受教育者掌握关于社会的知识和规范
文化本位论	狄尔泰 斯普朗格	强调教育应围绕文化这一范畴来进行，用"文化"来统筹教育、社会、人三者之间的关系；其最终目的在于唤醒人们的意识，使其具有自动追求理想价值的意志，并使文化有所创造，形成与发展新的文化
生活本位论	斯宾塞 杜威	教育要为未来的生活做准备，或认为教育即是生活本身，注重的是使受教育者怎样生活

(四)价值取向中人与社会关系的处理

从理论上讲，个人本位和社会本位具有同等的合理性与局限性。教育目的中个人价值与社会价值的权衡与选择，要受具体的社会历史条件制约，是随社会历史条件的变化而有所变化与侧重的。人与社会存在着千丝万缕的联系：人是社会中的人，社会是由人构成的，两者不能割裂。我们在理解教育目的的价值取向的时候，也要处理好人与社会的关系。

(1) 整体教育目的的价值取向上要把满足个人和社会两个方面的需求结合起来，把重视人的价值和重视社会价值融合起来，把人与社会发展的互依性、互动性、互利性作为整体教育目的的根本价值所在，既有利于避免一个社会的教育对人的压抑，也利于避免教育对人的培养脱离开社会实际与发展的需要。

(2) 在实际教育活动中，各有侧重。

(3) 人的发展是教育的直接目的，是教育的社会价值和人的价值实现的着眼点。人的发展带动社会群体的发展，社会群体的发展促进人更好地发展。

我国的教育目的能较好地体现个人本位和社会本位的历史的、具体的统一。首先，我们培养的人是德智体美全面发展的人，体现对个人价值的尊重；其次，我们培养的人是社会主义的建设者和接班人，体现社会对人的要求。

二、教育目的价值取向确立应注意的问题

(一)人的社会化和个性化问题

1. 价值取向中人与社会关系的基本确立

我们应该以动态的、层次对等的方式来看待和认识在教育目的的选择中人与社会的关系问题。

首先，就一个社会整体教育目的而言，在价值取向上要把满足人的需要和社会需要结合起来。

其次，就教育的实际运行过程而言，也要把满足社会需要和人的需要结合起来，予以动态的、发展的把握。

最后，就价值实践而言，要落在人的发展上。人的发展是教育的直接目的。

2. 人的个性化与社会化之间的平衡

社会化一般指个体在出生以后的发展中，习得社会文化规范、价值观念和行为习惯等，并借以适应社会、参与社会的过程。教育的个体社会化功能主要体现在促进个体观念的社会化，促进个体智力与能力的社会化，以及促进个体职业和身份的社会化。

首先，个体观念的社会化，就是个体人生观和世界观的形成。我们所期望于教育的，即"好"的教育，就是在个体观念的社会化过程中，能有目的、有计划地按照一定社会的要求帮助人们形成社会所需要的观念。教育促进个体观念的社会化尤其表现为促进个体政治观念的社会化和道德观念的社会化。

其次，个体智力与能力的社会化。

最后，个体身份是个人在整个社会结构中的地位。人所从事的职业与人在社会中所处的地位，在很大程度上以其所接受的教育和训练为前提，教育是促进人的职业社会化和身份社会化的重要手段。

个性化一般指个体在社会适应、社会参与过程中所表现出来的、比较稳定的独特性。个性化是指个体在社会活动中形成独特性、自主性和创造性的过程。人的个性化的形成与发展依赖于教育的作用。

个性化具有两种表示方式：一是个体有别于他人的独特性；二是个体在社会关系中不可替代的个别存在性，以及在遵守服从社会各种规范、参与社会各种活动中所表现出来的独特性。人的个性化发展意味着个人自主能力、独立能力、创造能力与自控能力的提高，蕴含着人自身发展的潜能和自立自主的能力。人的个性化具有重要的个体意义和社会意义。

因此，人的个性化与社会化之间的平衡需要坚持一个基本原则，即我们的教育目的在符合社会化的同时，在不破坏社会化界限的前提下发展人的个性。

(二)功利价值与人文价值问题——教育有没有功利性

教育目的中的功利性和人文性是同时存在的，也是合理的。与之前提过的价值性教育目的和功用性教育目的一样，关键在于要在这两种价值中平衡好。教育的功利性，即它自身活动所产生的社会物质生产、经济发展及物质利益满足方面的功用性和效益，这方面的意义体现教育在社会中的功利性价值。教育的人文性，即它自身活动对社会精神生活、文化发展、价值精神建构方面所产生的作用和效果，这方面的意义体现教育在社会中的人文价值。

对人文和功利的具体解读如下

(1) 重视它，但不能与功利价值完全对立。

(2) 所谓人文，并不是指个人至上，要倡导人与人、人与社会、人与环境、物质与精神的和谐。

(3) 在追求功利时，不被其所困；在追求功利时，不忘人文。

(三)以可持续发展的理念为指导

可持续不单指生态和资源的可持续，也不是仅指经济发展或社会发展，而是指以人为中心，人—社会—自然这一复合系统的发展。其核心是人的发展。要把人—社会—自然的和谐发展作为教育目的选择和确立的根本价值取向，避免教育目的价值取向的单向化、片面化。

(1) 评价标准：全面发展、协调发展、可持续发展。

(2) 社会各要素协调发展才能稳定发展，一方不稳会危及整体。

(四)世界性和民族性问题

一个狭隘封闭的民族，其教育目的价值取向也带有封闭保守性，一切以维护本民族利益为根本，抗拒和排斥其他民族文化。虽然有利于保存民族传统文化，但故步自封会导致自身的落后与衰败。一个民族的当代发展，必须要有"世界性"意识，把握一些必要的"世界性准则"才能不断向前发展。

坚持民族性和世界性相结合的价值取向，具体要注意以下两点。

(1) 对民族性的理解和把握要避免僵化和封闭。

(2) 在理解和把握世界性价值取向时要避免盲目。

教育目的价值取向要立足民族、面向世界，在民族开放中发展民族、创新民族精神，使民族更好地走向世界并影响世界。

三、教育目的的选择、确立的基本依据

教育目的选择即对人的培养目的或目标所进行的选择。教育目的确立即以一定的组织形式对教育目的进行确定，是对教育目的或目标选择结果的肯定。教育目的的选择和确定常常是联系在一起的，通常包括：

(1) 宏观层次的选择——总体性、宏观性的抉择，具有普遍性；

(2) 中观层次的选择——对各级各类教育所要达到的目标做出的抉择，如小学的培养

目标；

(3) 微观层次的选择——教育的具体选择，如课程目标、单元教学目标。

(一)社会依据

一个国家教育目的的制定往往依据自身国情，把社会对教育最迫切的要求与教育不能满足这一要求之间的矛盾，作为制定的教育目的的中心问题。国家教育目的要根据社会关系现实和发展的需要，即生产关系和政治的性质来确定，体现鲜明的阶级性，即根据社会生产和科学技术发展的需要，即生产力发展水平来确定。

(二)人的依据

教育目的直接指向的对象是受教育者，含有对人的素质发展的要求，这种要求不仅要依据社会现实及其发展来确定，也要依据人的身心发展和需要来确定。

1. 从人的身心发展特点来看，它是确定各级各类教育目的不可忽视的重要依据

不考虑这一点，会导致实际教育活动脱离学生的身心发展水平，不能有效地促进学生的发展。人的身心发展具有顺序性、阶段性、差异性等特点。因而教育目的不能一概而论。

比如，对于儿童来说，特别要考虑到他们身心发展的特点，儿童时期的孩子处于感知运动时期和前运算时期，具有形象性、思维的不可逆转性等特点，所以这一时期的教学不能过于抽象；同时也要注意"最近发展区"。

2. 从人的需要来说，人的发展需要是教育目的选择、确立不可忽视的重要因素

人的发展需要包括物质和精神的、现实和未来的、生存和发展的等。若教育所教的是人不想要的，那么就不能唤起人在教育活动中的主体性和自觉性，就不能很好地培养造就具有积极主动精神和富有创造性的社会主体。

第三节　我国的教育目的

一、我国教育目的的历史演变

关于教育目的的论述，是我国教育论著中比较丰富、比较深刻的一个部分。

(一)古代关于教育目的的论述

我国古代教育从先秦一直持续到20世纪初，从总体上看，以孔子为代表的儒家教育思想是我国传统教育思想的主流。从反映社会要求上看，我国古代教育目的就是培养统治阶级所需要的统治人才，具体表现为"读书做官"。这种教育目的的价值取向在孔子那里就已经确立。孔子说过："学也，禄在其中矣。"孔子的学生子夏也说："仕而优则学，学而优则仕。"他认为：教育就是要通过个人的修养，培养"修己以安人""修己以治人"的士君子，即封建社会的统治人才。除此以外，教育无其他目的。所以，当他的学生樊迟请教他如何种庄稼，如何种菜时，他很生气，甚至骂樊迟是"小人"。显然，樊迟请教的内容与他的教育目的是相违背的。

孟子继承并发展了孔子的教育目的观，但更注重普通人的道德水准的提高。孟子认为，教育的最高目的是"明人伦"。在孟子看来，"人伦"就是为人之道，主要包含着五种伦理关系，即父子有亲、君臣有义、夫妇有别、长幼有序、朋友有信，亦称"五伦"。孟子认为，"孝"是一切伦理道德的基础，只有在"孝悌"的基础上才能形成人更高尚的品质，再经过进一步的锻炼，便能养成顶天立地的"大丈夫"，即"富贵不能淫，贫贱不能移，威武不能屈，此之谓大丈夫。"这一教育目的的提出，也反映了教育的目的是培养统治者，但作为统治阶级的一员来说，道德和政治修养是很重要的。

在这种价值导向下，我国古代的教育内容主要是研读儒家经典，即所谓"四书""五经"。从隋唐开始，历代封建统治者选择官吏都是通过科举考试来选拔人才，并根据考试的结果来授予相应的官爵，进一步强化了"读书做官"的教育目的。自此以后的一千三百多年直到清末，科举考试一直是我国古代知识分子求得功名的最主要途径，以致形成一些知识分子皓首穷经以求得功名的悲惨景象。

我国古代的内则"修身"，外则"治国"的教育目的价值取向，在儒家经典《大学》中表述得非常清楚。《大学》开篇即言："大学之道，在明明德，在亲民，在止于至善。"如何才能达到至善？《大学》接着指出：格物、致知、诚意、正心、修身、齐家、治国而平天下，经过这样的修炼，一个人才能养成儒家所期望的"内圣外王"的理想人格。《大学》总结了春秋战国以来的儒家思想，教育目的就是要求修己，通过修己来明人伦，最终达到个人在道德和政治修养上的至善至美，这也是培养统治者的标准。

宋代理学家朱熹发扬光大了孔孟思想。他在为白鹿洞书院拟定的教规中，将封建社会的教育目的条理化、系统化为明五教。这五教是：父子有亲，君臣有义，夫妻有别，长幼有序，朋友有信。在朱熹的教育目的的思想中，已经反映了封建社会最基本的道德教育准则——"三纲五常"思想。这一教育目的的论述，是中国古代教育宗旨的最完整的概括和体现。朱熹被奉为圣贤，他的思想在明、清时代占有不可替代的位置，是封建社会统治阶级进行统治的思想依据，甚至科举考试都不得有违朱熹的"四书集说"。朱熹对教育目的的论述，为中国古代教育目的的思想画上了一个圆满的句号。

虽然一些非儒家正统思想的其他学派和教育家对教育目的提出了不同的观点，如宋代王安石就主张教育应该培养"通古今，习礼法，天文、人事、政理更新，然后施之职事，则以详评政体，有大议论，使以古今参之"的实用型治术人才。

由以上可见，我国古代教育目的的价值取向在不同的历史时期虽然有不同的表述，但其基本精神是一致的，那就是，通过教育塑造理想人格，并以个人的个人魅力和德行修养服务并服从于统治阶级的需要，成为统治阶级所需要的人。

📖 知识拓展

中国科举制度简介

科举制度是中国古代通过考试选拔官吏的制度。士子应举，原则上允许自己报名参加，不必非得由公卿大臣或州郡长官特别推荐，这一点是科举制最主要的特点，也是与察举制最根本的区别。科举制度是封建时代所能采取的最公平的人才选拔形式，它扩展了封建国家引进人才的社会层面，吸收了大量出身中下层社会的人士进入统治阶级。特别是唐宋时期，科举制度正当发展成熟之初，显示出生机勃勃的进步性，形成了中国古代文化发展的一个黄金时代。

部分历史学家认为科举制开始于唐朝，部分历史学家认为科举制开始于隋朝。科举从开创至清光绪三十一年(1905年)举行最后一科进士考试为止(世界上最后一届科举考试结束于1919年的越南阮朝)，前后经历一千三百余年。科举制度的主要考试都是定期举行的。

唐代：考试科目设有秀才、明经、进士、明法、明字、明算六科，经常举行的是明经和进士两科。明经自汉代就有，主要考对五经义理的记忆和理解，同时也考时务策问。进士是隋代开设，主要考时务策问，也考经义，内容上与明经没有大区别，都是选拔能够通经治世的人才。考试方法："帖经""墨义""策问""诗赋"。

明清：八股取士。"八股文"的诞生与流行，预示着科举制度作为一种先进的个人选拔制度开始走向僵化和没落。

一、科举考试的积极影响

科举考试的积极影响表现在以下几个方面。①政治方面：科举制改善了用人制度，使拥有才识的读书人有机会进入各级政府任职。②教育、社会风气方面：科举制促进了教育事业的发展，士人用功读书的风气盛行。③文学艺术方面：科举制也促进了文化艺术的发展，进士科重视考诗赋，大大有利于唐诗的繁荣。

二、科举考试的消极影响

在科举制度发展成熟之初的唐宋时期，其积极性还占主导地位。但在宋代以后，随着封建专制的非人道发展，科举的消极性越来越大。宋代以后，士大夫知识阶层的文化创造能力每况愈下，一代不如一代。后期的科举制度使儒学成为统治者奴化臣民的工具；官僚队伍壮大，但导致从事科学技术研究的人才力量相对薄弱。

(二)清末与民国时期的教育目的

中国近代史上由国家制定的教育目的，始于1904年的《奏定学堂章程》。规定了"中体西用"的方针，中学以忠孝为本，以中国经史为基础；西学以西方近代科学知识和技能为主，以造就国家所需要的各种实用的通才为目的。1906年，当时的学部正式规定教育宗旨为"忠君、尊孔、尚公、尚武、尚实"。封建社会后期一批反理学的教育家也主张要培养有实学，理实事，善实行的经世致用之才，但在整个封建社会，始终未能占有主导地位，这些思想也未能得到真正实施，甚至被看成离经叛道的异端邪说。

被毛泽东同志称誉为"学界泰斗，人世楷模"的蔡元培先生，吸取了中国古代教育的经验与教训。1912年，当时任教育总长的蔡元培在《新教育意见》一文中，提出了"注重道德教育，以实利主义教育、军国民教育辅之，更以美感教育完成其道德"的思想。同年9月，教育部公布了民国教育宗旨。这一宗旨实际上反映的是公民道德教育、以自然科学为主的科学技术教育、军事体育教育和美育并重的四育方针。从蔡元培先生这一教育宗旨的提出我们可以看出，这一宗旨反映的教育目的思想在教育目的理论的发展中起到了承上启下的作用。

1936年，国民党政府公布了《中华民国宪法草案》，规定："中华民国之教育宗旨，在于发扬民族精神，培养国民道德，训练自治能力，增进生活智能，以造就健全国民。"

1940年，在《新民主主义论》中，毛泽东同志提出了建立自己的"民族的、科学的、人民大众的新文化和新教育"的新民主主义教育方针，这个方针一直沿用到新中国初期。

(三)新中国成立后教育目的的沿革

新中国成立以来，与政治、经济、文化等变革相适应，我国在不同时期提出了不同的教育目的。

1949年12月，确定了全国教育工作的总方针："中华人民共和国的教育是新民主主义的教育，它的主要任务是提高人民文化水平，培养国家建设人才，肃清封建的、买办的、法西斯的思想，发展为人民服务的思想。这种新教育是民族的、科学的、大众的教育，其目的是为人民服务，首先为工农兵服务，为当前的革命斗争服务。"

当时，教育的性质发生了根本的变化，教育要为社会主义服务，要为社会主义事业的发展培养合格公民。关于教育目的的阐述也发生了根本性的变化。较早的明确的阐述是1957年毛泽东同志在《正确处理人民内部矛盾的问题》中提出的："我们的教育方针，应该使受教育者在德育、智育、体育几方面都得到发展，成为有社会主义觉悟有文化的劳动者。"这一方针在相当长的时期内，指导着我国的教育工作；这个教育方针反映了社会主义发展对人才规格的要求，对我国教育工作产生了重大影响，一直是发展我国教育的重要方针。"文革"结束后，曾有人对这一方针提出过质疑。实际上，方针本身是没有问题的，只是贯彻过程中出现了严重的偏差，给我们的教育带来了巨大的损失。

1978年，我国的教育目的在五届全国人大一次会议通过的宪法中被表述为："我国的教育方针是教育必须为无产阶级政治服务，教育必须同生产劳动相结合，使受教育者在德育、智育、体育几方面都得到发展，成为有社会主义觉悟的、有文化的劳动者。"

1981年，《关于建国以来党的若干历史问题的决议》对教育目的有新的表述："坚持德智体全面发展、又红又专、知识分子和工人农民相结合、脑力劳动和体力劳动相结合的教育方针。"

邓小平同志于1980年3月12日中共中央军委常委扩大会议上做了《精简军队、提高战斗力》讲话，其中提到："今天上午我看了清华大学一个报告，清华大学提出一个很重要的问题，就是学生从到学校第一天起，就要对他们进行政治思想工作，学校的党团组织和所有的教员都要做学生的政治思想工作。他们这样做很见效，现在学校风气很好。清华大学的经验，应当引起全国注意。又红又专，那个红是绝对不能丢的。"又红又专，"红"就是坚定共产主义信仰和维护社会主义人民民主政权；"专"就是掌握专门的科学知识和精通专门的科学技术。清华大学至今仍旧以"又红又专、全面发展"作为育人理念。又红又专成为清华大学等一批高校的重要办学方针，形成了诸如"双肩挑""政治辅导员""红色工程师的摇篮"等鲜明中国特色的人才培养模式。

1982年12月五届全国人大五次会议通过的《中华人民共和国宪法》规定："国家培养青年、少年、儿童在品德、智力、体质等方面全面发展。"

1985年5月，在《中共中央关于教育体制改革的决定》中提出了适合新时期社会主义建设需要的教育目的，具体表述为我们培养出来的人才"都应该有理想、有道德、有文化、有纪律，热爱社会主义祖国和社会主义事业，具有为国家富强和人民富裕而艰苦奋斗的献身精神，都应该不断追求新知，具有实事求是、独立思考、勇于创造的科学精神。"简称"四有，两热爱，两精神"。这是适应改革开放和以经济建设为中心的需要而提出的对于人才培养规格的新要求。

1986 年 4 月六届人大四次会议通过的《中华人民共和国义务教育法》规定："义务教育必须贯彻国家的教育方针，努力提高教育质量，使儿童、少年在品德、智力、体质等方面全面发展，为提高全民族的素质，培养有理想、有道德、有文化、有纪律的社会主义人才奠定基础。"

1990 年指出，国家"继续贯彻教育必须为社会主义现代化服务，必须同生产劳动相结合，培养德、智、体全面发展的建设者和接班人的方针，进一步端正办学指导思想，把坚定正确的政治方向放在首位，全面提高教育者和被教育者的思想政治水平和业务素质。"

新中国成立以来，我国教育目的演变的基本历史经验如下。

第一，教育目的的制定既要充分考虑政治发展的要求，也要充分考虑经济和文化发展的要求，不能顾此失彼。

第二，教育目的的制定既要充分考虑国家或社会发展的要求，也要充分考虑个体发展的要求。要将两者辩证统一起来。

第三，教育目的的制定应该在强调全面发展的同时，突出个性发展以及建立其上的多样性发展，同时突出人才素质的时代性。

(四)新时期的教育目的和教育方针

1995 年 3 月全国人民代表大会通过了《中华人民共和国教育法》，提出我们的教育方针是："教育必须为社会主义现代化服务，必须与生产劳动相结合，培养德、智、体全面发展的建设者和接班人。"这一教育目的的确定，必将成为相当长时期内我们教育的根本指导思想。1999 年 6 月，《中央国务院关于深化教育改革 全面推进素质教育的决定》指出："实施素质教育，就是全面贯彻党的教育方针，以提高国民素质为根本宗旨，以培养学生的创新精神和实践能力为重点，造就有理想、有道德、有文化、有纪律的德智体美等全面发展的社会主义事业建设者和接班人"。它的基本点有：强调为社会主义建设事业服务；要求学生在德智体等方面全面发展；教育与生产劳动相结合，是实现我国教育目的的根本途径。

我国的教育方针和教育目的的总体要求是：为社会主义现代化建设服务，为人民服务，与生产劳动和社会实践相结合，造就有理想、有道德、有文化、有纪律的德智体美全面发展的社会主义建设者和接班人。

2002 年，党的十六大报告提出了新的教育方针，这一教育方针充分体现了"以人为本"的理念，进一步明确了教育与生产劳动、社会实践相结合的实现途径。

2007 年，党的十七大报告指出，要"坚持育人为本、德育为先，实施素质教育，提高教育现代化水平，培养德智体美全面发展的社会主义建设者和接班人，办好人民满意的教育"。

2012 年，党的十八大报告指出，要"坚持教育为社会主义现代化建设服务、为人民服务，把立德树人作为教育的根本任务，全面实施素质教育，培养德智体美全面发展的社会主义建设者和接班人，努力办好人民满意的教育。"

2017 年，党的十九大报告强调，要"全面贯彻党的教育方针，落实立德树人根本任务，加快推进教育现代化，办人民满意的教育，建设教育强国。"

二、我国教育目的的精神实质

我国教育目的的精神实质具体如下。

(1) 社会主义——我国教育性质的根本所在。这一点明确了"为谁培养人"的问题。教育是为统治阶层所掌握的，体现了统治阶级的意愿。维护社会主义利益，为社会主义服务，一直是我国教育目的的根本所在。这明确了我国教育的社会主义方向。

(2) 使受教育者德智体美等方面全面发展。这一实质解释了"培养什么样的人"的问题，明确了我国人才培养的素质要求。首先，明确了人才应有的基本素质，即德智体美等四方面；其次，明确了使受教育者各方面全面发展，即在注重基本素质发展的同时，也要注重促进其他素质的发展，而不应仅仅局限在德智体美四方面。

(3) 注重提高全民族素质。提高全民族的素质，是我国当今社会发展赋予教育的根本宗旨，也是我国当代教育的重要使命。全民族的素质能力提高能够将科技成果创造性地运用于经济建设和社会文明发展，全民族素质的全面提高有利于经济、文化、思想、观念等在内的社会的全面进步。

(4) 为经济建设和社会的全面发展进步培养各级各类人才。为经济建设和社会全面发展进步培养各级各类人才，这反映了我国教育的基本使命。要求培养的人是社会主义事业的建设者和接班人，因此要坚持政治思想道德素质与科学文化能力的统一。教育要适应时代要求，强调学生个性的发展，培养学生的创新精神和实践能力。

三、我国教育目的的理论基础

我国教育目的的理论基础是马克思主义关于人的全面发展学说。

人的发展是与社会生产发展相一致的。旧式劳动分工造成人的片面发展，大工业机器生产要求人的全面发展，并为人的全面发展提供了物质基础；实现人的全面发展的根本途径是教育同生产劳动相结合。

我国教育目的的
理论基础.mp4

(一)马克思主义关于人的全面发展的含义

人的全面发展是指人的劳动能力，即人的体力和智力全面、和谐、充分地发展，还包括人的道德发展和人的个性的充分发展。

首先，人的全面发展是指人的劳动能力的全面发展。

在马克思看来，人的全面发展，就其最基本的意义而言，是指人能够适应不同的劳动需求。马克思始终坚持在劳动发展中考察人的发展问题，认为没有劳动，社会和个人都不可能存在，更谈不上什么人的发展。

其次，人的全面发展是指人的体力和智力的全面发展。

马克思从资本主义的劳动分工中分析了工人在生产劳动中体力和智力两个方面的片面发展，进而提出，全面发展的人将是体力劳动和脑力劳动相结合，在体力和智力上得到协调发展的人。

最后，人的全面发展是指人的先天和后天的各种才能、志趣、道德和审美能力的充分发展，即人的个性的自由发展。

马克思认为，人的发展领域包括劳动时间和自由时间两个方面。劳动时间创造了人类才能的发展所必需的物质财富。自由时间同劳动时间一样，也是人的全面发展不可缺少的一个方面，是人的先天和后天的各种才能和志趣、道德与审美能力充分发展的又一个广阔领域，马克思称其为"真正的自由王国"。在这个自由的王国里，个人从事自由活动的时间不断扩大，人的个性因此得到自由的发展。

机器大工业生产为人的全面发展提供基础的可能。机器大工业的生产对人的全面发展提供了客观需要；同时也为人的全面发展提供可能和条件，机器大工业生产创造了极高的劳动生产率和丰富的社会财富，使工人有物质条件、时间、精力去从事学习，发展自己。社会主义制度是实现人的全面发展的社会条件。教育和生产劳动相结合是"造就全面发展的人的唯一方法"；教育与生产劳动相结合是培养全面发展的人的根本途径，也是唯一途径。

(二)我国全面发展教育内容的构成

全面发展教育，是对含有各方面素质培养功能的整体教育的一种概括，是对为使受教育者多方面得到发展而实施的多种素质培养的教育活动的总称，是由多种相互联系而又各具特点的教育所组成的。我国全面发展教育的基本内容有：德育、智育、体育、美育。

1. 德育

德育，品德教育的简称，是教育者按照社会的要求，对受教育者施加影响以形成所期望的政治立场、世界观和道德品质的教育。德育的内涵分为狭义和广义的理解。狭义的德育是指道德教育；广义的德育，是指除道德教育外，还包括涉及人成长生活的其他品德内容，如思想教育、政治教育、法制教育、生命教育、人格教育和心理品质教育等。因此，我国德育的基本任务包括：培养学生良好的道德品质；培养学生正确的政治方向；培养学生正确的价值观；培养学生良好、健康的心理品质；培养学生良好的思想品德能力等。它体现了整个教育的社会主义性质，对受教育者的全面发展起着定向的作用。

《论语》"学而篇"第六条："弟子入则孝，出则悌，谨而信，泛爱众而亲仁。行有余力，则以学文。"这是孔子指出的一个人人格成长的正确过程，"孝、悌、谨、信、爱众、亲仁、学文"七事环环相扣，层层递进。七事具备，方以为人，这七事做到了，我们才能称得上是个"人"；要先立德学做人，然后再学习知识技能。

先成人后成才。对于老师来说，德行很重要，要有"师范"意识。同时，对于学生的德育要有度，不能把不属于德育的东西上纲上线，如早恋。

2. 智育

智育，是指向学生传授科学知识和技能，培养和发展学生智力才能的教育活动。智育的基本任务包括：向学生系统传授科学文化知识，为学生各方面发展奠定良好的知识基础；培养训练学生，使其形成基本技能；培养和发展学生的智力才能，增强学生各方面能力；培养学生良好的学习的品质和热爱科学的精神。

3. 体育

体育，是指向学生传授身体运动方式及保健知识，增强他们的体质，发展他们的身体素质和运动能力的教育。

体育的基本任务包括：指导学生锻炼身体，促进身体正常发育和技能的发展，增强学生体质，提高健康水平；使学生掌握运动锻炼的科学知识和基本技能，掌握运动锻炼的方法，增强运动的能力；使学生掌握身心卫生保健知识，养成良好的身心卫生保健习惯；发展学生的良好品德；养成学生文明习惯。

4. 美育

美育，即培养学生正确的审美观念，发展他们感受美、鉴赏美和创造美的能力的教育。美育的基本任务包括：培养学生正确的审美观点，使他们具有感受美、理解美和鉴赏美的知识与技能；培养学生艺术活动的技能，发展他们体现美和创造美的能力；培养学生心灵美和行为美，使他们在生活中体现内在美和外在美的统一。

在全面发展教育中，各育之间是相互联系、相互影响、辩证统一的。首先，各育之间不可分割。其次，各育之间不能相互代替。德育在全面发展教育中起着灵魂与统帅的作用，智育在全面发展教育中起着前提和支持的作用，体育在全面发展教育中起着基础作用，美育在全面发展教育中起着动力作用。在处理各育之间的关系时，要避免两种倾向：一是只注重各育之间的联系性和相互促进性而忽视各育的独特功能；二是只注重各育的区别和不可代替性而忽视了各育相互促进的作用，甚至把它们割裂开来、对立起来。

(三)人的全面发展理论对我国确立教育目的的意义

马克思主义提出新的科学的方法论要求在规定人的发展时，不能脱离具体的历史条件。用这种发展观作指导，有助于我们理解人的发展的社会必要性和社会制约性，在确立和实现教育目的时把人的发展与社会的发展很好地结合起来。人的全面发展理论为我们科学地认识人的全面发展提出了新的方法论的指导。

马克思主义的全面发展学说揭示了人的全面发展的必然性，有助于我国社会主义教育在人才培养中坚持全面发展的方向，丰富培养人的素质，更好地推动我国的现代化建设。人的全面发展的必然性，为社会主义人才培养指明了方向。

四、我国教育目的的实现策略

我国教育目的的实现的基本策略是要以素质发展为核心，确立和体现全面发展的教育观。

素质是人对自身生理心理、学识才智、道德品行、审美情趣、生活态度和能力等方面发展质量或品质的总称，也可用作对人某方面发展质量或品质的指称，如道德素质、心理素质、政治素质、公民素质等。

1993 年《中国教育改革和发展纲要》明确提出基础教育应从"应试教育"转向"素质教育"。素质教育是以人的素质发展为核心的教育。在这里，"发展"的内涵包括：人的发展的全面性和和谐性；人的发展的差异性和多元性。全面推进素质教育是当代中国教育的导向，素质教育的重点是培养学生的创新精神。教育的最高目的是唤醒人的真正人性，是塑造一种独立人格和创新精神。

在素质教育的实践中应做到以下几点。

首先，作为教育，素质教育要关注人良好素质的形成，同时也不能忽视对人不良素质的克服与纠正，使人的素质富有健康文明的内涵。

其次，素质教育不能只停留在应有素质的形成上，更应该重视素质的巩固和提升，使人的素质不断得到充实和丰富。

再次，要注重把应然素质和实然素质结合起来。

最后，我国各级各类学校教育应确立和体现全面发展的教育观。具体应做到：正确理解和把握全面发展，正确认识和处理各育关系，要防止教育目的的实践性缺失。

本 章 小 结

本章主要讲述了教育目的的内涵、特征、功能、基本类型及结构；重点分析了教育目的的个人及社会价值取向；着重介绍了我国的教育目的及其理论基础。

教育目的的内涵有广义和狭义之分。为了进一步理解教育目的的内涵，这里将引出与之含义接近的教育方针一词，把两者进行分析比较，从而正确认识教育目的。教育目的具有社会性、时代性、预见性的特征，具备定向、调控和评价功能；教育目的根据不同的分类标准可以分为价值性教育目的和功用性教育目的、终极性教育目的和发展性教育目的。本章还从横向和纵向两个角度分析了教育目的的结构。

教育目的的不同价值取向包括个人本位的价值取向和社会本位的价值取向。教育目的的个人本位价值取向，即个人本位论，个人本位论的基本主张是：人的价值高于社会价值，把人作为教育目的的根本所在。社会本位的价值取向，把满足社会需要视为教育的根本价值。这种观点认为，确立教育目的的根据是社会的要求，个人发展必须服从社会的要求。教育目的的选择、确立的基本依据有社会依据和人的依据。一个国家教育目的的制定往往依据自身国情，把社会对教育最迫切的要求与教育不能满足这一要求之间的矛盾，作为制定的教育目的的中心问题。另一种依据是，教育目的直接指向的对象是受教育者，含有对人的素质发展的要求，这种要求不仅要依据社会现实及其发展来确定，也要依据人的身心发展和需要来确定。

本章最后一节内容对我国的教育目的的历史演变历程进行了分析，包括古代教育目的、清末与民国时期的教育目的、新中国成立后的教育目的、新时期的教育目的。我国的教育方针和教育目的的总体要求是：为社会主义现代化建设服务，为人民服务，与生产劳动和社会实践相结合，造就有理想、有道德、有文化、有纪律的德智体美全面发展的社会主义建设者和接班人。

我国教育目的的理论基础是马克思主义关于人的全面发展理论，全面发展教育是对含有各方面素质培养功能的整体教育的一种概括，是对为使受教育者多方面得到发展而实施的多种素质培养的教育活动的总称，是由多种相互联系而又各具特点的教育所组成的。我国全面发展教育的基本内容有：德育、智育、体育、美育。

我国各级各类学校教育应确立和体现全面发展的教育观。具体应做到：正确理解和把握全面发展，正确认识和处理各育关系，要防止教育目的的实践性缺失。

思 考 题

1. 简述教育目的与教育方针的联系和区别。

2. 简述教育目的的价值取向。

3. 从含义、发展脉络、基本主张、代表人物及基本观点等方面论述个人本位的教育目的价值取向，并加以评价。

4. 从含义、发展脉络、基本主张、代表人物及基本观点等方面论述社会本位的教育目的价值取向，并加以评价。

5. 简述马克思主义关于人的全面发展理论。

6. 简述我国全面发展教育内容的构成。

7. 论述我国教育目的的精神实质、实现策略。

第五章 教育制度

本章学习目标

(1) 熟悉教育制度的概念、特点、制约因素、类型，尤其是现代学制类型。
(2) 理解双轨学制、单轨学制及分支型学制的由来和特点。
(3) 了解西方学校教育制度纵向和横向发展史。
(4) 了解我国学校教育制度的演变。
(5) 熟悉我国现行学校教育制度的基本形态。
(6) 了解我国学校教育制度改革发展趋势。

重点：熟悉教育制度的概念、特点；掌握教育制度的类型，尤其是现代学制类型；熟悉我国现行学校教育制度的基本形态；试着绘制我国现行学校教育制度示意图。

难点：了解西方学校教育制度纵向和横向发展史；了解我国学校教育制度的演变；理解我国当前学制改革的主要内容；了解我国学校教育制度改革发展趋势。

缘起：一场关于"反对"莫言提案的讨论

在"基础教育学制改革研讨会"上，有媒体报道与会教育专家"一致"对作家莫言提出的"缩短基础教育学制"表示反对。一时间，"基础教育学制改革研讨会"在网络上变成了针对莫言的"批斗会"。

取消小升初和中考，缩短"633学制"，中小学学制从12年改成10年，让学生享受10年免费教育，在连读制的轻松学习环境中健康成长。这是2016年3月4日，文学巨匠莫言在两会上的教育提案。从他的发言看，莫言为提案下了调研的真功夫。因为他提到，为了小升初，初升高，高升大的三次考试，各阶段毕业班都要进行长年的强化复习。不仅增加了师生、家长的学业负担和经济、心理压力，也由此衍生出补习班、学区房等困扰民生的社会问题。

缩短学制后，孩子们有机会到大学和职业学院学习培训，还从制度上普及了高中教育；还将带动教育内容的重组、教学方式的改革、学习方式的转变，实现基础教育的资源优化，从而因材施教。

一、反思：与其"批斗"莫言，不如回归教育问题本身

缩短学制的意见，并非莫言的原创，而是教育学术界本来就有的论题。有相似意见的非教育界人士也非莫言一人，比如前几年广东省政协委员黄艳儒就曾在该省建议将基础教育从 12 年学制改为 9 年学制。只不过莫言的建议是在全国两会上提出的，由于他本人的巨大影响力，一下子把专业话题引爆成了公共话题。专家们的否定态度，表面针对的是莫言的建议，实质上针对的是一个严肃的教育制度问题

二、教育专家回应：学制改革，并不是一个简单的话题

(1) 学制改革不仅仅是年限的调整。

学制是国家规范教育行为的一种基本制度，是教育活动能够正常运转的重要保障。学制的改革涉及教育方方面面，在基础教育领域，有关学校性质、任务、入学条件的规定，是学制更为根本的内容。修业年限的调整只是实现教育目的、完成教育任务的手段。因而，无论是关于缩短学习年限、"九年一贯"的讨论，还是"六三三""五四三"等分段之争，都是学制改革的重要方面，但绝不是学制改革的全部。

(2) 学制改革不能为改革而改革。

回顾学制改革的历史，尤其是新中国成立之后基础教育学制改革的历史，缩短学制似乎是学制改革最为关注的重点，在某个时期甚至达到了极致程度。缩短学制的主要理由是学制过长、效率过低、学生负担过重、教育财政压力较大等。

在当今社会，尤其强调学生比过去早熟，智力开发往往提前，加上现代信息技术的运用和师资水平的提高，可以在较短时间内完成过去比较长时间完成的教学任务。并且，由于缩短年限而带来的提前就业，还可以缓解老龄化导致的劳动力短缺问题，可以提前为社会做贡献。但是，随着社会经济的发展，对于未来人才的要求不是降低而是提高了，而缩短学习时限与质量要求的提高，往往是矛盾的。

应该看到，学校不仅仅是学习基础知识和基本技能的地方，学校教育在促进德智体美等全面而富有个性的发展上，也发挥着不可替代的作用。如果从"教育即生活""教育即生长"的角度而言，教育经历本身就是人生的重要财富。如果学制改革仅仅是为升学做准备，仅仅作为提高某一学段升学率的手段，或者某个学校实施学制改革的目的就是选拔和留住更好的生源，则不是我们所提倡的。

因而，学制的改革要适应社会经济文化发展的水平，遵循学生身心发展的规律，切实有利于素质教育的全面实施。要坚持因地制宜，在基本学制的要求下，允许多种模式的存在，鼓励开展灵活性、弹性化的学制改革。

(3) 学制改革是一个系统工程。

根据教育法的规定，学制改革并不是某一个单位或个人能够随意进行的，而是要在国家宏观领导下进行。但这绝不意味着"全国一刀切"，也绝不意味着学制改革就是行政化的工作。学制改革需要多元主体的参与，需要科学论证与充分试点才能在更大范围内推行。

学制改革的系统性体现在，它要与党的教育方针、国家教育目的所要求的办学宗旨和任务相一致，要与基础教育的整体改革相适应，要考虑到国家的财政基础和当地的发展水平，要考虑学前教育、初等教育、中等教育、高等教育的整体协调，要有历史的眼光和国际的视野。在具体实践探索中，还要考虑实验地区与周边地区、实验学校与相关学校、实验学段与相关学段的衔接。

案例分析：

在现代意义上，学制的改革已不仅仅停留于不同学段的年限划分，而是更关注各学段

办学目标、课程设置、师资队伍的贯通与整合，更关注在终身学习和构建学习型社会的背景下，如何实现不同教育形态的融通。一个国家或地区需要一个基本学制，但不是唯一学制。在基本学制基础上，我们应该积极鼓励探索，体现开放与多元，以满足国家、社会和个人对教育的多样化需求。

第一节　教育制度概述

一、教育制度的概念

"制度"一词有两种意思：一是要求成员共同遵守的、按一定规程办事的规则，如工作制度、学习制度等；二是在一定条件下形成的政治、经济、文化等的体系，如资本主义制度、社会主义制度等。综合而言，"制度"一词包括两个方面的内容：一是机构或组织的系统；二是机构或组织系统运行的规则。从逻辑上讲，教育的各种施教机构与组织和教育的各种管理机构与组织都是教育制度这个题目应当论述的范围。在教育学中，教育制度这个题目通常只论述教育的各种施教机构与组织构成的系统。

教育制度是一个国家在一定历史条件下形成的教育体系以及为保证该体系的正常运行而确立的各项规范与规定，即一个国家或地区各级各类教育机构与组织的体系及其各项规定的总称。它包含相互联系的两个基本方面：一是各级各类教育机构与组织的体系，包括学前教育机构、各级各类学校教育机构、成人教育机构(如文化馆、图书馆、影剧院等)、少年儿童校外教育机构(如少年宫、少年科技馆、儿童影剧院等)，以及各级教育行政组织机构等；二是教育机构与组织体系赖以存在和运行的一整套规则，如各种各样的教育法律、规则、条例等。

广义的教育制度指国民教育制度，是一个国家为实现教育目的所建立起来的一切教育设施和相关制度的总称。狭义的教育制度指学校教育制度，简称学制，指的是一个国家各级各类学校的系统及其管理规则，它规定着各级各类学校的性质、任务、入学条件、修业年限以及它们之间的关系。学制是整个教育制度的核心组成部分，是教育制度的主体。在教育学里，人们通常把教育机构与组织的管理规则当作教育管理问题来专门加以论述，所以教育制度这个题目论述的重点便是各级各类教育机构与组织的体系。

科学而完备的教育制度不仅对教育方针和教育目的的贯彻、对整个教育事业的发展起着重要的保证作用，而且对青少年身心发展乃至整个国民素质和社会发展都具有非常重要的意义。它有利于国家早出人才、快出人才，出好人才。

二、教育制度的特点

教育制度既有与其他类型的社会制度相类似的特点，又有着其自身的特点。

(一)客观性

教育制度作为人们基于自身需要而设计并践行的规则与秩序，从表面看虽然是一个主观性产物，反映了人们特定的主观期待与价值追求，但是它的变迁并非由人所想、随心所欲，而是要遵循一定的客观规律，受制于相应的客观基础。这个客观规律与客观基础主要是内在的人的身心发展规律和外在的以社会政治制度、经济水平及文化氛围为主要内容的社会环境，而这些都是由特定社会阶段的生产力发展状况所决定的。例如，从义务教育的提出到法律确认再到普及，在主要资本主义国家历时 200 余年。尽管不同国家提出的时间和普及的年限有所不同，但是归根结底反映了现代大机器生产对劳动者文化素质的要求，反映了大工业时代体力劳动和脑力劳动由分离走向结合的趋势。这些都是客观的，不依个别人意志为转移的。

(二)规范性

任何教育制度都是主体根据自己的需要而制定的，显然有一定的规范性。教育制度的规范性主要表现在入学条件以及各级各类学校培养目标的制定上；在阶级社会里，则表现为阶级性。具体而言，教育制度的规范性是指在一定的制度环境中，教育组织、教育机构、教育者及其所实施的教育活动，要在"是""应当是"和"必须是"三个层面上遵循一定的约束，服从一定的秩序。

(三)历史性

教育制度的客观性和规范性的具体内容是随着社会的变化而变化的，因此在不同的社会历史时期、不同的文化背景下，就需要建立不同的教育制度。在不同的社会发展阶段和不同的文化背景下，教育制度会表现出一定的时空差异性。也正是由于差异性的存在促使了不同教育制度间的沟通和交流，从而有力地推动了教育制度的变革与创新。教育制度是随着时代和文化背景的变化而不断创新的。

(四)强制性

教育制度一经确立，就对处于该制度环境中的组织或机构与个人产生合法的强制作用，它以既定的规则和预期的秩序强制约束一定组织或机构的教育活动，所有参与者都必须无条件遵守，否则就要受到不同形式、不同程度的惩罚。因此，在这个意义上，教育制度是独立于其约束对象的。例如，学校的考试制度规定，任何学生和教师在考试过程中都不能有舞弊行为，否则，一经查实，就要给予适当的处分。考试制度对于学生、教师以及教育管理人员都具有特定的强制性。

三、教育制度的制约因素

教育制度除受人的身心发展规律的制约以外，还要受到社会经济、政治和文化因素的制约。教育制度的纵向学段的划分和培养目标的制定主要受人的身心发展规律的制约，而教育制度的性质与发展状况主要取决于社会的经济、政治和文化。

(一)社会经济制约教育制度

经济的发展为教育制度提供了一定的物质基础，教育的发展也是经济发展的客观需要。同时，一个国家的经济体制作为一种根本的力量，决定了该国国民教育体系与市场的关系，决定了教育资源的配置方式，决定了国民的教育需求结构以及教育内部的管理方式等。如在以农业为主的古代社会，从事生产活动所需的知识与技能完全可以通过经验而获得，无须制度化的学校教育；同时，较低的社会生产水平也决定了社会不可能提供面向全体民众的学校教育，享有教育权利的只能是占全社会人口少数的统治阶级。步入近现代社会以后，生产发展对劳动者的素质要求越来越高，生产所需的知识与技能只有纳入规范的教育体系，才可能被未来的劳动者内化而形成一定的人力资本，并以间接的方式对经济与社会发展产生积极影响。当前，人类社会正进入一个知识经济时代，这个时代出现的许多新型高科技产业必将对教育的种类、科类以及人才培养的目标产生深刻的影响，从而影响到教育制度的发展和变革。

(二)社会政治制约教育制度

"建国君民，教学为先"（《礼记·学记》）。作为人类特有的一种社会活动，教育在阶级社会里具有鲜明的阶级性，即掌握政权的统治阶级必然通过对教育制度的设计与安排，为本阶级的利益诉求提供有效的、合法的保障，从而在不同历史时期、不同教育阶段与教育类型中，表现出相应的阶级差异性。因此，政治因素对教育制度的影响是最直接的。例如，在古代社会，由于社会政治的阶级性和等级性，教育制度也具有阶级性和等级性，能够享受学校教育的只是一部分显贵，其余的人都被排斥在学校体系之外，只能接受一些粗浅的生活教育或师徒式的教育；在现代社会，由于义务教育的普及，普通民众也都能接受学校教育，但是在资本主义国家，教育制度的阶级性和等级性还是有所体现，只不过更为隐蔽罢了。

(三)社会文化制约教育制度

文化是人类社会在一定的物质资料生产方式基础上所创造的精神文明成果，它常以润物无声的方式制约着既定文化场域中的种种社会活动，文化影响着教育类型，影响着教育制度。同为资本主义国家，法国在教育行政上实施集权制，而美国在教育行政上实施分权制；同样是实施分权制，美国的分权制又与英国的分权制不同，各自有自己的传统和特色。这些都是由于文化的不同引起的。在文化因素中，科学技术对教育制度的影响非常明显，而且其影响力还在逐渐增大。科学技术的迅猛发展，已经极大地冲击了传统的以掌握和再现知识为主的学校教育制度，人们纷纷研究适应这种状况的新的教学制度、考试制度、奖励制度、教师培训制度等。当今世界各国都趋向将受教育权视为基本人权，争取实现教育公平，显然这是人文精神对教育制度影响的结果。

综上所述，教育制度受制于一定的社会政治制度，受制于历史条件和文化传统，受制于一定的社会生产力、科学技术等因素，受制于学生的身心发展特点，还受制于传统学制与国外现行学制的影响。以狭义的教育制度，即学制为例，学制是由国家政权机关制定并颁布实施的。但是，制定学制不能凭主观意志，因为任何一种学制，都要受一定社会的政治、经济文化和人的身心发展规律制约。在制定学制的过程中，不仅要考察社会政治经济制度对学制的制约作用，保证学制性质与社会的一致性，同时要充分研究社会生产力、科学技术水平以及民族文化传统对学制的影响，使学制更符合社会发展的要求。

四、教育制度的类型

根据教育制度的理性化程度，分为显性教育制度与隐性教育制度；根据教育制度涵盖范围的大小,还可以把教育制度划分为宏观教育制度(国家)、中观教育制度(各级各类教育机构、组织与社区之间的关系)和微观教育制度(学校内部的机构、组织及其相应的规范措施)。

就现代学校教育制度的类型而言,主要由两种结构所构成:一是纵向划分的学校系统,二是横向划分的学校阶段。不同类型的学制只不过是学校的系统性和阶段性的不同组合。由纵向划分的学校系统占绝对优势的学制结构就是双轨学制,由横向划分的学校阶段占绝对优势的学制结构就是单轨学制。19世纪末20世纪初,西方发达资本主义国家通过"自上而下"和"自下而上"两条途径形成了三种基本的现代学制:单轨学制、双轨学制和分支型学制,如图5-1所示。"自上而下"是指中世纪大学和现代大学的预科阶段向下延伸,形成中等教育系统,与初等教育形成一个完整的学校系统;"自下而上"是指原来的平民子弟的初等教育系统向上延伸,与中等教育连接起来。

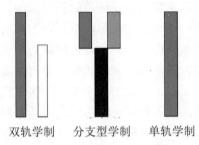

双轨学制　　　分支型学制　　　单轨学制

图 5-1　三种类型学校教育制度示意图

(一)双轨学制

双轨学制是西方现代学制的类型之一,主要存在于20世纪中叶之前的欧洲国家,如英国、德国和法国等。这个学制把学校系统分为两个互不相通的轨道:一轨是为资产阶级子女设立的,从小学、中学直到大学,他们受到比较高深的、完备的教育,以便成为进行生产管理、商业经营、科学研究和从事其他社会活动的人才,具有精英教育性质;另一轨是为劳动人民子女设立的,学生读完初级小学之后,不允许进入文法中学或公学,只能进入高等小学或初等、中等职业学校,成为适合生产需要的工人。

双轨学制的产生一方面保留了古代教育的等级性,同时也与资产阶级维护自身特殊利益有关,更为根本的是与资本主义发展初期脑力劳动与体力劳动存在严重的分离有关。也就是说,与生产力低有关。生产力水平不发达,因此对脑力劳动的质量要求不高。可以说,双轨学制的形成有其客观的生产力基础。但随着生产力水平的提高,客观上要求劳动者接受更多的教育,于是双轨学制逐渐消亡。

(二)单轨学制

单轨学制是西方现代学制的类型之一,19世纪末20世纪初最早产生于美国。该学制的特征就是所有学生在同样的学校系统学习,可以由小学升入中学、大学,各级各类学校互相衔接。资产阶级学者标榜这种学制是为整个社会服务的。但是它对于受教育者来说,并不是完全公平和公正的,不同的社会阶层在单一的学校教育系统中接受不同层次的教育。单轨学制掩盖了资产阶级教育的阶级性。但单轨学制相对于双轨学制而言,是个历史的进步,至少取消了形式上的不平等,有利于提高全体国民的素质。

知识拓展

美国学校教育制度及其发展历程

18世纪末，美国北部各州已都有了在城镇设立初等学校的法令。1830年以后，小学得到了蓬勃发展。由于产业革命和电气化的推动，美国由农业社会向工业社会急剧发展，于是继小学的大发展之后，从1870年起，中学也得到了大发展。在急剧发展的经济条件和在美国这种没有特权传统的文化历史背景下，美国原来的双轨学制中的学术性一轨没有得到充分发育，被在短期内迅速发展起来的群众性小学和群众性中学所淹没，从而形成了美国的单轨学制。

美国的教育权归地方(州)政府所有，各州的教育法都规定6～16岁青少年都必须上学读书。从入学年龄规定这一点看，中美两国是相同的，但美国小学的学制与我国小学的学制有着很大的不同。

美国的小学学制有三种形式：四年、六年、八年。实际上，大多数州的小学都实行六年制。实行四年制或八年制的小学，一般把小学与初中或高中直接挂通。值得一提的是，在美国，大多数小学都设有幼儿园，招收4～6岁的儿童，在完成幼儿园的学习后便可顺利进入小学。这样做有两个好处：第一，幼儿园地点与小学一致，给入学儿童提供了一个熟悉的环境，避免了进入新环境后的不适应过渡阶段。第二，充分利用了教室、活动场地、器材及师资等多种资源，尽可能地实现了教育资源利用的最大化，而且有利于教学衔接。

美国单轨学制自下而上的结构是小学、中学，而后可以升入大学。其特点是一个系列、多种分段，即六三三、五三四、四四四、八四、六六等多种分段。单轨学制最早产生于美国(见图5-2)，后被世界许多国家采纳。

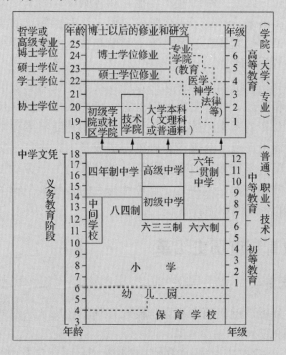

图5-2　美国学校教育制度图示

(三)分支型学制

分支型学制是西方现代学制类型之一，20世纪上半叶产生于苏联。十月革命后，苏联制定了单轨的社会主义统一劳动学校系统。后来在发展过程中，又恢复了帝俄文科中学的某些传统和职业学校单设的做法，于是就形成了既有单轨学制特点又有双轨学制的某些因素的苏联型学制。苏联型学制不属于欧洲双轨学制，因为它一开始并不分轨，而且职业学校的毕业生也有权进入对口的高等学校学习；一毕业，少数优秀生可直接升入对口高等学校，其余的三年后也可升学。但它和美国单轨学制也有区别，因为它进入中学阶段时又开始分叉。也就是说，苏联型学制前段(小学、初中阶段)是单轨，后段分叉，是介于双轨学制和单轨学制之间的分支型学制。苏联型学制的中学，上通(高等学校)下达(初等学校)，左(中等专业学校)右(中等职业技术学校)畅通，这是苏联型学制的优点和特点。分支型学制是一种既有单轨型学制特色又有双轨型学制某些特色的新型学制。

现代学制发展趋势是：传统的双轨学制在向单轨学制发展，更多国家教育制度向分支型学制发展。

第二节　学校教育制度历史沿革

教育制度会随着社会的发展变化而发展变化，在不同的社会历史发展阶段表现出不同的发展状况。现代教育制度的核心部分是学校教育制度，现代学校教育制度的形成是与现代学校的产生和发展联系在一起的。在原始时代，无论是东方还是西方，社会还处于混沌未分化状态，教育还没有从社会生产和社会生活中分离出来，学校没有严格的大、中、小学之分，更没有幼儿园。因此，那时就不可能有教育制度。由于社会的分化，教育从社会生产和社会生活中分离出来，产生了古代学校，后来还有了简单的学校系统，因此就产生了古代教育制度。由于古代学校在教育内容上科学和技术的东西很少，从而决定了古代教育制度的非系统性和不完善性。

近代以来，随着商品经济和资本主义的发展，现代学校是社会的进一步大分化，它不但培养政治统治人才和管理人才，更重要的是它还培养大量的科学技术人才、文化教育人才、经济管理人才和众多的有文化的生产工作者。特别是随着为劳动人民子女设立的国民学校的产生和发展，逐步形成了公共教育制度，形成了大、中、小学的严格区分，形成了现代学校教育系统。现代学校教育内容上的科学性及其与生产劳动密切联系的性质，决定了学校规模上的群众性和普及性，决定了学校结构上的多种类型和多种层次的特点，从而决定了现代教育制度的系统性和完善性。

一、西方学校教育制度历史沿革

(一)纵向发展历史

从纵向学校系统分析，近代西方社会学校教育制度经历了从双轨学制向分支型学制和单轨学制发展的历史阶段。

直到20世纪初，西欧双轨学制，一轨只有小学，另一轨只有中学和大学。几十年后，随着义务教育的上延、教育机会均等原则的实施，双轨学制从小学开始向上逐步并轨。20世纪初，初等教育是专为劳动人民子女设立的。那时，社会中上层人士的子女是在家庭中或在中学预备班里接受初等教育的。经过两次世界大战，通过劳动人民及其政党、进步人士的努力和争取，德、法、英等国终于先后实行了统一的初等教育，初等教育终于并轨了。第二次世界大战后，西欧各国普及教育逐步延长到了十年左右，已到了中学的第一阶段。过去，欧洲的中学本来是不分段的。现在，同是接受义务教育，有的在高学术水平的完全中学的第一阶段进行，有的则在新发展起来的低学术水平的初级中学里进行，机会很不均等。于是，英、法、德等国采用了综合中学的形式把初中的两轨并在一起。英国发展最快，20世纪80年代初，综合中学的学生数已超过学生总数的90%。这样，西欧双轨学制事实上已变成分支型学制了，即小学、初中单轨，其后多轨。现在，英国的高中也正在通过综合中学实行并轨。

(二)横向发展历史

从横向学校阶段来看，西方教育的每个阶段都发生了重大变化。

1. 幼儿教育

现代幼儿教育机构，最早出现于第一次工业技术革命后的18世纪下半叶。20世纪前半叶，随着第二次工业技术革命的深入发展，各发达国家的幼儿教育机构得到了较快的发展。第二次世界大战后，各发达国家的幼儿教育逐步走向普及。与此同时，幼儿教育的性质也在从以保育为主走向以教育为主。幼儿教育机构也发生了变化：一是幼儿教育的结束期有提前的趋势，提前到了6岁或5岁；二是加强小学和幼儿教育的联系。

2. 小学教育

到19世纪后半叶，先进的资本主义国家都先后普及了初等教育。少年青春发育期的提前、对儿童和少年智力潜力的新认识、教学的科学水平的提高和小学教师水平的提高，这一切促使发达国家小学教育的结构有了一系列变化：第一，小学已无初、高级之分；第二，小学入学年龄提前到6岁甚至5岁；第三，小学年限缩短到5年(法国)、4年(德国)，甚至3年(20世纪七八十年代的苏联)；第四，小学和初中直接衔接，取消了升入初中的入学考试，连英国的"十一岁考试"和法国的"六年级入学考试"也于20世纪六七十年代取消；等等。

3. 初中教育

第二次工业技术革命要求从事电气化生产的劳动者必须具有更高的文化科学基础知识，于是每个发达的资本主义国家先后把义务教育延长到了八到九年。尽管名称不同，事实上都是初中教育。这些中学是为培养有文化的体力劳动者而办的，并不是要把他们培养成脑力劳动者。

4. 高中教育

高中本身是现代学制发展到一定阶段的产物。第二次世界大战之后，由于普及教育已到了初中阶段，双轨学制中原来不分段的学术性中学不得不分为两段，使前段和群众性的初中合并共同完成普及教育的任务，后段即变成了欧洲高中。高中阶段学制的多类型，即高中阶段教育结构的多样化，乃是现代学制在当代发展中的一个重要特点。

5. 职业教育

在现代社会，由于职业训练的基础——科学技术的水平越来越高，因而对职业教育的科学文化基础的要求也越来越高。发达国家的职业教育已有移向高中后的明显趋势，这是因为当代职业教育日益建立在更高的科学技术基础之上，只有在高水平文化科学基础知识之上培养出来的人才更有适应性。从总体上看，职业教育在当代有两个突出的特征：一是文化科学技术基础越来越高；二是职业教育层次、类型的多样化。

6. 高等教育

现代大学和现代高等学校是经过两条途径发展起来的：一条是通过增强人文学科和自然学科把这些中世纪大学逐步改造成为现代大学，如牛津大学、剑桥大学和巴黎大学；另一条是创办新的大学和新的高等学校，如伦敦大学、洪堡大学、巴黎高等师范学校。现代社会、现代生产和现代科学技术向高等学校要求各级各类高级人才，于是推动了高等教育结构的变化：一是多层次，过去主要有本科一个层次，而现在则有多个层次——大专、本科、硕士、博士；二是多类型，现代高等学校的院校、科系、专业类型十分繁多。高等学校与社会、生产、科学技术、社会生活的各个方面的联系越来越密切。

7. 成人教育

成人教育是指自学、向生活和实践学习、自我修养以及手艺上的精益求精等。现代成人教育是现代社会的产物，是以在生产上运用科学技术为特征的大生产的产物。一方面，现代科学技术的创造周期和陈旧周期越来越短，因此，每个人从学校毕业后，在劳动生活中如果不多次更新知识，就不能适应人员流动和改行转业的需要。另一方面，由于科技和社会的进步、劳动者闲暇时间的增多，以及个性多方面发展的需要，成人接受多方面的教育已经成了人们的一种精神追求。现代学校教育制度正在向终身教育制度发展，并将成为完善的终身教育制度。

从学校系统分析，西方学校教育制度从双轨学制在向分支型学制和单轨学制发展。从发展过程可以得出两点结论：一是义务教育延长到哪里，双轨学制并轨就要并到哪里，单轨学制是机会均等地普及教育的好形式；二是综合中学是双轨学制并轨的一种理想形式，因而综合中学化就成了现代中等教育发展的一种趋势。

从学校阶段来看，每个阶段都发生了重大变化：幼儿教育提前；小学教育缩短；初中教育延长；高中教育结构多样化；职业教育完善；高等教育多层次、多类型。

二、我国学校教育制度的演变

学校教育制度是学校教育发展到一定历史阶段的产物。我国学制发端于古代，形成于近代，日益完善于现代。

我国学校教育制度的演变.mp4

(一)古代学校教育制度建立

西周时期，已出现学制的雏形，分国学和乡学；国学又分小学和大学两个阶段。关于西周的乡学，《周礼》说："乡有庠，州有序，党有校，闾有塾。"

唐代，中央有国子学、太学、四门学、崇文馆、弘文馆、律学、书学、算学。前五者属大学性质，后三者为专科性质。地方有府学、州学、县学、镇学。这是我国古代封建社会比较完备的学校教育系统。

我国古代的学制，萌芽于西周，如最早设立的"庠、序、校"等，形成于西汉，到唐宋时期才比较完备。但由于古代学校教育不发达，因此这一时期的学制也没有形成完整的体系。

(二)旧中国学校教育制度沿革

具有完整体系的学制是以现代学制的出现为标志的。我国现代学制建立比欧美现代学制建立得晚，到清朝末年才出现。我国现代学制的建立是从清末"废科举，兴学校"开始的。

1. 1902 年制定的"壬寅学制"

中国近代教育史上最先制定的系统的学校制度是 1902 年的《钦定学堂章程》，1902 年为壬寅年，故这个学制亦称"壬寅学制"。"壬寅学制"以日本的学制为蓝本，由当时的管学大臣张百熙起草，是我国首次颁布的现代学制，虽然正式公布，但并未实行。

2. 1904 年颁布的"癸卯学制"

1904 年 1 月，清政府颁布了由张之洞、张百熙、荣庆等人制定的《奏定学堂章程》，史称"癸卯学制"。该学制体现的是张之洞"中学为体，西学为用"的思想，吸收了日本明治维新时期的学制形式，也保留了一定的封建科举制度的残余。该学制的最大特点是修业年限长，从小学堂至大学堂要 21 年，至通儒院要 26 年。这一学制特点是修业年限长、轻视女子教育。它是中国近代第一个施行的学制，它标志着封建传统学校的结束。

3. 1912、1913 年制定的"壬子癸丑学制"

辛亥革命后，蔡元培任教育总长时，于 1912 年对学制进行修订，次年又陆续颁布了一些学校令，综合起来就构成了"壬子癸丑学制"。缩短了学制年限，增设了补习学校，明令废除在受教育方面的性别和职业限制，在法律上体现了资产阶级"人人平等""男女平等"的思想；第一次规定了男女同校，废除读经，充实了自然科学的内容，将学堂改为学校。"壬子癸丑学制"是我国教育史上第一个具有资本主义性质的学制，它在一定程度上标志着中国教育开始向现代化迈进。

4. 1922 年颁布的"壬戌学制"

1922 年，在北洋军阀的统治下，留美派主持的全国教育联合会以美国学制为蓝本，颁布了"壬戌学制"，又称新学制。由于是采用美国式的六三三分段法，即小学 6 年、初中 3 年、高中 3 年，因此又称"六三三"学制。这个学制从小学到大学比癸卯学制缩短了 5 年，为 16 年，并在小学实行四二分段。这一改革对当时的社会发展十分有利，后虽几经修改，但都没有重大变动，一直沿用到新中国成立初期。

旧中国学校教育制度的沿革如图 5-3 所示。

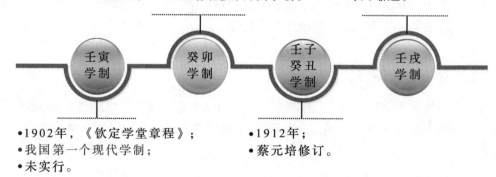

• 1904年，《奏定学堂章程》；
• 时间长；
• 我国第一个正式实施的现代学制。

• 1922年，仿美国"六三三"学制；
• 又称新学制；
• 时间缩短。

壬寅学制　　癸卯学制　　壬子癸丑学制　　壬戌学制

• 1902年，《钦定学堂章程》；
• 我国第一个现代学制；
• 未实行。

• 1912年；
• 蔡元培修订。

图 5-3　旧中国学校教育制度的沿革

(三)新中国学校教育制度变革

1. 1951 年学制

1951 年，中央人民政府政务院颁布了《关于学制改革的决定》，规定了新学制，其内容有：幼儿教育，初等教育，中等教育和高等教育。主要特点体现在：重视工人、农民及干部的速成教育和工农群众的业余教育，体现了教育为工农服务的方针；明确规定了职业教育在学制中的地位，体现了教育为生产建设服务的方针；保证了一切青年都有受革命的政治教育的机会；反映了新中国成立后新民主主义"民族的、科学的和大众的"文化教育精神，标志着我国学制发展到了一个新阶段。

2. 20 世纪 50 年代末至 70 年代我国学制的变更

在 1958 年的"大跃进"中，中共中央国务院在《关于教育工作的指示》中指出，提早入学年龄，缩短学制、进行中小学十年一贯制等。

1958 年颁布《中共中央关于教育体制改革的决定》，主要内容为：教育体制改革的目的是提高中华民族素质，多出人才，出好人才；实行九年义务教育；中等教育改革主要是调整中等教育结构，大力发展职业技术教育；高等教育改革主要是改革高校招生计划和毕业生分配制度，扩大高校办学自主权；对学校实行分级管理，加强领导，保证改革的顺利进行。

60 年代初，对教育大跃进做了一些反思和调整，颁布了大中小学教育工作条例，对教育秩序的恢复起到了一定的作用。

3. 20 世纪 80 年代以来我国的学制改革

1985 年颁布了《中共中央关于教育体制改革的规定》，主要内容为：有步骤地实行九年义务教育，逐步实行校长负责制。1986 年颁布《义务教育法》，是我国学制改革的重大事件。九年制义务教育的指导原则是：分区规划、分类指导、依次推进。

1993 年颁布了《中国教育改革和发展纲要》，其中关于教育制度的内容如下。

第一，确定了 20 世纪末教育发展的总目标——基本普及九年义务教育和基本扫除青壮年文盲；全面贯彻党的教育方针，全面提高教育质量；建设好一批重点学校和一批重点学科。简称"两基""两全""两重"。

第二，调整中等教育结构。

第三，改革办学体制。

第四，改革高校招生和毕业分配制度。

第五，改革和完善教育投资体制。

1999 年颁布了《中共中央国务院关于深化教育改革，全面推进素质教育的决定》，第一次明确提出"终身教育"。教育部《2003—2007 年教育振兴行动计划》明确强调，"双基教育"中的双基是指基础知识和基本技能，"两基"是指我国 20 世纪末教育发展的总目标——基本普及九年义务教育和基本扫除青壮年文盲。义务教育的特点是：强制性、免费性、普遍性、公共性。

第三节 我国现行学校教育制度

一、我国现行学校教育制度的基本形态

经过一个世纪的发展，我国建立了比较完整的学制，这个学制在 1995 年颁布的《中华人民共和国教育法》里得到了确认。它包括以下几个层次的教育：学前教育(幼儿园)，招收 3～6、7 岁的幼儿。初等教育，主要指全日制小学教育，招收 6、7 岁儿童，学制为 5～6 年。在成人教育方面，是成人初等业余教育。中等教育，指全日制普通中学、各类中等职业学校和业余中学。全日制中学修业年限为 6 年，初中 3 年，高中 3 年。职业高中 2～3 年，中等专业学校 3～4 年，技工学校 2～3 年。属成人教育的各类业余中学，修业年限适当延长。高等教育，指全日制大学、专门学院、专科学校、研究生院和各种形式的业余大学。高等学校招收高中毕业生和同等学力者。专科学校修业为 2～3 年。大学和专门学院为 4～5 年，毕业考试合格者，授予学士学位。业余大学修业年限适当延长，学完规定课程经考核达到全日制高等学校同类专业水平者，承认学历，享受同等待遇。条件较好的大学、专门学院和科学研究机关设立研究生教育机构。硕士研究生修业年限为 2～3 年，招收获学士学位者和同等学力者，完成学业授予硕士学位。博士研究生修业年限为 3 年，招收获硕士学位者和同等学力者，完成学业授予博士学位。在职研究生修业年限适当延长，完成学业者也可获相应学位。我国现行学校教育制度如图 5-4 所示。

2006 年再次修订通过的《义务教育法》，明确提出我国义务教育学制主要有"六三制"(小学六年，中学三年)和"五四制"(小学五年，中学四年)两种，其中还有少数地区实行八年制的义务教育，即小学五年制，中学三年制。

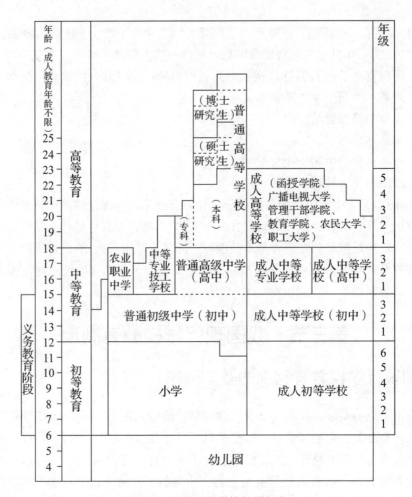

图5-4 我国现行学校教育制度

二、我国现行学校教育制度的结构及类型

我国现行学制是从单轨学制发展而来的分支型学制。其结构可分为层次结构和类别结构，从层次结构看，我国现行学校教育包括学前教育、初等教育、中等教育和高等教育四个层次；从类别结构看，我国现行学校教育可划分为基础教育(包括学前教育和普通中小学教育)、职业技术教育、高等教育、成人教育和特殊教育五个大类。

(一)学前教育

学前教育(或启蒙教育)包括托儿所和幼儿园两级。托儿所不仅仅是照料孩子的生活，还负责孩子的教育，启迪他们早期的智慧萌芽。它主要招收 1～3 岁儿童。幼儿园主要是对学前儿童进行启蒙教育，使幼儿在德、智、体、美及其个性方面都得到应有的发展，为小学教育打好基础。它主要招收 3～6 岁儿童。

(二)初等教育

初等教育是指小学教育。主要是招收 6～7 周岁儿童，城市一般是 6 周岁，农村一般是

7周岁。但目前在城市里有的也提前到5周岁或5周半，农村也有提前到6周岁入学的，在较落后的农村地区还有8岁入学的。学制年限基本上是5～6年，大部分农村地区采用五年制，并逐步由五年制向六年制过渡。小学阶段主要是进行最基本的读、写、算的教育和人格教育，为在中学阶段进一步学习做好必要的准备。

(三)中等教育

我国中等教育分初中和高中，年限各为3年，其任务是为国家培养劳动后备力量和为高一级学校培养合格新生。我国已从法律上规定将初中教育列入普及义务教育的范围，也就是普及九年制的义务教育。

(四)高等教育

我国高等教育可分为高等专科教育(2～3年)、本科教育(4～5年)和研究生教育(2～6年)。这也可分为全日制、半日制和业余教育三种。全日制主要指的是正规的高等院校，它招收高中毕业生或具有同等学力者。半日制和业余的主要是指夜大、函大、电大、职大以及自学等，这些学校或通过考试择优录取，或志愿报名参加学习，无年龄限制。我国高等教育的基本任务是为实现我国社会主义现代化和全面实现小康社会培养和造就德才兼备的各类高级专门人才。

三、我国当前学校教育制度改革

我国当前学校教育制度改革.mp4

(一)我国当前学制改革的主要内容

1. 加强基础教育，落实义务教育

普及义务教育的重点在农村，要重点做到：完善农村义务教育管理体制，使各级政府承担起发展义务教育的责任，尽快确立和实行在国务院领导下，由地方政府负责、分级管理、以县为主的管理体制；建立健全经费投入机制，为农村义务教育的发展提供可靠的物质保障；因地制宜地调整农村中小学布局，促进教育资源的优化配置；加大教育对口支援力度，促进贫困地区和少数民族地区义务教育的发展；逐步统一中小学学制，推动农村义务教育的规范化发展；坚持"农科教"相结合和基础教育、职业教育、成人教育的"三教统筹"，促进农村经济和社会发展。

2. 调整中等教育结构，发展职业技术教育

职业技术教育是现代教育的重要组成部分，需要调整中等教育结构：加强经济体制改革，盘活企业、盘活市场，增加就业机会；用人单位要改变用人观念，保证单位人才的合理结构；中等职业技术学校要注意适应市场，调整专业结构，提高教育质量；国家要有相应的扶持政策，引导中等职业技术教育走出困境。

3. 稳步发展高等教育，走内涵发展为主的道路

在今后一段时间内，高等教育改革重在扩大规模，优化结构，提高质量。高等教育的结构调整，一是层次结构的调整，即在发展本科教育的同时，大力发展地区性专科教育，扩大研究生培养数量，同时明确各类学校的分工，保证不同层次人才的培养规格、质量和

特点；二是各类结构调整，即调整各类专业人才的培养比例，稳定基础学科的规模，注重发展新兴学科和边缘学科，重点发展应用科学，减少专门学院，增加综合性大学。

4. 重视成人教育，发展终身教育

成人高等教育的改革要注意的问题主要有：学历教育与非学历教育要结合起来；发展规模与提高质量要结合起来；提高中间与扩展两头结合。所谓提高中间，即指提高专科和本科层次的教育质量和办学效益；扩展两头指一头向初、中等职业技术教育延伸，一头向研究生层次延伸。

(二)《中长期规划》有关学制改革的内容

2010 年 6 月 21 日颁布的《国家中长期教育改革和发展规划纲要》(以下简称《中长期规划》)提出，今后一个时期，我国教育事业改革发展的工作方针是优先发展、育人为本、改革创新、促进公平、提高质量；到 2020 年，我国教育事业改革发展的战略目标是"两基本、一进入"，即基本实现教育现代化，基本形成学习型社会，进入人力资源强国行列；坚持以人为本、全面实施素质教育是教育改革发展的战略主题。

(三)我国学校教育制度改革遵循的基本原则

我国学校教育制度改革应遵循的基本原则是：教育结构必须适应经济结构和社会结构，以利于国民经济和社会发展；统一性和多样性相结合；普及与提高相结合；稳定性与灵活性相结合；当前与长远相结合。

(四)我国学校教育制度改革发展趋势

在学制方面，《中长期规划》按照完善现代国民教育体系、形成终身教育体系的要求，明确了今后一个时期我国学制方面的改革发展趋势。

(1) 积极发展学前教育，重点发展农村学前教育，加强学前教育并重视与小学教育的衔接。

(2) 巩固提高九年义务教育水平，重点推进均衡发展。

(3) 普及高中阶段教育，中等教育中普通教育与职业教育朝着互相渗透的方向发展。

(4) 把职业教育放在更加突出的位置上。

(5) 全面提高高等教育质量。

(6) 发展继续教育，努力建设学习型社会，推进终身教育体系建立。

(7) 关心和支持特殊教育，完善特殊教育体系，健全特殊教育保障机制。

本 章 小 结

教育制度是一个国家在一定历史条件下形成的教育体系以及为保证该体系的正常运行而确立的各项规范与规定，即一个国家或地区各级各类教育机构与组织的体系及其各项规定的总称。教育制度具有客观性、规范性、历史性、强制性的特点。

就现代学校教育制度的类型而言，主要由两种结构所构成：一是纵向划分的学校系统，二是横向划分的学校阶段。19 世纪末 20 世纪初，西方发达资本主义国家通过"自上而下"

和"自下而上"两条途径形成了三种基本的现代学制：单轨学制、双轨学制和分支型学制。

从纵向学校系统分析，近代西方社会学校教育制度经历了从双轨学制向分支型学制和单轨学制发展的历史阶段。从横向学校阶段来看，西方教育的每个阶段都发生了重大变化。我国学制的变革经历了古代学校教育制度建立；旧中国学校教育制度沿革；新中国成立后，学校教育制度继续变革。

2006年再次修订通过的《义务教育法》，明确提出我国义务教育学制主要有"六三制"(小学六年，中学三年)和"五四制"(小学五年，中学四年)两种，其中还有少数地区实行八年制的义务教育，即小学五年制，中学三年制。

从层次结构看，我国现行学校教育包括学前教育、初等教育、中等教育和高等教育四个层次；从类别结构看，我国现行学校教育可划分为基础教育(包括学前教育和普通中小学教育)、职业技术教育、高等教育、成人教育和特殊教育五个大类。我国当前学制改革的主要内容有：加强基础教育，落实义务教育；调整中等教育结构，发展职业技术教育；稳步发展高等教育，走内涵发展为主的道路；重视成人教育，发展终身教育。

思 考 题

1. 名词解释：教育制度、单轨学制、双轨学制、分支型学制、癸卯学制。
2. 简述教育制度的特点。
3. 分析教育制度的制约因素。
4. 论述旧中国学校教育制度的沿革。
5. 简述我国现行学校教育制度的基本形态。
6. 简述我国当前学制改革的主要内容及发展趋势。

第六章 课 程

本章学习目标

(1) 理解课程的概念。
(2) 理解不同课程流派的主要观点。
(3) 了解并识记课程的类型。
(4) 理解课程方案、课程标准和教科书的基本含义、意义和作用。
(5) 熟知与掌握当前课程改革的发展趋势。

重点难点

重点：理解并掌握课程的概念及其不同课程流派的观点。
难点：学会分析当前课程改革的发展趋势。

当今世界综合课程的发展概况

关于课程综合化的主张和时间大约出现于 18 世纪，19 世纪末至 20 世纪初欧美各国以及日本等国倡导"新教育"的教育改革家们第一次将课程综合化运动推向了高潮。他们从儿童的切身经验或乡土生活出发，编制出使学科知识统一于儿童活动之中的综合性课程。杜威的实用主义哲学为这种课程综合化提供了主要的理论支撑。20 世纪 50 年代后期，在"回归基础"的口号下，建立在经验主义基础上的综合课程被学科主义课程取代。

但是，20 世纪 70 年代以后，综合课程又以新的姿态出现在学校课程中。并且，各国政府和国际教育组织将课程综合化作为一项教育改革的政策写入了教育文件。仅在 1970 年，世界教科文组织就召开了至少三次重要的专门会议讨论学科的融合问题；70 年代初，教科文组织开展了一些综合科学项目的研究；《教育展望》杂志在 80 年代前后发表了数篇关于这一论题的研究论文，近年来有关的论文则更多。

国际教育大会在 20 世纪 80 年代以后连续对课程综合化问题展开了讨论。1986 年召开的第 40 届国际教育大会在《最终报告》中指出：为了应付现代世界的挑战，科学教育应该少些以这一门学科或那一门学科为中心，反之，应该显得更加综合化和更具跨学科性。

在英国，1988 年以后确定了五个基本的交叉课程主题：对经济与工业的理解、健康教育、职业教育和指导、环境教育、公民教育。

在日本，1998 年 12 月和 1999 年 3 月发布的中小学课程标准规定，小学三年级至高中三年级每个年级平均每周开设 2 课时的综合学习时间。综合学习时间的学习内容虽然由学校自行决定，但课程标准提示了如下学习课题：国际理解教育、信息教育、环境教育和人权福利等现代社会课题以及学生感兴趣的、学校和地区社会的课题。

在德国，20 世纪 90 年代以后，大部分州的教学大纲中都使用了"跨学科""学科间协作"等名称，跨学科教学成为初等教育和中等教育改革的重要课题。

在美国，1989 年美国教学视导与课程编制委员会组织了一批中学研究并实行课程方案，其中核心课程得到重点研究，中学课程中出现了"全语言(Whole Language)"课程，科学、技术、社会(STS)课程等综合性课程模式。

在加拿大，课程的整合成为 20 世纪 90 年代各州教育的关注焦点。小学原则上以综合学科群为学习单位，初中课程是学科群与个别学科并存，而且学科群之间也建立了联系。

在亚洲，韩国、泰国等国家也在中小学开设了综合课程。

(资料来源：钟启泉，张华. 世界课程改革趋势研究[M].

北京：北京师范大学出版社，2001：118)

 案例分析

我们从上述材料中可以了解到课程综合化是世界课程改革的一种趋势。综合课程的发展在国外已有几十年的历史，综合课程的内容和形式也多种多样，成果显著。我国对综合课的理论研究时间只有近十年，实践尚处于试验阶段。近年来尽管我国在课程内容体系的研究上已取得了一定的成果，但在试验教材、师资培训、教学方法和手段、评估等方面还有待于借鉴国外经验，加大研究的力度。可以肯定的是顺应世界课程改革的潮流必将成为我国课程改革的方向。

第一节　课程概述

一、课程的概念

在中国，"课程"一词始见于唐宋年间。唐朝孔颖达在为《诗经·小雅》中"奕奕寝庙，君子作之"一句作疏时提到"维护课程，必君子监之，乃依法制"，首次将课程二字连用，这里的课程是指礼仪活动的程式之类，其含义与我们今天所用之意相去甚远。南宋朱熹在《朱子全书·论学》中多次提及课程，如"宽着期限，紧着课程""小立课程，大作工夫"等。虽然他对"课程"没有明确界定，但含义是指功课及其进程，这与我们现在对课程的界定已经非常接近。在西方，"课程"一词的英语是 Curriculum，源于拉丁文 race-course，意为"跑马道"，指骑手赛马沿着一定的跑道才能到达目标，据此，学生也是沿着"课程"这条"跑道"才能到达教育目标，这样，课程的定义就是"学习的进程"。

(一)课程的九种界定

近现代以来，随着教育理论与实践的不断深化，"课程"也逐步发展成为具有多重意义的一个基本范畴，有代表性的界定大致有如下几种。

1. 课程即教学科目

这种观点认为，课程可以是一门、多门或所有学科。《中国大百科全书·教育》对课程所下的定义是：课程是指所有学科(教学科目)的总和，或学生在教师指导下各种活动的总和，这通常被称为广义的课程，如小学课程、中学课程；狭义的课程则是指一门学科或一类活动，如语文学科、数学学科。教学科目是根据一定的教学目标，从某一门科学中选择出基本事实、基本概念与原理，并按照一定的逻辑—心理顺序重新组织构成的新的知识体系，简称学科，学科是课程的知识来源。将课程视为学科是最传统、最普遍的课程概念，这种课程界定的意义，便于课程设计人员选取每一学科的精华作为教学内容，其实质是强调向学生传授学科的知识体系。其局限性在于把课程内容仅限于学科知识，把课程视为外在于学生的静态内容，忽略了学生在学习活动中的主动性，易使学生被动接受学科知识。

2. 课程即经验

这种观点倾向于把课程视为学习者的学习经验或体验，是"学习者、学习内容与教学环境之间的交互作用，以及交互作用之后所产生的经验历程与实际结果，即课程是学生从实际学习生活中所获得的学习经验"。杜威是"课程即经验"的倡导者。这种课程的概念界定是把学习者的直接经验置于课程的中心位置，强调尊重学习者的个别差异，注重发挥学习者的主体性，从而消除了课程中"见物不见人"的倾向。但这一课程定义把学习者的个人经验都包含进来，课程概念显得过于宽泛，也有忽略系统知识在儿童发展中的价值的倾向。

3. 课程即活动

这是在对上述两种概念界定进行利弊分析基础上提出的一种相对而言更为新颖的观点。在其看来，将课程视为知识，虽然便于教师把握课程概念，但易导致见物不见人的倾向；而将课程视为经验，虽然利于解决教育中无儿童的现象，但又使教师难以进行实际操作。因此，他们认为课程是基于学生经验而进行的各类活动。这一概念界定的基本观点是：强调学习者是课程的主体及其主体性的功能发挥；强调以学习者的兴趣、爱好、需要、能力、经验为中介来实施课程；重视活动及活动设计的完整性、综合性、整体性，并重视学习活动的水平、结构、方式，特别是学习者与课程各因素之间的关系。

(二)课程的定义

从以上几种界定可见，尽管课程的概念表述不尽相同，但都强调两点：一是课程包含了教学内容和教学内容的进程；二是课程不仅仅局限于学校所规定的各门学科，也包括课外的各种活动内容。基于以上的分析，我们将课程的定义表述为：课程是由一定的育人目标、特定的知识经验和预期的学习活动方式构成的一种动态的教育存在。从育人目标的角度看，课程是一种培养人的蓝图；从课程内容的角度看，课程是一种符合学生身心发展规律的、连接学生直接经验和间接经验的、引导学生个性全面发展的知识体系。课程论便是研究课程的专门理论，其内容大致包括两方面：一是关于课程基本理论的探讨。通常由一些思辨性较强、概括化和抽象化程度较高的理论性观点及其论证说明构成。如，课程存在的价值表现在哪里？课程的本质是什么？课程的结构和类型有哪些？为什么要确定课程目标和选择课程内容？等等。二是关于课程具体设计的探讨。通常由一些操作性较强的要求、步骤、原则和方法及其论证说明构成。如，怎样确立具体的课程目标？如何选择适当的课程内容？怎样规划设计课程的结构并确保其成功实施？如何评价课程体系诸方面的实施成效？等等。

二、课程理论主要流派的观点

对于课程的定义，人们并没有形成一个统一的认识，每一种课程的定义都是基于研究者自身对社会、教育与人的认识而提出的，都有其理论基础。下面就谈谈几种主要的课程理论流派。

(一)学科中心主义课程论

学科中心主义课程论认为学科课程是课程组织的最有效方式，这一课程流派的代表理论主要有要素主义和永恒主义。要素主义认为文化的价值具有永恒性和客观性，在人类的文化遗产中有一些共同的文化要素，强调课程的内容应该是人类文化的"共同要素"，课程应该给学生提供分化的、有组织的经验，即知识。如果给学习者提供未经分化或零散的经验，学习者势必要自己对它们加以分化和组织，这将妨碍教育的效能。在要素主义者看来，给学习者提供分化的、有组织的经验的最有效率的方法就是学科课程。这种课程的重要特点在于，它是由若干门学科组成的，而每一门学科都有自己特定的组织，这样，每一门学科及其发挥的智力训练的作用就能得到充分的发挥。永恒主义认为课程涉及的第一个根本问题就是什么知识最有价值或如何选择学科。永恒主义者认为：具有理智训练价值的传统的"永恒学科"的价值高于实用学科的价值。永恒主义的代表人物赫钦斯(R. M. Hutchins)在《美国高等教育》一书中说："课程应当主要地由永恒学科组成，因为这些学科抽绎出我们人性的共同因素，因为它们使人与人联系起来，因为它们对于任何进一步研究和对于世界的任何理解都是首要的。""永恒学科首先是那些经历了许多世纪而达到古典著作水平的书籍"。永恒主义认为经典名著蕴含着关于宇宙的见解和观念、正确的思维方法，是实现教育目的的最好途径。

学科中心主义课程论的弊端在于，容易忽视知识的关联性、综合性，把各门知识割裂开来；各学科容易出现不必要的重复，增加学生的学习负担；忽视学生的学习兴趣和需要，容易导致理论和实践脱节，不能学以致用。

20 世纪以来，布鲁纳将学科中心主义课程论进一步发展，提出了"学科结构主义课程论"。可以说，学科结构主义课程论是现代科技发展的背景下学科课程理论的进一步升华，是学科课程理论的现代化的集中体现。学科中心主义课程论强调知识的系统传授，主张课程要发挥知识传递的价值，有利于学生继承和掌握人类文化遗产的精华，推动社会的进步；强调以知识的学科逻辑体系来组织课程，有利于学生掌握系统的文化科学知识。

(二)经验主义课程论

这种课程理论是由美国的儿童中心论者杜威发展而成的。杜威在《儿童与课程》一书中指出："现在课程最大的流弊是与儿童生活不相沟通。"他主张以学生的兴趣和爱好、动机和需要、能力和态度等为基础来编制课程，使之真正适于儿童的生活。因而，杜威的课程编制特别强下调两点。

(1) 课程以儿童的活动为中心而设计。杜威认为儿童与课程之间的关系不是互相对立，而是关联的，"儿童和课程仅仅是构成一个单一的过程的两极"，儿童是起点，课程编制应该以儿童为出发点、为中心、为目的。"学校科目相互联系的中心点，不是科学、不是文学、不是历史、不是地理，而是儿童本身的社会活动。"教育应"抛弃把教材当作某些固定的和现成的东西，当作在儿童经验之外的东西的见解"，应该以儿童的活动为中心组织课程内容。

（2）课程的组织应心理学化。杜威认为课程的组织应该考虑儿童的心理发展的顺序，应利用儿童现有的经验和能力。杜威创办的芝加哥大学附属实验学校的课程，不是依据传统的学科，而是依据儿童的经验，以作业为中心组织课程内容。

经验主义课程论重视学生学习活动的心理准备，在课程设计与安排上重视学生的兴趣，调动了学生学习的主动性和积极性。它强调实践活动，重视学生通过亲身体验、主动探索来获取直接经验，有利于培养学生解决实际问题的能力。但是，经验主义课程论过于强调儿童个人的兴趣、经验，从而使课程设置有很大的偶然性和随机性，难以保证课程教学的连续性和系统性，教学质量也难以得到保障。

(三)社会改造主义课程论

社会改造主义课程论，又称为社会中心课程论，它是从进步主义教育运动中分化出来的，主张围绕重大社会问题来组织课程内容。其早期代表人物有康茨和拉格等人，20世纪50年代后的主要代表人物是布拉梅尔德。社会改造主义课程论认为，教育的根本价值是促进社会发展，学校应该致力于社会的改造而不是个人的发展。该理论的基本主张如下。

（1）课程目标不是让学生去适应现存社会，而是要培养学生的批判精神和改造社会现实的能力。

（2）课程内容应以广泛的社会问题为中心。改造主义者认为，由于报纸、电视以及其他各种宣传媒介的作用，学生对于世界各地以及本国的社会问题非常敏感，这些问题应该在学校的课程里得以反映。学校课程要关注战争、贫富、失业、环境污染、交通拥挤等问题，学生对这些问题要具有批判的意识。

（3）课程组织不是以学科知识的逻辑为主线来编制，而应以解决实际的社会问题的逻辑为主线来组织。

（4）学习方式应尽可能让学生参与社会生活，增强学生适应社会生活的能力。

此外，改造主义者还就学校的课程改革提出一些原则。社会改造主义课程论重视教育与社会、课程与社会的关系，强调以社会需要来设计课程，课程学习应深入社会生活，因此，它具有一定的特色和优势。但学校的作用还没有强大到在政治上能够通过课程使社会发生重大变革的地步，通过课程来改造社会难免有扩大课程作用之嫌。

三、课程的类型

课程理论不同，课程所采取的形式也会有所不同。较为常见的课程类型具体如下。

(一)从课程的组织形式角度的分类

从课程的组织形式而言，可将课程划分为学科课程、活动课程、综合课程。

学科课程是指根据学校培养目标和科学发展，分门别类地从各门科学中选择适合学生年龄特征与发展水平的知识所组成的教学科目，亦称分科课程。学科课程有悠久的历史，我国古代的"六艺"(礼、乐、射、御、书、数)和古希腊的"七艺"(文法、修辞、逻辑、算术、几何、天文、音乐)可以说是最早的学科课程。我国古代的孔子，西方的夸美纽斯、赫尔巴特、斯宾塞等都主张学科课程。学科课程至今仍是世界各国学校中最主要和最常用的一种课程类型。

活动课程与学科课程相对，它是打破学科逻辑系统的界限，以学生的兴趣、动机、需要和能力为基础，以学生的经验为中心，通过一系列活动来组织实施的课程。它也常被称为"儿童中心课程""经验课程"等，其主导价值在于使学生获得关于现实世界的直接经验和真切体验。其代表人物有卢梭、福禄贝尔、杜威等。

学科课程与活动课程是学校教育中的两种基本课程类型，学科课程强调依照学科的逻辑体系组织课程内容，能最大限度地保持知识的系统性和连贯性，并以最简约的形式将人类长期积累的知识有效地传递给年轻一代。但由于学科课程较为强调学科的逻辑体系，容易脱离学生生活实际，不易调动学生学习的积极性。而活动课程注重学生的兴趣、需要和生活经验，则可以在一定程度上弥补学科课程的这一缺陷。但由于活动课程往往依学生兴趣、需要而定，缺乏严格的计划，不易使学生系统掌握科学知识。因此，二者各有利弊，在学校教育中都是不可或缺的。

综合课程又称"整合课程"，它采取合并相关学科的办法，把若干相邻学科的教学内容组织在一门综合学科中，使之形成有机联系的一种课程形态。根据学科之间整合程度的不同，可进一步将综合课程划分为"关联课程""融合课程""广域课程"。关联课程是由一组相互联系和配合的学科组成的课程。编制相关课程要使各学科教学顺序能相互照应、相互联系，穿插进行，既保持原有学科界限，又要确定科际的联系点。融合课程比关联课程更进一步，它是打破学科的界限，把相邻学科的内容糅合在一起而形成的。融合课程在中小学课程设置中早已存在。如生物课就是动物学、植物学、生理学、微生物学、解剖学等知识融合而成的，地理课则是地质学，自然地理、人文地理、历史地理的融合。广域课程是为克服传统的学科课程的偏狭性和封闭性以及经验课程的盲目性，合并数门学科知识而形成的内容更广泛的综合性课程。这种课程不是相关学科知识简单凑合的"大拼盘"，而是按知识之间的内在联系和学生的心理特征而组成的有机整体。如我国基础教育课程改革中，把初中的物理、化学、生物等整合形成"科学"。整合课程克服了学科课程分科过细的缺点，打破原有学科间的界限，将过去条块分割的知识融为一体，有利于培养学生的整体认知能力。同时，整合课程减少了课程的门类，有利于减轻学生的负担。此外，整合课程从生活、社会的实际出发，具有较强的实践性，有利于调动学生学习积极性。关联课程、融合课程和广域课程都是在学科领域的基础上进行知识综合的课程形式，体现了课程综合化的发展趋势。

▶ 知识拓展

中国古代教育内容概要

六艺教育

在西周时期，不论是国学或是乡学，不论是小学或是大学，都是以"六艺"为基本学科，只是在要求上有层次的不同。六艺教育起源于夏代，商代又有发展，西周在继承商代六艺教育的基础上，使它更为发展和充实。

1. 礼乐

奴隶主贵族的礼和乐是密切配合的，凡是行礼的地方，也就需要有乐，礼乐贯串整个社会生活活动，体现宗法等级制度，对年轻一代思想政治、道德品行的培养有重大作用。《礼记·文王世子》："凡三王教世子，必以礼乐。乐所以修内也，礼所以修外也。礼乐交错于中，发形于外，是故其成也择，恭敬而温文。"未来的统治者能深受礼乐的熏陶，其必定会在稳定贵族政权的统治等方面产生社会影响。"移风易俗，莫善于乐；安上治民，莫善于礼"。礼乐教育成为六艺教育的中心。

礼的内容极广，凡政治、伦理、道德、礼仪皆为其包括，以至社会生活的各方面都不能没有礼。学中所教之礼，则为贵族生活中所必需的五礼。《周礼·春官》："以吉礼事邦国之鬼神示；以凶礼哀邦国之忧，以宾礼亲邦国，以军礼同邦国，以嘉礼亲万民。"五礼共三十六目，皆邦国之重大典礼，贵族子弟要从政必须习知。不仅要知礼，而且于行礼之时，在仪容方面还要遵照一定要求，国学由保氏负责教"六仪"，即祭祀之容、宾客之容、朝廷之容、丧纪之容、军旅之容、车马之容。习礼仪不是单纯讲礼典，而是要实学实习，反复演练。贵族子弟学会了礼和仪，在政治活动和外交活动的场合，行动才会合乎规范，显示贵族的尊严，有利于任官和治民。

乐教受到高度重视，内容包括诗歌、音乐、舞蹈。《诗·郑风·子衿》郑玄注："古者教以诗乐，诵之、歌之、弦之、舞之。"表明其形式的多样化。《礼记·乐记》对贵族乐教理论作了阐发。西周国学由大司乐管理教务，重在主持乐教，负责以乐德、乐语、乐舞教国子。所谓乐德，其目为：中（言出自心，皆有忠实）、和（不刚不柔，宽猛相济）、祗（见神示则敬）、庸（接事以礼而有常）、孝（善于父母）、友（善于兄弟）。所谓乐语，其目为：兴（以善物喻善事，以恶物喻恶事）、道（引古以刺今）、讽（熟背文词）、诵（吟诵有节韵）、言（直叙己意）、语（答人论难）。所谓乐舞，其目为：云门、大卷（黄帝乐）、大咸（尧乐）、大磬（舜乐）、大夏（禹乐）、大镬（汤乐）、大武（武王乐）。以上为六代乐舞，较为大型，也称六乐。乐师还教国子小舞，其目有：憧舞（手持五彩增为舞具）、羽舞（手持鸟羽而舞）、皇舞（持五彩羽以舞）、旄舞（持耗牛尾以舞）、干舞（持盾以舞）、人舞（徒手，凭手袖来表演）。这些乐舞用于不同的场合，其中大武是周代国乐，实际是以周武王克殷为题材的大型歌舞剧。其曲调早已失传，乐词基本上保存在《诗·周颂》里，从乐词内容分析，可能是姬旦所作。周人对大武之乐极为重视，重大典礼都作为传统节目歌舞一番。据《乐记·宾牟贾》的记载，全剧大体分为六部分，每一部分称为一成。王国维有《周大武乐章考》一篇，阐述极为详确。

大武乐舞反映周朝开国的历史，常用于祭祀祖先。它既可用于维护周室的政治教育，又可用于尚武的传统教育，因此，贵族子弟都要学习。

乐教是当时的艺术教育，艺术教育过程寓有多种教育因素在其中，它包含了德育、智育、体育、美育的要求，具有实施多种教育的作用。

2. 射御

射，指射箭的技术训练。御，指驾驭马拉战车的技术训练。西周以人数较少的部族统治人数较多的部族及其联盟，依靠的是有组织的军事力量，贵族子弟都要成为"执干戈以卫社稷"的武士，射御是必不可少的军事训练项目。"射者，男子之事"，从出生之日就强调这件事。贵族生下男孩，门左要挂弓，第三天就背着婴孩举行射的仪式，表示男子的责任是御四方、捍卫国家，出生后就要学射。到了入小学年龄，就要接受正规的训练，不能射的人，就不称男子之职。射在国学、乡学中都是重要的学科，都有一定的教练场所。教射有五条要求，相应有五项标准。据郑玄解释说，一"白矢"，射箭透靶，见其镞白；二"参连"，前射一箭，后三箭连发而中；三"剡注"，力猛锐使箭能贯物而过；四"襄尺"，尊者卑者同射之时，不能并肩而立，卑者须退后一尺；五"井仪"，射四箭皆要中靶并呈井状。射的训练颇为严格，为贵族青年参与大射或乡射准备条件。每年大祭之前要举行射箭比赛，选拔武士，仪式极其隆重，饰之以礼乐。《礼记·射义》："古者天子之制，诸侯岁贡士于天子，天子试之于射宫，其容体比于礼，其节比于乐，而中多者，得与于祭。其容体不比于礼，其节不比于乐，而中少者，不得与于祭。"以射选士，水平高低决定射者在贵族中的地位，故射箭的教练深受重视。

西周的武装力量，以战车为主，武士必须有驾驭战车的技术，青年达到一定年龄就要受训练。《礼记·曲礼》："间大夫之子，长，曰能御矣；幼，曰未能御也。"贵族子弟以能御未能御区别长幼。御的教练有五项，简称五御。一鸣和鸾：车行动有节奏，车铃"和"与"鸾"鸣声相应。二逐水曲：能随着曲折的水沟边驾车前进而不使车落水中。三过君表：驱车通过模拟设置的辕门，要准确不偏，不发生碰击。四舞交衢：车行于交衢，旋转快慢适度，如合舞蹈节奏。五逐禽左：驱车逐禽兽，要善于把禽兽阻拦在左边，以利于射猎。学御要经过严格的训练，才能达到五项标准要求，既学习了武事，又锻炼了身体。

3. 书数

"书"指的是文字，"数"指的是算法。西周的文字应用已广，数量也比商代增多，其字体为大篆，书写的材料通常为竹木，所用的工具为刀笔。小学进行文字教学，史籍说西周已有字书，供小学文字教学之用。《汉书·艺文志》载："《史摘》十五篇"，注云："周宣王时(前827—前782)太史籀作大篆十五篇"，又注："《史籀篇》者，周时史官教学童书也。"这是中国历史上记载最早的儿童识字课本，今已失传。文字教学要认读，也要书写，都要由易到难。有人认为《内则》所说的"九年教之数日"与"十年学书计"两者有联系，数日为背诵由十天干十二地支组成的六十甲子，学书即学六十甲子的书写，这是文字教学的初步。《周礼》提出六书，后世学者对六书的名称、顺序解析不一，但都一致认为汉字构成有六种方法。汉代许慎在《说文解字》中提出最有代表性的六书说："《周礼》，八岁入小学，保氏教国子，先以六书：一曰指事，指事者，视而可识，察而可见，上下是也；二曰象形，象形者，画成其物，随体诘诎，日月是也；三曰形声，形声者，以事为名，取譬相成，江河是也；四曰会意，会意者，比类合谊，以见指伪，武信是也；五曰转注，转注者，建类一首，同意相受，考老是也；六曰假借，假借者，本无其字，依声托事，令长是也。"西周的文字教学可能采取多种方法，其中之一是按汉字构成的方法，以六书分类施教，使知字音、字形、字义。

数学知识到西周有更多的积累，为较系统地教学创造了条件。对儿童进行数的教学，逐步得到提高。先学数的顺序名称及记数的符号，然后应用于学习甲子记日法，知道朔望的周期，再进一步是学习计数的方法，掌握十进位和四则运算，培养初步的计算能力。《周礼·地官·保氏》提出"九数"。对"九数"在历史上有不同的解释，但西周已有田亩、赋税、财物的会计事务，在实际生活需要的基础上，发展了多种计算方法，据说已有方田、粟米、差分、少广、商功、均输、方程、赢不足、旁要等计算，学习九项计算方法，是较高的教学要求。"九数"成为历史遗产，流传下来，经后人的不断补充、整理，约到汉末三国时，才编成《九章算术》。西周的"九数"奠定了《九章算术》的基础，这表明西周的数学教学内容是比较丰富的。

书数是文化基础知识技能，作为"小艺"，安排在小学学习。大学比小学程度提高，学习的课程内容也有变化，大学列入计划的是《诗》《书》。《礼记·王制》："春秋教以礼乐，冬夏教以《诗》《书》"，正是大学课程不同于小学课程的体现。

西周的教育内容可以总称为六艺教育，它是西周教育的特征和标志。六艺教育包含多个方面。它既重视思想道德，也重视文化知识；既注意传统文化，也注意实用技能；既重视文事，也重视武备；既要符合礼仪规范，也要求内心情感修养。六艺教育有符合教育规律的历史经验，可供后世借鉴。在历史发展过程中，有的教育家想借助六艺教育的经验，解决当时教育的某些弊端，因此把六艺教育当作理想模式来强调，为自己的主张作历史论证。特别是在儒家思想居于支配地位时期，六艺教育就被奉为标准。凡有所主张，要从六艺教育寻找论据，有所批判，则指斥异端背离六艺教育传统，可见六艺教育思想产生的深远历史影响。

(资料来源：孙培青. 中国教育史(修订版)[M]. 上海：华东师范大学出版社，2000: 22-25，256，259，397.)

(二)从课程的影响形式角度的分类

从课程的影响形式而言，课程可以分为显性课程和隐性课程两类。显性课程是学校情境中以直接、明显的方式呈现的课程，是教育者有意识地设计并在课程方案中明确列出和有专门要求的课程。这种课程一般有固定的教材，有规定的教学内容，有明确的教学目标，同时能够进行测验和评价。如我国中小学课程表所规定的课程都是属于显性课程。隐性课程又称"潜课程""隐蔽课程"，是指学校情境中以内隐、间接的方式呈现的课程，表现为显性课程之外的学生在学校情境中无意识获得的经验、理想、价值观等。它是伴随着显性课程的实施与评价而产生的、对学生起着潜移默化式教育影响的课程内容。隐性课程的主要表现形式有：观念性的隐性课程，包括隐藏于课程、教材中的意识形态，学校的校风、学风，有关领导与教师的教育理念、价值观等；物质性的隐性课程，包括隐藏在学校建筑、校园布局、教室的设置等的教育因素；制度性的隐性课程，包括隐藏在学校规章制度、班级管理方式、学校组织机构等的教育因素；心理性的隐性课程，包括学校人际关系状况、师生特有的行为方式等。由于显性课程与隐性课程的设计总体目标一致，功能发挥的路径分殊，因此在学校教育情境中都是不可或缺的，二者是相互补充、相互影响的关系，并且在一定条件下还可以相互转化。

(三)从课程的管理角度的分类

从课程的管理而言，课程可以分为国家课程、地方课程和校本课程。国家课程是由国家教育主管部门制定、颁布和组织实施的课程，是以未来公民所应达到的共同素质为标准，是一种对教育者基本的、统一的要求，体现了国家的教育意志。由于国家课程的编制者往往在学科学术水平上比较高，学科研究或实践经验较为丰富，并且政府赋予了他们相应的职责，法律赋予了他们合法性，因此，国家编制的课程具有权威性、强制性的特点。我国中小学课程以国家课程为主。但是，由于国家课程的编制工作庞大，周期较长，往往会出现课程编制滞后于教育实践的问题。地方课程是由地方教育行政部门制定、颁布和组织实施的课程，其目的在于满足当地社会发展及学生发展的特殊需要。我国中小学课程体系中地方课程的比例较少，现在正在有组织分步骤地进行探索。校本课程，是由学校自行确定和组织实施的课程，其目的在于满足学生个性发展的需要和展示学校的办学宗旨与特色。校本课程在一定程度上弥补了国家课程所出现的问题，我国基础教育课程改革，明确实行国家、地方和学校三级课程管理体制，校本课程开发逐渐繁荣。

(四)从课程的设置形式角度的分类

从学生选择的自由度而言，课程可以分为必修课程与选修课程。必修课程是指由国家、地方或学校规定学生必须学习的课程。它具有强制性，是国家和社会权威在课程中的体现，也是课程大众化、民主化的表现，是所有受教育者享有平等受教育权利的保证。选修课程是指学生可以按照一定的规则来选择学习的课程。选修课程一般分为限定选修课程与任意选修课程两类。限定选修课程是指在规定范围内学生按一定规则选择学习的课程，比如学生必须在若干组课程中选修一定组数的课程，或在若干门指定的课程中选修一定门数的课程。任意选修课程则是不加限制，让学生自由选择学习的课程。选修课程体现了现代课程对个体学习兴趣和需要的尊重，其主导价值在于满足学生的兴趣与爱好，培养和发展学生的个性。

第二节 课程的表现形式

课程在学校教育活动中从来都是一个重要的因素，随着现代科学与技术的迅猛发展，现代课程系统也日益复杂化、结构化、制度化，成为当代教育与教学改革的一个重大问题。要充分发挥课程系统在学校教育活动中应有的育人资源与蓝图的作用，以及对育人活动的引导与规范作用，就必须抓好三件事，编制好三个相互联系、相互制约的文本，即课程方案、课程标准和教科书。课程方案是对课程及其结构设计的总体规划，课程标准阐释每门课程

课程的表现
形式.mp4

的性质并规定其质量标准，教科书陈述每门课程的内容及其应开展的活动。课程作为学校教育活动体系的重要方面，它的核心问题是价值取向。课程的一个前提性假设是知识具有培育人的教育价值，因而课程理论和课程常围绕着知识及其获得方式的教育价值的估量、选择和组织而展开。

一、课程方案

课程方案是指在国家的教育目的与方针的指导下，为实现各级基础教育的目标，由国家教育主管部门制定的有关课程设置、顺序、学时分配以及课程管理等方面的政策性文件。当代，课程在学校教育中的作用日益彰显，引起许多国家的重视，发达国家无不竞相改革课程，以提高人才质量。新中国成立以来，我国政府也多次颁布课程方案，以往我们称之为教学计划，2001 年我国进行课程改革后，改称为课程方案。

课程方案主要由学校的培养目标、课程设置以及学年编制等部分所构成。首先它必须对学校的培养目标做出明确规定，因为课程方案不仅要反映国家的教育目的，而且要体现

普通教育(小学、初中、高中)在学生的培养与发展上的特点与要求。这是课程设置的依据。其次，它要对课程设置做出规定：确定课程设置的原则，设置的每门课程的名称，这些课程开设的顺序与所在的学期，课程(学科或活动)在各年级(或学期)教学的周学时与总学时或学分数，并提出课程实施、课程管理与课程评价的建议、要求或说明。这是课程方案的主要部分。最后，课程方案还要对学年编制做出科学而合理的安排：规定每学年(含学期)的上课的周数；复习考试的周数；寒暑假、法定节假日和农忙假的周数；由学校机动组织与安排学生参与的其他活动，包括社会实践、社区服务、运动会、远足等活动的时间周数等。这些规定对学校工作的正常进行也是不可缺少的，需要结合课程的设置与实施做出明确的规定或说明。

一般来说，中小学的课程设置体现义务教育、基础教育的基本性质，遵循学生的身心发展规律，适应社会进步、经济发展和科学技术发展的要求，能为学生个性全面发展奠定良好的基础。因此，认真贯彻和落实义务教育与普通高中的课程方案，想方设法开足、开齐所规定的课程，是实施素质教育、提高基础教育质量的基本保证。借口学校条件不够，轻率地停开某门课程，或出于片面追求升学率的意图，任意更改课程开设的时期和每门课程上课的周学时及总学时数，都是一种不负责任的、非法的行为，都将给学生的身心发展带来这样或那样的不良后果，应当及时地加以制止与纠正。

二、课程标准

课程标准是指在一定课程理论指导下，依据课程方案以纲要形式编制的关于课程的性质与价值、目标与内容、教学实施建议以及课程资源开发等方面的指导性文件。课程标准是按教学科目编制的，它反映某一门学科的性质、特点、任务、内容及其实施的特殊方法论要求。2001年以前我国称之为教学大纲，2001年课程改革后改称课程标准。

课程标准一般由说明(或前言)、课程目标、课程内容标准和课程实施建议等部分组成。说明部分，扼要阐释课程的性质与意义、课程的基本理念与价值诉求、课程的设计思路与总体框架(或结构)，这是统率课程标准的指导思想。课程目标部分，首先要明确规定本门课程的总目标，即课程对学生的身心发展、素质提高，以及满足社会发展需要方面应达到的目标，然后，结合课程的特点规定其不同领域、方面或层次、级别上要达到的具体目标。课程内容标准部分，则须将课程目标进一步具体化，对课程的各个领域或单元、模块的内容与活动应达到的质量水准做出具体的规定；比较复杂的课程还应当分类提出要求，如有的课程要按选修与必修分别提出要求，综合性质的课程如初中的科学课程、高中的技术课程还需区分不同性质的内容分别提出要求。课程实施建议部分，针对课程标准的实际运用，包括对教材编写、课程资源的开发与利用、教学和评价的方法及其改进等方面提出建议、要求或范例，以便能有效地指导实践。课程目标、课程内容标准和课程实施建议是课程标准的主体。此外，对无法概括到课程标准中去，但又有必要提出的建议(如语文课外读物的建议)、术语的解释(如历史与社会课程中的社会学名词)和各种表(如英语的词汇表)等，可以作为相关课程标准的附件列出，以便参考、阅读。课程标准在贯彻与落实课程方案中具有重要的意义，一方面，它不仅是教材编制的基本依据，而且是编好教材的前提和不可或缺的一个环节；另一方面，它也是教师领悟与掌握一门课程的精神实质与学科体系，深入理解教材，正确进行教学设计(备课)的有效工具。

三、教科书

教科书亦称课本，它是依据课程标准编制的教学规范用书。它是以准确的语言和鲜明的图表，明晰而系统地按教学科目分别编写的教学规范知识。课程方案中规定的每门课程，一般都有相应的教科书。

教科书一般由目录、课文、习题、实验、图表、注释、附录等部分构成。课文一般分类别、模块、纲目来编排与陈述，是教材的基本部分，是教学的主要依据。教科书中的习题、实验、图表、注释与附录也是教材的组成部分，是学习、领悟、应用、掌握课文知识不可缺少的组成部分，教学中要充分加以利用。

教科书是学生在学校循序渐进地学习以获得系统的基础知识的主要资源和工具，它便于学生预习，便于学生理解和掌握教师讲授的内容，也便于学生复习、深化与运用知识，形成相应的基本技能。学生学会阅读和运用教科书，不仅能有效地配合教学，提高教学质量，而且能为他们阅读课外读物，进一步掌握学习方法、学会学习奠定良好的基础。要注意教育学生注重教科书的重要作用，结合教学来组织与指导他们认真学习、充分利用教科书，以培养和提高他们的阅读能力。教科书也是教师进行教学的主要依据，它不仅为教师的备课、上课、布置作业、检查评定学生的知识等工作提供了基本材料，而且为教师创造性地开发课程资源、在教学中联系社会生活实际提供了基础和依据。透彻理解与熟练掌握和运用教科书，是教师顺利完成教学任务的重要条件，也是提高教学质量的重要而切实的途径。

教科书在课程资源开发和利用中虽有其重要的地位与作用，但它毕竟只是课程资源的一种。我们在编好和用好教科书的基础上，还应开发和利用其他丰富多彩、生动具体的课程资源，以充实课程的内容和提高教学的质量。在这个问题上，我们必须反对传统教学常见的一种偏向，即把课程内容与教学局限于教科书的范围内和书本知识上，不重视、不懂得，也懒于开发与利用生活周遭可资利用的课程资源，其结果必然导致学校课程与社会生活的脱节，使教学趋于封闭、狭窄、被动、抽象与死板。然而，在锐意进取与改革的新形势下，也要防止出现另一种偏颇，即一味追求超越教科书，广泛开发与利用其他各种课程资源，反而忽视了对教科书这个重要的课程资源的充分利用，忽视了教科书在开发与利用其他课程资源过程中的基础与指导作用，导致课程资源的开发与利用失去了正确的方向与核心，造成教学活动的分散与杂乱，削弱了教科书在教学中的重要地位与作用，影响了教学与育人的质量。

第三节　课程改革及其趋势

20世纪80年代以来，随着全球科技更新速度的加快，世界各国都十分重视基础教育改革。课程改革作为基础教育改革的重要组成部分，受到各国政府与教育界的极大关注。了解各国基础教育课程改革的状况，有助于我们更好地认识我国的基础教育新课程改革。

一、世界各国课程改革发展的趋势

20世纪80年代以来，世界主要发达国家都进行了基础教育课程改革，课程改革的重点虽有不同，但提高基础教育质量却是各国的共同目标，体现出如下共同的发展趋势。

(一)关注学生的整体发展

世界各国的课程改革，无一不把目标指向学生的整体性发展，指向以能力、创新精神、个性为核心的人的发展。当前各国在课程改革中重视学生作为现代公民所应该具有的责任感的培养，重视社会交往与团队精神的培养，重视灵活处理各种信息、适应急剧变化的社会环境和创造性地解决问题的能力，要求学生具有国际视野。例如，英国2000年颁布的新一轮国家课程标准强调四项发展目标：第一，精神方面的发展，包括自我成长、发展自己的潜能、认识优缺点、具有实现目标的意志；第二，道德方面的发展，包括明辨善恶、理解道德冲突、关心他人、采取正确行动的意志；第三，社会方面的发展，包括理解作为集体和社会成员的权利与责任、人际关系的能力，为了共同的利益而与他人合作的能力；第四，文化方面的发展，包括理解文化传统、理解和欣赏美的能力。日本20世纪80年代中期开始了新的课程改革，提出了面向21世纪的三项教育目标，即广阔的胸怀、强健的身体和丰富的创造力；自由、自律和公共的精神；世界中的日本人。培养学生具有自立于国际社会的日本人的意识，培养学生的学习能力和独立思考的能力，充分发展个性。

(二)注重课程内容与课程设置的现代化

许多发达国家十分重视将现代的科学技术和文化的前沿成果及时地反映在课程内容之中，同时，重视信息技术教育，开设信息技术教育课程，致力于提高学生的信息素养。20世纪80年代以来，课程现代化的深度和广度都得到了很大的拓展，除了开设信息技术课程之外，生计教育课程、环境教育课程、创造教育课程等也受到了广泛的关注，这些课程的设置，成为当前课程现代化的重要内容。

(三)强调课程结构的综合化、选择性

许多发达国家都比较关注课程综合化，纷纷组织人编写教材，设置综合课。例如：日本20世纪90年代的基础教育课程改革中，在以往的"学科""道德""特别活动"三个课程板块基础上增设的"综合学习时间"；美国的"STS(Science—Technology—Society)课程"；德国的"合科课程"等均是适应课程综合化潮流的一种尝试。同时，注重课程对学生的适应性，大量开设选修课程、实践课程，以满足学生个性发展的需要。

(四)重视学习方式的多样化

现代课程观的改变，促进了学生学习方式的巨大转变。通过课程改革，创设以"学"为中心的课程，创造以"学"为中心的教学，使教学过程成为学生和事物对话、和他人对话、自我对话的活动过程，从而超越单一的知识接受性教学，创造一种活动性、合作性、反思性的学习，已成为各国课程改革的共同选择。例如日本1999年3月颁布的《学习指导纲要》强调，引导学生经历多样化的学习过程，鼓励学生参与社会和提高国际意识，在各

门课程中渗透"基于课题的探究学习"和"基于社会参与的体验学习"，培养学生独立思考的能力。

(五)课程管理正在走着一条互相借鉴、逐渐趋同的路子

就课程管理模式而言，世界各国大体上有两种模式：一种是中央集权模式；另一种是地方分权模式。实行中央集权模式的有法国、苏联、中国等国家，实行地方分权模式的主要有美国、英国等。世界各国，无论是中央集权制国家还是地方分权制国家都已认识到，"统得过死"与"放得太宽"都不是课程管理的明智选择。当前，各国在课程改革中，对课程的管理模式都进行了相应的改革：实行地方分权的国家，加大了集权的力度；实行中央集权的国家，给了地方和学校一定的办学自主权。例如，美国是典型的地方分权制国家，原本没有全国统一的课程标准和要求，自从 1983 年《国家处在危机之中，教育改革势在必行》的报告发表之后，美国一直没有停止对基础教育的各种改革，其中一项引人注目的举措，就是陆续推出了数学、科学、艺术等若干课程的国家标准。英国在 20 世纪 80 年代之前，也没有全国统一的课程要求。1988 年，英国通过了《教育改革法》，要求在全国实施统一课程。这些课程的主体部分包括数学、英语和科学 3 门核心科目，以及历史、地理、技术、音乐、美术、体育和外国语 7 门基础科目。英国从此开始了统一课程的改革，实质上就是在多样性基础上增加调控。与此同时，课程管理在统一的基础上增加灵活性。例如，日本 20 世纪 90 年代的课程改革，是在 80 年代课程改革基础上以继续增加地方和学校的自主性为目标，其中，作为 90 年代课程改革特色的"综合学习时间"课程的设定，只是规定了该课程为专门的学习领域，具体内容则由各地各校根据自身的条件和学生的实际自行决定。可见，世界基础教育课程管理的模式正在走着一条互相借鉴、相互学习，逐渐趋同的路子。

二、当前我国基础教育课程改革

为了应对时代的挑战，全面推进素质教育，我国在 1999 年开始启动新一轮基础教育课程改革，每个教师都应了解新课程，积极适应新课程改革的要求。

当前我国基础教育课程改革.mp4

(一)新课程改革的准备、实验与推广

这次课程改革是教育部在进行大量的国际比较、本土研究、总结经验的基础上开始的，是在众多的学者、教育行政管理人员与社会人士的持续对话的过程中逐步产生的。1996 年，教育部基础教育司组织 6 所大学及中央教科所的有关课程专家，对 1993 年以来的义务教育课程实施状况进行了一次全国性的调查，1997 年底，完成了《九年义务教育课程方案实施状况调查报告》，初步梳理了我国现行基础教育课程体系存在的基本问题，提出了基础教育课程改革的紧迫性与必要性，并进行了大量前期研究工作。1999 年 1 月，教育部基础教育司正式成立了"基础教育课程改革专家工作组"，专家组历时两年半，就课程目标、课程结构与设置、课程标准、评价方法、实验区工作等，组织召开了 100 多次专题研讨会，最终形成了新一轮基础教育课程改革的总纲——《基础教育课程改革纲要(试行)》，并于 2001 年 6 月正式颁布，新课程改革开始试点实验。2001 年 1 月，教育部基础教育司通过课题申报、评审等程序，确立了 11 个基础教育课程改革重大项目，包括从幼儿园、小学、初中到

高中各门课程的课程标准与指导纲要、地方课程管理与开发指南、学校课程管理与开发指南、综合实践活动课程、课程与教材评价等综合类研究项目。2001年5月29日，国务院颁布了《国务院关于基础教育改革与发展的决定》。2001年7月，18个学科的课程标准(实验稿)正式公布。2001年9月，新课程在全国38个省级实验区开始实验。2002年9月，有500多个县作为省级试验区进入实验。2003年9月，高中新课程开始实验。2004年和2005年秋，义务教育阶段和高中阶段分别全面推行新课程。综观这次课程改革，可以发现，这次课程改革是在历次课程与教材改革的基础上进行的，充分考虑到现代社会发展、信息技术进步以及学习者变化等因素，努力建构符合素质教育要求的新的基础教育课程体系。

(二)新课程改革的基本理念

课程理念是课程设计者蕴含于课程之中，需要课程实施者付诸实践的教育教学的信念，它是课程的灵魂。贯穿我国这次基础教育课程改革的核心理念是：为了中华民族的复兴，为了每位学生的发展。这实际上意味着我国课程理念要从精英主义教育思想向大众主义教育思想转型，既要满足社会发展的需要，又要满足学生发展的需要。新课程的基本理念主要体现在以下几方面。

(1) 关注学生作为"整体的人"的发展，"整体的人"包括两层含义：人的完整性与生活的完整性。人的完整性意味着人是一个智力与人格和谐发展的有机整体，生活的完整性意味着学生的生活是学习生活与日常生活有机交融的整体世界。人的完整性根植于生活的完整性，并丰富和改善生活的完整性。"整体的人"的形成，不是各门学科知识简单相加的结果，而需要国家课程、地方课程和校本课程整体设计、有机构成、有效实施。为此，国家、地方和学校要为学生提供谋求其整体发展的课程，这样的课程应突破以往的分门别类的课程体系，以课程改革的核心理念为出发点，将自然、社会与自我作为课程开发的基本维度，据此形成既有学校特色又能符合学生发展需要的课程体系。

(2) 构筑具有生活意义的课程内容。如何恰当处理生活世界与科学世界之间的关系，一直是困扰课程改革乃至教育改革的基本问题之一。科学世界是指建立在数理、逻辑结构的基础上，由概念原理和规律规则构成的世界。回溯我国以往的学校课程体系，可以发现，科学世界主宰着学校的课程体系、课程内容，学生的学习与其现实生活相脱离。为了统整学生的生活世界与科学世界，新课程改革提出了"增强课程的生活化，凸显课程的综合化"的思想，加强课程与学生生活和现实社会的联系。

(3) 倡导学生主动参与的知识生成方式和自主学习方式。传统课程体系信奉客观主义的知识观，视知识为普遍的、外在于人的、供人掌握的真理。这意味着个人见解在既定的课程知识面前毫无价值。新课程确立起新的知识观，视知识学习为一种探索的行动或创造的过程，从而使学生摆脱传统知识观的钳制，走向对知识的主动理解与建构，走向个性化的知识生成方式。

(4) 确立教师是课程的开发者和研究者。教师不再仅仅是课程的实施者，而且是积极的课程开发者。这是新课程倡导的新理念，也是对教师提出的新要求。教师开发课程至少包括两个层面的含义。在第一个层面上，教师开发课程体现为对既有的国家课程和地方课程进行"二次开发"，是教师根据实际教育情境的需要，对课程内容进行适度增删、调整和加工，从而使之更好地适应学生学习的需要。在第二个层面上，教师开发课程体现为教师作为课程开发的主体开发出校本课程。新课程要求在课程管理制度上实行国家、地方和学校三级课程管理，从本质上而言，校本课程是由学校教师在具体学校情境中根据学生个性化的学习需求而开发出来的课程，这使教师作为课程开发者不再停留在观念的层面，进行课程开发已经成为教师专业生活中的一种课程实践的过程。

(三)新课程改革的指导思想与具体目标

《基础教育课程改革纲要(试行)》指出，基础教育课程改革以"教育要面向现代化，面向世界，面向未来"和"三个代表"重要思想为指导，全面贯彻党的教育方针，全面推进素质教育。这次课程改革目标分为总体目标和具体目标。新课程改革的总体目标是：使学生具有爱国主义、集体主义精神，热爱社会主义，继承和发扬中华民族的优秀传统和革命传统；具有社会主义民主法制意识，遵守国家法律和社会公德；逐步形成正确的世界观、人生观、价值观；具有社会责任感，努力为人民服务；具有初步的创新精神、实践能力、科学和人文素养以及环境意识；具有适应终身学习的基础知识、基本技能和方法；具有健壮的体魄和良好的心理素质，养成健康的审美情趣和生活方式，成为有理想、有道德、有文化、有纪律的一代新人。

新课程改革的具体目标如下。

第一，改变课程过于注重知识传授的倾向，强调形成积极主动的学习态度，使获得基础知识与基本技能的过程同时成为学会学习和形成正确价值观的过程。即从单纯注重传授知识转变为引导学生学会学习，学会合作，学会生存，学会做人，打破传统的基于精英主义思想和升学取向的过于狭窄的课程定位，关注学生的整体发展。例如，本次课程改革研制颁布的《语文课程标准》和《数学课程标准》等，均从"知识与技能""过程与方法"以及"情感态度与价值观"三个方面，对课程与教学提出了具体要求。这通常被称为"三维目标"。"知识与技能"目标，重视学生在学习过程中对基本知识的掌握和基本技能的形成。"过程与方法"目标，重视学生的学习经历和思维方式的变化发展。"情感态度与价值观"目标，重视学生内心的丰富体验，强调学生学习态度、科学态度、生活态度和人生态度的优化，倡导个人价值和社会价值的统一、科学价值和人文价值的统一。三维目标既有各自明确的作用，又是相互依存的整体。

第二，改变课程结构过于强调学科本位、科目过多和缺乏整合的现状，整体设置九年一贯的课程门类和课时比例，并设置综合课程，以适应不同地区和学生发展的需求，体现课程结构的均衡性、综合性和选择性。

课程结构的均衡性是指学校课程体系中的各种课程类型、具体科目和课程内容能够保持恰当与合理的比重。主要表现在合理安排必修课程与选修课程、综合课程与分科课程、理论课程与实践课程、科学课程与人文课程、职业课程与普通课程的课时比例关系，以使学习过程中的方法引导、情感态度陶冶、知识技能信息传递有机融合。

课程结构的综合性体现在以下三个方面：一是加强学科的综合性，设置综合课程。例如，在初中阶段设计了理科综合课程——"科学"、文科综合课程——"历史与社会"，在整个义务教育阶段设计了"艺术"等。二是从小学至高中设置综合实践活动并作为必修课程。该课程由国家统一制定课程标准和指导纲要，地方教育管理部门根据地方差异加以指导，学校根据相应的课程资源，进行校本开发和实施。其内容主要包括信息技术教育、研究性学习、社区服务与社会实践、劳动与技术教育。这四个方面是国家为了帮助学校更好地落实综合实践活动而特别指定的几个学习领域，而非综合实践活动内容的全部。四大指定的学习领域在逻辑上不是并列的关系，更不是相互割裂的关系。"研究性学习"作为综合实践活动的基础，倡导探究的学习方式，这一方式渗透于综合实践活动的全部内容之中。"社区服务与社会实践""信息技术教育""劳动与技术教育"则是"研究性学习"探究的重要内容。所以，在实践过程中。四大指定的学习领域是以融合的形态呈现的。除上述指定的学习领域之外，综合实践活动还包括大量非指定领域，如班团队活动、学校传统活动(科技节、体育节、艺术节等)、学生同伴间的交往活动等，这些活动在开展过程中可与综合实践活动的指定领域相结合，也可以单独开设。综合实践活动是一种具有独立形态的课程，是一种实践性的综合课程，旨在加强学生创新精神和实践能力的培养，加强学校教育与社会发展的联系，改变封闭办学、脱离社会的不良倾向，培养学生的社会责任感。三是在分科课程中实现课程内容的统整，即以整合的方式处理并实施分科课程的内容。

课程结构的选择性是针对地方、学校和学生的差异提出的，主要体现在以下三个层面：一是地方和学校依据其现实的教育状况，积极创造条件，有选择地实施国家课程，如地方或学校可选择社会、科学等综合课程，也可选择历史、地理、物理、化学和生物等分科课程；二是在普通高中阶段增设选修课程，占总课时量的1/3；三是学生可以根据自己的学习需要，在地方课程和校本课程中有选择地学习一定的课程，在综合实践活动中选择参与不同的主题活动。

第三，改变课程内容"难、繁、偏、旧"和过于注重书本知识的现状，加强课程内容与学生生活以及现代社会和科技发展的联系，关注学生的学习兴趣和经验，精选终身学习必备的基础知识和技能。

第四，改变课程实施过于强调接受学习、死记硬背、机械训练的现状，倡导学生主动参与、乐于探究、勤于动手，培养学生搜集和处理信息的能力、获取新知识的能力、分析和解决问题的能力以及交流与合作的能力。具体而言，自主学习、合作学习和探究学习，是新课程改革所倡导的新的学习方式。自主学习相对于被动学习而言，是个体自觉确定学习目标、制订学习计划、选择学习方法、监控学习过程、评价学习结果的学习方式，通过自主学习，突显学生学习的主动性、独立性、自控性，弘扬人的主体性和自主精神；合作学习相对于个体学习而言，是学生在小组或团队中为了完成共同的任务，有明确的责任分工的互助性的学习方式，通过合作学习，突显学习的交往性、互动性、分享性，培养学生合作的精神、团队的意识和集体的观念；探究学习相对于接受学习而言，通过探究学习，强调学习的问题性、过程性、开放性，形成学生内在的学习动机、批判的思维品质和思考问题的习惯。

第五，改变课程评价过分强调甄别与选拔的功能，发挥评价促进学生发展、教师提高和改进教学实践的功能，建立发展性的评价体系。具体而言，一是要建立促进学生全面发展的评价体系，使评价不仅要关注学生在语言和数理逻辑方面的发展，而且要发现和发展学生多方面的潜能，了解学生发展中的需求，帮助学生认识自我，建立自信，促进学生在已有水平上的发展，发挥评价的教育功能。二是要建立促进教师不断提高的评价体系，以强调教师对自己教学行为的分析与反思，建立以教师自评为主，校长、教师、学生共同参与的评价制度，使教师从多渠道获得信息，不断提高教学水平。三是要将评价看作一个系统，从形成多元的评价目标、制定多样的评价工具，到广泛地收集各种资料，形成建设性的改进意见和建议，每一个环节都是通过评价促进发展的不可或缺的部分。

第六，改变课程管理过于集中的状况，实行国家、地方、学校三级课程管理，增强课程对地方、学校及学生的适应性。具体地说，教育部制定基础教育课程发展总体规划，确定国家课程门类和课时，制定国家课程标准，宏观指导基础教育课程实施。省级教育行政部门在保证实施国家课程的基础上，开发适合当地需要的地方课程，并报教育部备案。学校在执行国家课程和地方课程的同时，可开发或选用适合本校特点的课程。

课程管理政策的改革是这次课程改革的一项重要内容。根据我国当前发展差异极大、文化多样的具体国情，教育要发挥促进当地社会经济发展的作用，提高课程的适应性、实现课程的多样化是改革的必然方向。而要提高课程对不同地区、学校的适应性、就必须倡导三级课程的管理方式。上述六个方面，既是基础教育课程改革的基本目标，也是新课程改革的核心内容。

三、当前我国中小学的课程设置

我国新一轮基础教育课程改革整体设置九年义务教育课程。小学教育阶段以综合课程为主。小学低年级开设品德与生活、语文、数学、体育、艺术(或音乐、美术)等课程；小学中高年级开设品德与社会、语文、数学、科学、外语、音乐、综合实践活动、体育、艺术(或音乐、美术)等课程。初中教育阶段设置分科与综合相结合的课程，主要包括思想品德、语文、数学、外语、科学(或物理、化学、生物)、历史与社会(或历史、地理)、体育与健康、艺术(或音乐、美术)以及综合实践活动。义务教育课程设置如表 6-1 所示，义务教育课程设置比例如表 6-2 所示。积极倡导各地选择综合课程，学校应努力创造条件开设选修课程。普通高中教育阶段以分科课程为主，开设语文、数学、外语、物理、化学、历史、地理、通用技术、综合实践活动、艺术(或音乐、美术)、体育与健康等课程。课程由必修和选修两部分构成，积极试行学分制管理，如表 6-3 所示。

表 6-1　义务教育课程设置(教育部颁布，2001 年)

课程门类	年级								
	一	二	三	四	五	六	七	八	九
	品德与生活		品德与社会				思想品德	思想品德	思想品德
							历史与社会		
			科学				科学(或生物、物理、化学)		
	语文	语文	语文	语文	语文	语文	语文	语文	语文
	数学	数学	数学	数学	数学	数学	数学	数学	数学
			外语	外语	外语	外语	外语	外语	外语
	体育	体育	体育	体育	体育	体育	体育与健康	体育与健康	体育与健康
	艺术(或音乐、美术)								
			综合实践活动						
	地方与学校课程								

表 6-2　义务教育课程设置比例(教育部颁布，2001 年)

课程门类	一	二	三	四	五	六	七	八	九	九年课时总计(比例)
	品德与生活	品德与生活	品德与生活	品德与生活	品德与生活	品德与生活	思想品德	思想品德	思想品德	7%～9%
							历史与社会(或历史、地理)			3%～4%
			科学	科学	科学	科学	科学(或生物、物理、化学)			7%～9%
	语文	语文	语文	语文	语文	语文	语文	语文	语文	20%～22%
	数学	数学	数学	数学	数学	数学	数学	数学	数学	13%～15%
			外语	外语	外语	外语	外语	外语	外语	6%～8%
	体育	体育	体育	体育	体育	体育	体育与健康	体育与健康	体育与健康	10%～11%
	艺术(或音乐、美术)									9%～11%
			综合实践活动							16%～20%
	地方与学校课程									
周总课时数(节)	26	26	30	30	30	30	34	34	34	274
学年总课时(节)	910	910	1050	1050	1050	1050	1190	1190	1122	9522

说明：

1. 九年总课时按每学年 35 周上课时间计算。

2. 综合实践活动主要包括信息技术教育、研究性学习活动、社区服务与社区实践以及劳动与技术教育。

表 6-3　普通高中课程方案(教育部颁布，2003 年)

学习领域	科　目	必修学分(共计116 学分)	选修学分 I	选修学分 II
语言与文学	语文	10	根据社会对人才多样化需求,适应学生不同潜能和发展的需要,在共同必修基础上,各科课程标准分类别、分层次设置若干选修模块,供学生选择	学校根据当地社会、经济、科技、文化发展的需要和学生的兴趣,开设若干选修模块,供学生选择
	外语	10		
	数学	10		
	思想政治	8		
	历史	6		
	地理	6		
	物理	6		
	化学	6		
	生物	6		

续表

学习领域	科　目	必修学分(共计116学分)	选修学分Ⅰ	选修学分Ⅱ
技术	技术(含信息技术和通用技术)	8	根据社会对人才多样化需求,适应学生不同潜能和发展的需要,在共同必修基础上,各科课程标准分类别、分层次设置若干选修模块,供学生选择	学校根据当地社会、经济、科技、文化发展的需要和学生的兴趣,开设若干选修模块,供学生选择
艺术	艺术或音乐、美术	6		
体育与健康	体育与健康	11		
综合实践活动	研究性学习活动	15		
	社区服务	2		
	社会实践	6		

说明:

1. 每学年52周,其中教学时间40周,社会实践1周,假期(包括寒暑假、节假日和农忙假)11周。

2. 每学期分两段安排课程,每段10周,其中9周授课,1周复习考试。每个模块通常为36学时,一般按每周4学时安排,可在一个学段内完成。

3. 学生学习一个模块并通过考核可获得2学分(其中体育与健康、艺术、音乐、美术每个模块原则上为18学时,相当于1学分),学分由学校认定。技术的8个必修学分中,信息技术与通用技术各4学分。

4. 研究性学习活动是每个学生的必修课程,三年共计15学分。设置研究性学习活动旨在引导学生关注社会、经济、科技和生活中的问题,通过自主探究、亲身实践的过程,综合地运用已有知识和经验解决问题,学会学习,培养学生的人文精神和科学素质。此外,学生每学年必须参加1周的社会实践,获得2学分。三年中学生必须参加不少于10个工作日的社区服务,获得2学分。

5. 学生毕业的学分要求:学生每学年在每个学习领域都必须获得一定学分,三年中获得116个必修学分(包括研究性学习活动15学分、社区服务2学分、社会实践6学分),在选修Ⅱ中至少获得6学分,总学分达到144方可毕业。

2011年,教育部颁布了义务教育各学科新课程标准。普通高中各学科课程标准也在修订过程中。

我国新一轮的基础教育改革取得了巨大进展,但教育本身的周期性较长,真正的实践效果有待检验。

本 章 小 结

在中国,"课程"一词始见于唐宋年间。朱熹在《朱子全书·论学》中多次提及课程,如"宽着期限,紧着课程""小立课程,大作工夫"等。虽然他对"课程"没有明确界定,但含义是指功课及其进程。西方的"Curriculum"意为"跑马道",指骑手赛马需沿着一定的跑道才能到达目标。据此,"课程"从"跑道"延伸到了"学习的进程"。近现代以来,随着教育理论与实践的不断深化,"课程"也逐步发展成为具有多重意义的一个基本范畴。

有代表性的界定大致包括课程即教学科目、课程即经验、课程即活动三种主要观点。每一种课程的定义都是基于研究者自身对社会、教育与人的认识而提出的，都有其理论基础。本章介绍了学科中心主义课程论、经验主义课程论、社会改造主义课程论的基本观点，帮助我们了解不同价值取向的课程观的内容。

课程在学校教育活动中从来都是一个重要的因素，随着现代科学与技术的迅猛发展，现代课程系统也日益复杂化、结构化、制度化，成为当代教育与教学改革的一个重大问题。要充分发挥课程系统在学校教育活动中应有的育人资源与蓝图的作用，以及对育人活动的引导与规范作用，就必须抓好三件事，编制好三个相互联系、相互制约的文本，即课程方案、课程标准和教科书。本章简要介绍了三者的含义、意义和作用。

20世纪80年代以来，随着全球科技更新速度的加快，世界各国都十分重视基础教育改革。课程改革作为基础教育改革的重要组成部分，受到各国政府与教育界的极大关注。本章介绍了世界各国课程改革发展的趋势以及中国基础教育改革的相关内容，并介绍了当前我国中小学课程设置的具体内容，以帮助学生更好地认识我国的基础教育新课程改革。

思 考 题

1. 如何理解课程的含义？
2. 简述学科中心主义课程论、经验主义课程论、社会改造主义课程论的主要观点。
3. 谈谈你对课程方案、课程标准和教科书的认识。
4. 结合实践谈谈当前我国中小学设置的课程类型，并加以简单的评析。
5. 谈谈当前基础教育课程改革对教师提出的新要求。

第七章 教　　学

本章学习目标

(1) 了解教学的概念、意义、任务和原则。
(2) 理解教学过程的基本规律。
(3) 掌握中小学常用的教学方法。
(4) 掌握教学组织形式的概念及主要形式——班级授课制的概念及由来。

重点难点

重点：掌握教学的概念、意义和原则，教学组织形式的概念及主要形式——班级授课制的概念及由来。

难点：理解新课程理念下的教学观；了解教学方法的概念、分类及教学方法的选择和运用；理解班级授课制的优势与不足；了解教学组织形式改革及其他教学组织形式。

引导案例

扬·阿姆斯·夸美纽斯(1592—1670)是捷克伟大的民主主义教育家，西方近代教育理论的奠基者。他是公共教育最早的拥护者，其教育理念在他所著的《大教学论》一书中提出。他提出统一学校制度，主张普及初等教育、采用班级授课制度、扩大学科的门类和内容，强调从事物本身获得知识。其主要著作有《母育学校》《大教学论》《语言和科学入门》《世界图解》等。

夸美纽斯的班级授课制

在中世纪，西欧各国学校工作的组织是极为松散的。学生在一年的任何时间里都可以到学校学习。他们虽然坐在同一间教室里，但各人都是按自己的进度学习；教师也只对学生进行个别指导，不对全班学生讲授共同的课业，没有统一的计划。中世纪后期，在耶稣教会举办的学校中曾对学校教学工作进行比较好的组织。在乌克兰和白俄罗斯的学校中，出现了班级授课制的萌芽。德国教育家斯图谟在斯特腊斯堡主持文科中学时，曾把学生分为十个年级。在普雷拉乌文法学校中也有组织班级教学的经验。但关于学年制和班级授课制问题，只是在夸美纽斯的著作中才第一次得到详细的论述。

夸美纽斯重视学校的组织工作和班级授课的经验，这是和他坚持普及教育的民主思想分不开的。他把学校称为"造就人的工场"和"真正锻炼人的地方"。他努力寻求"教员因此可以少教，但是学生可以多学"的组织形式和方法。夸美纽斯认为，学校工作一定要有计划，要使教学工作组织得井井有条。他说："教学的艺术所需要的也没有别的，也只是要把时间、科目和方法巧妙地加以安排而已。"他详细谈到学校工作的组织和班级授课问题，要求仔细划分时间，使每年、每月、每日、每时都有指定的工作。

按照夸美纽斯的理论主张，学校都应在每年秋季招生，同时开学，同时结束。他将每学年分为四个学季，在学季之间安排一星期的戏剧演出。每学年有四次节假日，三次安排在宗教节日前后，每次八天，在收获葡萄的季节安排一个月的长假。他规定了学日和学时制。学生每天必须到校学习。国语学校每天上课四学时，上午两学时用来练习智力与记忆，下午两学时练习手与声音。在拉丁语学校中，上午两学时用来教授每个班的特殊科学或艺术，下午一学时学习历史，另一学时练习文体、演说与手的运用。此外，早晨还有一小时的祈祷，午饭后有一小时的音乐和数学方面的娱乐。在每学时的智力活动之间，安排半小时的休息。对学生的学习要进行经常考核。在学年结束前要举行隆重的学年考试，以便决定学生是否升级。

夸美纽斯用太阳以它的光和热普照世界而"不专门去对付任何单个事物、动物或树木"作类比，论证班级授课制是必要的和可行的。他要求为每班学生安排一个教室和一位教师。教师必须面对全班，进行集体教学而不作个别指导。夸美纽斯认为，一位教师可以同时教几百名学生。他建议将每班学生分成许多小组，每组十人，选出一名学习优秀的学生为十人长，协助教师管理其他学生。

关于学年制和班级授课制的理论，是夸美纽斯对世界教育学做出的重大贡献，对普及教育的发展曾产生很大的影响。夸美纽斯关于教学工作应该是有目的性、组织性和计划性的思想反映了教育工作的客观规律，具有长远的指导意义。

案例分析：

夸美纽斯在人类教育史上占有十分光辉的一页。他继承了捷克人民的自文艺复兴以来的进步文化教育传统，尤其是他所属的教派的民主教育传统，吸收了当代的以及前代的其他各国人民的教育智慧，在这种基础上提出了自己的教育主张，建立了自己的教育学体系。他的教育主张启迪了现代世界各国的教育革新运动，他的教育学体系为现代的系统的教育学奠定了基础。

第一节　教　学　概　述

一、教学的概念

在中外教育史上，关于教学是什么的问题，没有统一的答案。在我国古代，人们更多地把教学理解为学习的意思，如《学记》指出："学然后知不足，教然后知困，知不足然后能自反也，知困然后能自强也。故曰：教学相长也。"通过教然后再学习，以此来提高自己。随着时代的发展，在清末时期，科举制度被废除，大批兴办新式学校，深受赫尔巴特的教学思想影响，以教师为中心，把教学更多的指向教师的教，过于关注教学的技术性。

目前在我国，不同的学者分别从不同的角度、不同的出发点对教学进行解释，因此关于教学存在多种定义。比如，我国著名教育家陶行知先生提倡将教学理解为教学生学，强调教的人要指导学的人进行学习，教与学相结合；学者吴文侃在其著作《比较教学论》中解释"教学是教师教和学生学的统一活动。在这一活动过程中，教师有目的、有计划地传授、培养和教导，学生积极主动地掌握一定的知识和技能，发展体力和智力，形成一定的思想品德"；《教育大辞典》对教学的解释为"教学是以课程内容为中介的师生双方教和学的共同活动，是学校实现教育目的的基本途径。其特点为通过系统知识、技能的传授与掌握，促进学生身心发展"。

对于教学的定义，综合起来说，国内较为通用的解释为：教学就是教师教、学生学的活动，是学生在教师指导下，掌握科学文化知识和技能，进而发展能力、增强体质、形成思想品德的教育活动。[①]

教学的三个基本要素有教师、学生和教学内容。围绕这三种要素，教学活动呈现如下三个特点：首先，教学由教师的教和学生的学两方面组成，是师生双方的共同活动；其次，教学以学生的认知活动为中心，以学生的健康全面发展为目的；最后，教学是教师有目的、有计划、有组织的教育活动，教师要尽心设计教学过程，选择合适的教育方法。

为了更清晰地理解教学的含义，还需把握教学与教育、教学与智育、教学与自学的关系。

教学与教育这两个概念是部分与整体的关系。教育把教学包括在内，指一切培养人的活动；而教学仅指课堂上教师教与学生学的活动，是学校教育的一部分。学校教育除教学外，还可以通过课外活动及社会实践活动等形式进行。

教学不等同于智育。智育是指传授系统的科学文化知识和技能，发展受教育者智力的教育。智育主要通过教学来实现。但两者是有区别的。除了教学，智育还需要通过课外活动才得以全面实现；而教学活动不仅进行智育，还是进行德育、体育、美育的途径。

教学包括教和学，学又包括教师指导下的学习和教师指导前后的预习和复习等教学中的自学活动。因此，教学与教学中的自学有着一定的联系，但它不同于教学外的独立的自学。[②]

二、教学的意义

教学在传承文化、促进学生个性全面发展上具有不可替代的重大价值，教学在学校工作中居于主要地位，教学是贯彻教育方针、实施全面发展教育、实现教育目的的基本途径。

教学与教育是部分与整体的关系。一个学校的教育活动是多种多样的，包括教学、劳动、社会实践及社团活动等，而教学处于学校教育的中心地位。教学是学校教育中最基本的活动，是德育、智育、体育、美育等的基本途径，在学校整个教育系统中居于中心地位。学校教育要达成培养个体全面发展的目标，就要围绕教学活动，组织开展其他工作，保证教学工作是学校教育工作的中心。

首先，教学是向学生传授系统的科学文化知识，促进个体发展的有效途径。教学活动，

---

① 王本陆. 课程与教学论[M]. 3版. 北京：高等教育出版社，2017：117.
② 王道俊，王汉澜. 教育学[M]. 3版. 北京：人民教育出版社，1999：178-179.

即教师有目的、有计划、有组织地引导学生学习教材及相关教学资源，进而将人类积累的知识经验转化为学生个体的经验，从而促进其身心的健康发展。教学使学生不必事事都经过亲身参与实践而以学习间接经验为主，系统地掌握人类经验，从而加快个体知识积累的速度。同时，也有利于学生个体的能力得以较快发展，缩短人类的发展过程。教学是传承人类文化，传递社会经验，延续人类文明，促进社会发展的最有效形式。通过教学可以将人类积累的丰富的科学文化知识以及社会经验转化为学生的个人精神财富，将人类的文化精华刻画在年轻一代身上，促进社会发展，延续人类文明。

其次，教学是培养学生个体全面发展的重要途径。教育的目的是促进学生德、智、体、美、劳全面发展，而教学的直接目的也是将包括德育、智育、体育、美育及劳动教育在内的教育基本知识传授给学生，促使学生道德、智力、体力和精神都尽可能得到充分、自由、统一和多方面地发展。教学提供了德育的知识基础，使学生领悟社会主义思想观点和道德规范，通过组织和指导学生的道德实践，培养学生的社会主义品德。教学的根本目的是培养全面发展的人，教学既传授给学生科技文化知识，又培养学生良好的思想品德和优秀的心理品质，形成学生科学的人生观、价值观、世界观，发展学生智力、体力、审美能力，促进学生各方面素质健康全面发展。教学为个人全面发展提供科学的基础和实践保障。

教学通过教师教和学生学的共同活动，突破个体直接经验的局限，向学生传授系统的科学知识和技能，培养和发展学生的智力才能。教学向学生传授健身知识、技能，为其身体发展提供有利条件，通过体育课程的开展，增强学生体质能力，发展学生身体素质和运动能力。教学也是培养学生正确审美观，发展学生感受美、鉴赏美和创造美的能力以及劳动能力的有效途径。因此，教学成为对学生进行全面发展教育，培养社会主义事业建设者和接班人的重要途径。

最后，教学开发学生的潜能，培养学生的创新精神和实践能力。教学在培养学生健康全面发展的基础上，通过开发学生的潜能，重点培养学生的创新精神和实践能力，鼓励学生结合自己的兴趣爱好、认知特点进行个性发展。

学校教育工作以教学工作为中心，并不意味着以教学为唯一的工作。教学工作在学校工作中占的时间最多、工作量最大，是学校工作的主体部分。但教育目的强调对学生进行全面发展教育，因此，除了教学，还要通过课外活动、劳动教育及社会实践活动等形式对学生进行培养；合理安排教务工作、行政工作和总务工作等，以更好地服务于教学工作，提高学校教育质量，培养高素质人才。

三、教学的任务

教学任务受教育目的、学生年龄特征、学科的特性以及教学的时空条件等因素制约，教学以促进学生德、智、体、美等方面全面发展为根本目的。目前，在国内由国家教育行政部门推行的以及由各种学术团体发起的课程与教学改革中，在任务和目标的表述上做了许多改革，表现之一就是不再恪守国内的传统，采用了类似发达国家的方式，将思想感情和能力的培养置于教学任务中居前的位置，同时将学习知识的任务放在靠后的位置。

教学的根本任务是教师指导学生掌握科学文化知识和技能，培养学生良好的思想品德和优秀的心理品质，形成学生科学的人生观、价值观、世界观，发展学生智力、体力、审美能力，促进学生各方面素质健康全面发展。具体来说，教学的基本任务有以下几点。

第一，引导学生掌握科学文化基础知识和基本技能。

教学的首要任务是使学生掌握系统的现代科学文化基础知识。一般说来，知识的掌握是形成技能、技巧的基础，而技能、技巧的形成又有助于进一步理解和掌握知识。形成基本技能、技巧，其他任务的实现都是在完成这一任务的过程之中和基础上进行的。

掌握基础知识和基本技能是教学的首要任务，是完成其他教学任务的前提和基础。基础知识是指构成各门学科的知识体系，包括基本概念、基本原理及其方法等，是一门学科知识的基本要素并构成其基本结构。基本技能是指各门学科中最主要、最常用的技能，比如，在数学上，要培养学生的运算能力、空间想象能力等。教学不仅要传授知识，而且要培养学生形成运用知识的基本技能。知识是形成技能的基础，而技能的形成又有利于更深层次地理解和掌握知识。

第二，培养学生具备良好的思想品德和个性品质、具有科学的世界观。

通过教学活动，努力使学生形成一定社会所需要的价值观、世界观和道德品质，同时要关注学生的个性发展，为学生兴趣、爱好及内在潜能的释放提供条件。

第三，发展学生智能，特别是培养学生的创新精神和实践能力。

一般来说，智力是指人们的认识的能力，即认识客观事物的基本能力，是认识活动中表现出来的那些稳定的心理特征。主要包括注意力、观察力、记忆力、思维力和想象力，其中思维力是核心。智力是保证人们有效地认识客观事物的稳定的心理特征的综合。创新和实践能力是学生个人的求知欲望、进取心和首创精神、意志力与自我实现信心的综合体现。现代教学要自觉发展学生的智能，尤其要重视发展学生的创造才能和实践能力。

第四，发展学生体能，促进其身心和谐发展。

教学不仅要传授科学的文化知识，也要关注学生身心的平衡发展，使学生掌握锻炼身体的知识和技能，养成锻炼身体的良好习惯，达到增强体质、促进发展的目的。

第五，培养学生高尚的审美情趣和能力。

教学也要对学生进行审美教育，要运用艺术、大自然和社会生活中的美来陶冶学生的道德情操，使学生形成高雅的审美情趣。

教书育人是教师的基本使命，教师除了向学生传授基础知识，还要培养学生良好的思想品德。审美教育是指有意识地或者无意识地进行的一切使学生正确感受美、审视美、鉴赏美和创造美的教育活动，起到塑造人的心灵和陶冶人的道德情操的作用。审美情趣的培养虽不属于知识教育，但却是一种能力教育，是学校道德教育的基础。学生在掌握科学文化知识和进行社会实践活动的过程中，将会提高自己的思想认识、道德修养和审美情趣，从而促进学生的个性健康发展。

以上五项基本任务是相互联系、相互促进的，其中使学生掌握基础知识、形成基本技能是基础，培养思想品德是方向，发展智能是核心，发展体能是保证，发展高尚的审美情趣和能力是理想目标，五项基本任务共同完成培养全面发展的人的目标。一个至关重要的方面是必须遵循教学规律，处理好间接经验和直接经验相结合的关系、传授知识和提高思想觉悟的关系，以及传授知识和发展智力的关系，全面完成教学任务。

教学工作任务艰巨，教学工作意义重大，从事教学工作的人，应该在教学岗位上，严格要求自己，不断完善自我，努力学习，踏实工作，出色地完成教学任务，实现教学培养人的目标。学校工作应坚持以教学为主，但是教学必须与其他教育形式结合，与生活实践加强联系才能充分发挥作用。因此，应妥善地安排教学与其他教育活动，建立正常的教学秩序，保证全面提高学校教育的质量。

四、教学原则

教学原则是有效进行教学必须遵循的基本要求和原理，是根据教育、教学目的，反映教学规律而制定的指导教学工作的基本要求。一般来说，教学活动越是能够符合教学原则，教学活动就越是容易成功；反之，教学活动越是脱离教学原则的要求，教学活动就越是可能失败。它既能指导教师的教，也指导学生的学，应贯彻于教学过程的始终。

教学原则.mp4

目前，我国中小学常用的教学原则体系，是在苏联凯洛夫教育学的原则体系基础上发展起来的，其内容已由我国教学理论和实际工作者结合我国的教学实践有所发展，并补充了一些新的原则。

(一)直观性原则

直观性原则指根据教学活动的需要，让学生用自己的感官直接感知学习对象。直观性原则是针对教学中词、概念、原理等理论知识与其所代表的事物之间相互脱离的矛盾而提出的。一般来说，直观的具体手段有以下三种：实物直观、模像直观、语言直观。在教学中贯彻直观性教学原则，要求教师恰当地选择直观手段，在直观的基础上提高学生的认识。

(二)启发性原则

启发性原则(又称自觉性原则)指在教学中要充分调动学生学习的自觉积极性，使得学生能够主动地学习，以达成对所学知识的理解和掌握。启发性原则是为了将教学活动中教师的主导作用和学生的主体地位统一起来而提出的。在教学活动中贯彻启发性原则的具体要求如下。

(1) 激发学生的求知欲、学习兴趣和责任感。充分调动学生的主动性、积极性，倡导学生主动参与，乐于探索，勤于动手。

(2) 启发学生积极思考，指导学生思维方法，培养学生自立和独立工作的能力。

(3) 发扬教学民主。要尊重学业不良的学生、有过错和缺陷的学生、和自己意见不一致的学生，不伤害学生的自尊心。

(三)循序渐进原则

循序渐进原则指教学活动应当持续、连贯、有系统地进行。循序渐进原则是为了处理好教学活动的顺序、学科课程的体系、科学理论的体系、学生发展规律之间错综复杂的关系而提出的。在教学中贯彻这一原则，教师需按照教学大纲(课程标准)的顺序教学，教学按照一定顺序由近及远、由浅入深、由简到繁，教学环节及内容亦可根据具体情况进行调整。

"幼者听而弗问，学不躐等也。""不陵节而施""杂施而不孙，则乱坏而不修。""学不躐(同后文"陵"，超越)等"可以译为，学习应循序渐进，不能越级。"不陵节而施"可译为，不超过学的人的接受能力而进行教育(陵，超越)。两词均表示学习要循序渐进。

(四)巩固性原则

孔子要求"学而时习之"，"温故而知新"。俄国的乌申斯基认为复习是学习之母，这个比喻非常精辟，道出了巩固知识对教学的重要意义。巩固性原则指在教学中要不断地安排和进行专门的复习，使学生对所学的知识能够牢固地掌握。巩固性原则是为了处理好教学中获取新知识与保持旧知识之间的矛盾而提出的。在教学中贯彻这一原则，教师引导学生在理解的基础上巩固，保证巩固的科学性、方式的多样化，最终目的是保障学生的身心健康。

(五)可接受性原则

可接受性原则指教学活动要适合学生的发展水平，是为了防止发生教学低于或高于学生实际程度而提出的。在教学中贯彻这一原则，教师要重视学生的年龄特征、具体特点和经验水平，恰当地把握教学难度。

(六)思想性和科学性统一的原则

思想性和科学性统一的原则指教学要在科学的方法论的指导下进行。是为了将教学中科学知识的传授学习与思想品德教育统一起来而提出的。在教学活动中贯彻这一原则，教师要坚持正确的方向、严格遵守职业道德、实事求是、讲究教学艺术。

(七)理论联系实际原则

理论联系实际原则指教学活动要把理论知识与生活和社会实践结合起来，是为了解决和防止理论脱离实际、书本脱离现实而提出的。在教学活动中贯彻这一原则，教师要重视理论知识的教学、注重在联系实际的过程中发展学生的能力。教师在教育中应当尽可能广泛地让学生接触社会生活、结合本地区的特点、注重中小学生发展的实际，在学生理论联系实际后教师要帮助学生总结。

(八)因材施教原则

因材施教原则指教师在教学活动中应当照顾学生的个别差异，是为了处理好集体教学与个别教学、统一要求与尊重学生个别差异而提出的。教学中贯彻这一原则，教师要充分了解学生、尊重学生的差异、面向每一个学生开展教学活动。

五、新课程理念下的教学观

(一)注重学习者的全面发展

新课改背景下的教学观以学习者为本位，旨在促进人的全面和富有个性的发展，要求实现学习者在知识与技能、过程与方法、情感态度与价值观等多方面的发展，实现三维目标的整合。其中，所谓"知识与技能"强调的是学科的基本知识与基本技能，这与传统教学注重知识和技能的学习并无二致，反映了新课改教学观对我国传统教学理念合理内核的继承；所谓"过程与方法"强调的是让学生了解和体验学习的过程和方法，养成善于发现、思考和解决问题的学习习惯，这是传统教学较为忽略的，反映了新课改背景下教学观的创新与飞跃；所谓"情感态度与价值观"关注的是"形成积极的学习态度，健康向上的人生态度，具有科学精神和正确的世界观、人生观、价值观，成为有责任和使命感的社会公民等"。这也是新教学观对传统教学观的重大突破。

(二)提倡师生间的交往互动

教学过程是师生交往、积极互动、共同发展的过程；没有交往，没有互动，就不存在或未发生教学。传统教学理论注重以教为重心，导致教学理论严重忽视学生的存在，成为"没有学生"或"没有儿童"的理论。为弥补偏差，不少人又从学的角度考虑问题，强调教学的重心应当由"教"转向"学"，从学的角度切入教学问题，实现教学理论乃至实践的重心转移。由注重"教"转向注重"学"虽然不无进步意义，但如果不把学生的学和教师的教两者结合起来，单方面注重学与单方面注重教在逻辑上所犯的错误是一样的。

教学过程中的师生交往具有自己的特点：师生交往的本质属性是主体性的。交往承认教师与学生都是教学过程的主体，两者在人格上完全平等，不存在高低、强弱之分。但两者在教学过程中所扮演的角色不尽相同。其中，教师的角色具有多样性，教师不仅是知识的传授者，而且也是思考的鼓励者，是学生学习的指导者和引路人；学生在教学过程中不仅是知识的接受者，而且也是思考者、探索者和发现者。归根到底，教师的教是为了学生的学，教师所有的教学活动最终都要落实到学生的学上。

(三)鼓励课堂教学的生成与开放

教学是预设与生成、封闭与开放的矛盾统一体。教学是有目标、有计划的活动，需要事先安排程序，这就决定了教学首先是一种预设性的活动，这种预设性的活动也在一定意义上决定了它具有自治性的特点。恰恰是在"生成"和"开放"问题上，我国传统的教学理论长期"失察"，过分强调预设和自治，实践中的课堂教学也因此变得程序化，呆板沉闷、机械乏味。因此，新课程背景下的教学观特别强调课堂教学"生成"和"开放"的一面。

从教学途径和方法层面上看，教学过程的开放意味着创造学习者在教师指导下自主学习的环境，鼓励学生对学习内容的自我理解和自我解读，尊重学生的个人感受和独特见解，使学习过程成为一个富有个性化的过程。

从生成的内容来看，课堂生成既有显性生成，又有隐性生成，显性生成是直接的、表层的，隐性生成是间接的、深层的。从生成的本义上来说，生成主要指隐性生成，隐性生成最具有发展的功能。从生成主体来看，课堂生成有学生生成，也有教师生成，即课堂教学不仅要成全学生，也要成全教师，课堂教学要成为教师自我提高、自我发展、自我完善、自我实现、自我欣赏的一种创造性的劳动，这是教学相长的真实写照，也是师生人生幸福的共同源泉。

第二节　教学过程

教学过程是在一定的教学目标导引下，教师和学生之间借助于一定的教学内容而进行的自主建构与生成的过程。

教学过程可以分为几个层次：一是从课堂伊始到结束的一整节课的教学过程；二是一门课程中的一个章节或一个单元的教学过程；三是针对课程而言的，一门课程从开始到结束的教学过程；四是在一个教育阶段里从入学到毕业的教学过程，比如小学阶段、初中阶段等；五是贯穿在学生从学前到入学再到入职前的整个学校教育系统中的教学过程。

一、教学过程的概念

教学过程是教师根据一定教学目的、任务和学生身心发展特点，有目的、有组织、有计划地指导学生掌握科学文化知识和技能，培养学生良好的思想品德和优秀的心理品质，使学生形成科学的人生观、价值观、世界观，发展学生智力、体力、审美能力，促进学生各方面素质健康全面发展的过程。教学过程是一种特殊的认识活动，是实现学生身心发展的过程。对其内涵的本质理解如下。

首先，教学过程主要是一种认识过程。

教学过程是学生在教师指导下，借助教材或精神客体的中介，掌握科学的认识方法，以最经济的途径认识现实世界并改造主观世界、发展自身的活动过程。教学认识的主体是学生，是在教师指导下进行学习活动的主体，其具有发展性和可塑性。教学认识的客体以课程教材为基本形式，是人类社会历史经验凝聚的精神客体，既是学生认识的对象，又是他们认识和发展自身的工具，具有中介性。

教学过程是教师教学生认识世界的过程，教学过程包括教师教与学生学这两个既有区别又相互依存的有机统一的活动。其内部发展动力是教师提出的教学任务同学生完成这些任务的需要、实际水平之间的矛盾。教学过程同样受一般认识过程普遍规律制约。

其次，教学过程是一种特殊的认识过程。

教学过程的特殊性在于，它是学生个体的认识，是由教师领导未成熟的主体通过学习知识去间接认识世界。其目的在于：学生在教师的指导下，把社会历史经验变为学生个体的精神财富，不仅使学生获得关于客观的映像即知识，也使学生个体获得发展。因此，教学过程作为一种特殊的认识过程，具有间接性、引导性和简捷性。

最后，教学过程必须以交往为背景和手段，也是一个促进学生身心发展、追寻与实现价值目标的过程。

二、教学过程的基本特点

(一)间接经验与直接经验相结合

间接经验与直接经验相结合，反映教学中传授系统的科学文化知识与丰富学生感性知识的关系、理论与实践的关系、知与行的关系。

首先，学生以学习间接经验为主。教学中学生学习的主要是间接经验，并且是间接地去体验。学生主要是通过"读书""接受"现成的知识，然后再去"应用"和"证明"。这是一条认识的捷径，可以使学生用最短的时间掌握大量的系统的文化科学基础知识，同时，还可以使学生在新的起点上继续认识客观世界，继续开拓新的认识领域。

其次，学生学习间接经验要以直接经验为基础。要使人类的知识经验转化为学生真正理解掌握的知识，必须依靠个人以往积累的或现时获得的感性经验为基础。原因在于学生学习的书本知识是以抽象的文字符号表示的，是对前人生产实践和社会实践经验的概括，而不是来自学生的实践与经验。

在教学中学习直接经验，与人类实践活动中直接经验的获得方式不同。教学中往往将直接经验典型化、简约化，主要方式是实验、演示、播放教学录像，让学生参加一定的生产劳动、社会调查，设置模拟的生活情境让学生体验等；选择的经验材料是经过改造的、少量的，且能充分反映事物的本质特征。

(二)掌握知识与发展智力相统一

掌握知识与发展智力相互依存、相互促进，二者统一在同一教学活动中。教学不仅要使学生掌握知识技能，而且要发展学生的智力和能力，包括一般认识能力和特殊能力。重视教学的发展性，是新时代的要求。

首先，掌握知识是发展智力的基础。学生认识能力的发展有赖于对知识的掌握。知识为智力提供了广阔的领域，只有具备了某方面的知识，才有可能从事某方面的思维活动，同时知识中也包含有对认识方法的启示。

其次，智力发展是掌握知识的重要条件。学生具有一定的认识能力，是他们进一步掌握文化科学知识的必要条件。学生掌握知识的速度与质量，依赖于学生原有智力水平的高低。

最后，掌握知识与发展智力相互转化的内在机制。知识不等于智力，学生掌握知识的多少并不完全表明其智力的高低，而发展学生的智力也不是一个自发的过程。知识与智力相互转化的条件是：第一，传授给学生的知识应该是科学的、具有规律性的知识，这样才能实现知识的迁移。也只有具有规律性的知识，才需要理论思维的形式。第二，必须科学地组织教学过程。第三，重视教学中学生的操作与活动，培养学生的参与意识与能力，提供学生积极参与实践的时间和空间。第四，培养学生良好的个性品质，重视学生的个别差异。

(三)教学过程中的知、情、意相统一

教学具有教育性，这是由赫尔巴特率先明确提出的观点。在教学过程中，学生的知、情、意相互作用，同时介入，这就需要我们处理好知识学习与思想、情感、意志培养的关系问题。知、情、意是教学过程内在的因素，它们的协调发展与教学内容、教学过程的组织，方法的运用相关；教师教学的责任感、价值观、思想作风、言行举止以及校园环境、人际关系等，对这些方面的发展也有重要影响。

情感、意志、兴趣等"非智力因素"直接影响学生对知识的掌握和智力的发展。因此，教学中强调要激发学生学习兴趣和求知欲，调动学生学习的积极主动性，使学生养成良好的学习习惯和刻苦勤奋的学习态度，不仅让学生学会学习，而且要学会生活、学会做人。

(四)教师主导作用与学生能动性相结合

现代教学论强调教与学的辩证关系，教学是教师教学生去学，学生这个学习主体是教师组织的教学活动中的学习主体，教师对学生的学习起主导作用。

首先，教师在教学过程中处于组织者的地位，应充分发挥教师的主导作用。教师的主导作用表现在：教师的指导决定着学生学习的方向、内容、进程、结果和质量，教师起引导、规范、评价和纠正的作用；教师的教还影响着学生学习方式以及学生学习主动积极性

的发挥，影响着学生的个性以及人生观、世界观的形成。

其次，学生在教学过程中处于学习主体的地位，应充分发挥学生参与教学的主体能动性。在教学中，学生是学习的主体，其能动性具体表现在：受学生本人兴趣、需要以及所接受的外部要求的推动和支配，学生对外部信息选择的能动性、自觉性；受学生原有知识经验、思维方式、情感意志、价值观等制约，学生对外部信息进行内部加工的独立性、创造性。这里需要明确的是，学生的主体地位是在教师主导下逐步确立的；学生这个主体从依赖性向独立性发展，正是教师主导的结果。

最后，建立合作、友爱、民主平等的师生交往关系。教学过程是师生共享教学经验的过程，在此过程中，师生共同明确教学目标，交流思想、情感，实现培养目标。在师生交往活动中，教师要善于创设和谐情境，鼓励学生合作学习；教师要善于体验或引起学生的兴趣和需要，鼓励学生积极学习、主动参与；善于从学生的年龄特征和个别差异出发，对学生提出严格的要求；善于洞察学生的内心世界，尊重学生的个性和才能；善于引起学生在思想和情感上的共鸣，培养学生自我调控能力，鼓励学生大胆创新，同时创设自我表现的机会，使学生不断获得成功体验。

三、教学过程的结构

教学过程的结构指教学进程的基本阶段。教学过程没有一成不变的程式，其呈现多样综合的特点。按照教师组织教学活动中所要求实现的不同认识任务，可以划分出教学过程中学生认识的不同阶段。

(一)教学过程基本阶段

1. 引发学习动机

学习动机是推动学生学习的一种内部动力。教师要使学生明确学习目的，启发学生的责任感，激发学生学习的积极性。

2. 领会知识

让学生领会知识是教学的中心环节。领会知识包括使学生感知和理解教材。

第一，教师要引导学生通过感知形成清晰的表象和鲜明的观点，为理解抽象概念提供感性知识的基础并发展学生相应的能力。感知的来源包括：学生已有的知识经验，直观教具的演示、参观或实验，教师形象而生动的语言描述和学生的再造想象以及社会生产生活实践。

第二，理解教材，形成科学概念。理解教材可以有两种思维途径：一是从具体形象思维向抽象逻辑思维过渡；二是从已知到未知，不必都从感知具体事物开始。

3. 巩固知识

通过各种各样的复习，对学习过的材料进行再记忆并在头脑中形成巩固的联系。

4. 运用知识

学生掌握知识的目的在于运用，教师要组织一系列的教学实践活动引导学生动脑、动口和动手，以形成技能技巧，并把知识转化为能力。

5. 检查知识

检查学习效果的目的在于，使教师及时获得关于教学效果的反馈信息，以调整教学进程与要求；帮助学生了解自己掌握知识技能的情况，发现学习上的问题，及时调节自己的学习方式，改进学习方法，提高学习效率。

(二)教学过程结构应用注意事项

学生掌握知识的基本阶段对组织进行教学过程具有普遍的指导意义，但是，也要防止在运用中出现简单化和形式主义的偏向。因此在运用时要注意以下几点。

首先，根据具体情况灵活运用。

学生掌握知识的过程实际上是生动活泼、多种多样的，要根据实际情况对基本方式做些改变，灵活地加以运用。

其次，注意阶段之间的内在联系不要割裂。

教学中引导学生掌握知识不能机械地进行，而是要按学生掌握知识的规律性和学生在教学中的具体情况，引导他们从一个阶段很自然地、能动地发展到下一个阶段。

最后，每个阶段的功能都是整个教学过程中不可缺少的因素。

在设计和组织教学过程时，可以根据具体情况，减去某些阶段，如不进行专门的感知，不做专门的复习巩固等。但是，在教学过程中却不能忽视这些阶段的功能，因为这是有效地进行教学必须考虑的因素。

四、教学过程中方法的选择

教学方法是指教师和学生为了完成教学任务、实现教学目标而采取的共同活动方式，是教师引导学生掌握知识技能、获得身心发展而共同活动的方法。

教学过程中方法的选择.mp4

(一)教学过程中常用的方法

根据教学活动中学生的不同认识方式，可将我国中小学常用的教学方法分为五大类。

1. 以语言传递为主的教学方法

这一类教学方法运用极为广泛，主要包括讲授法、谈话法、讨论法、读书指导法四种。

2. 以直观感知为主的教学方法

这种教学方法具有形象性、具体性、直接性和真实性的特点，主要有演示法和参观法两种。

3. 以实际训练为主的教学方法

以实际训练为主的教学方法主要有练习法、实验法、实习作业法、实践活动法四种。

4. 以引导探究为主的教学方法

以引导探究为主的方法，是指教师组织和引导学生通过独立的探究和研究活动而获得知识的方法，主要是发现法。

5. 以情感陶冶(体验)为主的教学方法

以情感陶冶(体验)为主的教学方法，主要包括欣赏教学法和情境教学法两种。

(二)教学方法的选择和运用

1. 选择与运用教学方法的基本依据

选择与运用教学方法的基本依据具体如下。

第一，依据教学目的和任务的要求。根据每一堂课具体的教学目的和任务，教师可采取不同的教学方法。比如：传授新知识，可采用讲授法；复习和巩固知识，可采用练习法。

第二，依据课程性质和教材特点。课程性质和教材特点不同，选择的教学方法也不同。例如物理、化学、生物等课程，教师经常采用演示法和实验法；语文、外语、思想政治等课程多采用讲授法。

第三，依据学生年龄特征。学生所处的年龄阶段不同，在知识准备程度和个性发展特点上也不同。因此，必须根据学生的不同年龄特征采用不同的教学方法。年龄较小，知识准备程度较低的学生，常采用以语言传递为主的教学方法，如讲授法、谈话法、讨论法、读书指导法等；而年龄较大，知识准备程度较高的学生，常采用实际训练为主的教学方法，如练习法、实验法、实习作业法、实践活动法等。

第四，教学时间、设备、条件。有些方法需要较长时间，有些方法对教学设备的要求比较高，教师在选择教学方法时要充分考虑到这些因素。

第五，依据教师业务水平、实际经验及个性特点。教学方法的选择与运用受教学手段、教学环境等因素的制约，这就要求我们要全面、具体、综合地考虑各种相关因素，进行权衡取舍。

2. 教学方法运用的综合性、灵活性、创造性

教学方法运用的综合性是指根据教学任务和教学内容的需要，综合运用多种教学方法，而不要长期只使用一种教学方法。教学方法的选择和运用，要从实际需要出发，随时对其进行调整。教学方法运用要在把握现有教学方法的基础上有所创造。

3. 我国中小学常用的教学方法

1)　讲授法

讲授法是指教师运用口头语言，系统连贯地向学生讲授课程内容的方法。它是中小学各科教学的一种主要教学方法，具体包括讲述、讲解、讲读和讲演。运用讲授法的基本要求如下。

(1)　要把高难度的思想性和严密的科学性有机地统一起来。

(2)　要经常提出一些具有启发意义的问题，促进学生积极地思考。

(3)　要讲究语言艺术。

(4)　可恰当运用板书和教具。

2)　谈话法

谈话法(提问)是指教师在学生已有知识经验的基础上提出问题，引导学生积极思考，通过师生交谈，使学生获得知识技能、提高能力、培养思想品德的一种教学方法。运用谈话

法的基本要求如下。

(1) 教师要充分做好谈话前的准备。

(2) 问题的提出要明确、具体、难易适中、富有启发性。

(3) 在谈话进程中，要抓住学生思维发展的脉络，提出问题，因势利导，逐步引出结论。

(4) 教师要掌握提问的技巧。

3) 讨论法

讨论法是指学生在教师指导下，由全班或小组成员围绕教师提出的议题，相互交流，发表自己的见解，最终弄清问题的一种教学方法。运用讨论法的基本要求如下。

(1) 讨论的题目要有价值。

(2) 讨论前应做好充分的准备。

(3) 讨论时，要引导学生充分表达自己的观点。

(4) 讨论结束时，教师应进行小结。

4) 读书指导法

读书指导法是指教师指导学生通过阅读教科书和参考书等材料，以获得知识、培养自学能力以及发展其他素质的一种教学方法。读书指导法包括指导学生预习、复习教科书，阅读参考书和自学材料等。

5) 演示法

演示法是指教师在课堂上向学生展示各种实物、教具、音像资料或作示范实验，以指导学生通过观察，获取关于事物的感性认识，说明、印证和巩固课程所讲内容的一种教学方法。演示法直观性较强。

6) 参观法

参观法是指教师根据教学目的，组织学生到校外一定的场所，对实际事物进行观察、研究，从而获得知识或巩固验证已学知识的一种教学方法。运用参观法可以丰富教学内容，把课堂学习和实际生活结合起来。

7) 练习法

练习法是指学生在教师指导下运用知识去反复完成一定操作以形成技能、技巧的一种教学方法。

8) 实验法

实验法是指学生在教师指导下，运用一定的仪器、设备进行独立操作，以获得与验证知识的一种教学方法。

9) 实习作业法

实习作业法是指教师根据课程标准的要求，组织学生在校内外参加实践活动，进行实际操作，把书本知识运用于实践的一种教学方法。

10) 发现法

发现法是学生在教师的指导下，通过自己的探索和学习，"发现"事物变化的因果关系及内在联系，形成概念，获得原理的一种教学方法。它是由美国的教学心理学家(布鲁纳)在 20 世纪 60 年代提出的。

五、教学评价

教学评价是对教学工作质量所做的测量、分析和评定，是教育评价的一个重要组成部分。通过教学评价，可以使教师及时了解学生的学习情况和获得关于教学结果的反馈信息，以分析自己教学的优缺点，更好地提高教学水平；也可以使学生及时得到学习效果的反馈信息，明确自己学习中的长处与不足，以扬长补短。由于教学评价的对象比较复杂，因此教学评价的类型也较多样。比如，以评价主体为依据可分为他评价和自评价；以评价标准为依据可分为相对评价、绝对评价和个体内差异评价；以评价功能为依据可分为诊断性评价、形成性评价与终结性评价。

教学评价最重要的作用在于运用它来探明、调节、改善和提高教学活动本身的功能，主要包括检查教育工作、反馈教学信息、激发教学动力、促使教学研究、定位教学方向和管理教学工作。因此，只有很好地掌握教学评价这个信息反馈机制，才能了解教学系统运行的情况，有效地调节和改善这个系统的整体功能，完成一定的教学任务。

第三节　教学的组织与实施

一、教学组织形式

(一)教学组织形式概述

教学组织形式是教学的空间结构和时间序列的统一。教学组织形式所要解决的问题，就是教师以什么样的形式将学生组织起来，通过什么样的形式与学生发生联系，教学活动按照什么样的程序展开，教学时间如何分配和安排等问题。

历史上最早的教学组织形式是个别教学，班级授课制是人类社会发展到一定历史阶段的产物。1632 年，捷克的教育家夸美纽斯总结了前人和自己的教学经验，在其所著的《大教学论》中，对班级授课制作了理论上的阐述和论证，为班级授课制奠定了理论基础。我国最早采用班级授课制的是 1862 年清政府在北京开办的京师同文馆。道尔顿制是由美国的 H. H. 柏克赫斯特于 1920 年在马萨诸塞州的道尔顿中学创建的一种新的教学组织形式，道尔顿制的显著特点是重视学生自学和独立作业。

(二)现代教学的基本组织形式——班级授课制

1. 班级授课制的概念

课堂教学的主要形式是班级授课制。它是一种集体教学形式，是把学生按照年龄和知识水平分别编成不同的班级，根据周课表和作息时间表，由老师有计划地对同一个班的全体学生同时进行同样内容的教学的一种组织形式。

2. 班级授课制的由来及发展

目前在世界范围内，最普遍采用的教学组织形式是班级授课制。在古代教育中，无论在东方还是西方，教学组织形式主要是个别教学，即使孔子"弟子三千，贤人七十"，仍然是通过个别教学进行教育的，每个弟子之间在原有程度、学习内容、学习进度上各不相同，没有一致的要求和规定。工业革命之后，社会提出了普及义务教育的要求，教育的规模和效率都必须扩大和提高，个别教学因无法满足这样的需求，表现出明显的不适应，于是班级授课制应运而生。

3. 班级授课制的特征

班级授课制以"班"为学生人员组成的单位、以"课时"为教学的时间单位、以"课程表"为教学活动的基本周期、以"课"为教学活动的基本单位，课与课之间有一定的间歇和休息。班级授课制的特征主要包括三个方面，有人用班、课、时三个字来概括。

(1) 班：把学生按照年龄和知识水平分别编成固定的班级，即同一个教学班学生的年龄和程度大致相同，并且人数固定，教师同时对整个班集体进行同样内容的教学。

(2) 课：把教学活动按学科和学年分成许多小的部分，分量不大，大致平衡，彼此连续而又相对完整，这每小部分内容和教学活动，就叫作一节"课"，一课接着一课地进行教学。

(3) 时：把每一"课"规定在统一的单位时间里进行。单位时间可以是 50 分钟、45 分钟或 30 分钟，但都是统一的和固定的。课与课之间有一定的间歇和休息。

4. 班级授课制的优点与不足

1) 班级授课制的优点

首先，把学生按年龄和知识水平编成班级，使学生成为一个集体，可以互相促进和提高。

其次，教师按固定的时间表，同时对几十名学生进行教学，扩大了教育对象，提高了教学工作的效率。

再次，在教学内容和时间方面，有统一的规定和要求，使教学工作能有计划、有组织地进行，有利于提高教学质量。

最后，各门学科轮流交替上课，课与课之间有一定的间歇和休息，既能扩大学生的知识领域，又能减轻学生的疲劳，符合学生大脑活动的规律和用脑卫生。

可以说，没有班级授课制，就会影响义务教育的普及。班级授课制有其突出的优越性，尽管不断受到批评和加以改革，仍然表现出长久的生命力，而且许多改革实际上是对于班级授课制的发展，而不是彻底地否定。

2) 班级授课制的不足

第一，不利于面向全体学生。无论采用什么教学方法，都只能适应班级部分学生，难以满足全体学生的需要。

第二，不利于理论联系实践。过于强调书本知识的学习，容易造成理论和实践的脱节，不利于学生创新意识和实践能力的锻炼提高。

第三，不利于突出学生的主体地位。教师的主导作用被放大，学生的地位被边缘化。

第四，学生的独立性、自主性受到限制，不利于培养学生的志趣、特长和满足个性化的学习需要。

第五，在班级授课制中，课堂成为学生生活的基本空间，课堂教学成为学生最主要的生活方式，学生的交往受到限制。

近代以来，班级授课制成为中小学最基本的教学组织形式，但人们并没有停止有关新的教学组织形式的探索。而这些探索又相当集中地围绕着对于班级授课制的改革展开，人们一直在努力，试图在保持班级授课制优越性的同时能够有效地克服它的局限性。

(三)教学组织形式改革

当前，在国内外的教学改革中，人们对教学组织形式的改革，突出了以下几个重点。

第一，适当缩小班级规模，使教学单位趋向合理，让教学组织形式尽可能地适合更多学生，让教学活动适合全体学生。

第二，增加教学活动中的实践环节。在班级授课过程中，选择练习、实验的教学方法，训练学生的动手能力；在课外增加综合实践活动。

第三，在班级授课过程中，坚持教师主动与学生主体相统一的原则，既发挥教师的主导作用，又突出学生的主体地位。

第四，将班级授课与个别教学、分组教学相结合，实现多种教学组织形式的综合运用，促进学生的个性化发展。

第五，丰富班级座位排列的方式，加强课堂教学的交往互动，加强学生之间的交流。

(四)其他教学组织形式

1. 分层教学

分层教学(分组教学、按能力分组)，是将学生按照智力测验分数和学业成绩分成不同水平的班组，教师根据不同班组的实际水平进行教学。在西方一些国家尤其是美国十分流行；一般在中学，有些学校在小学高年级实行。

1) 分层类型

通常在每一年级有 A、B、C、D、E 五个水平，A 组为最高，B 组次之，以此类推。就一般情况而言，A 组和 D 组人数都比较少，大多数学生在 B、C 两组。在美国 20 世纪 80 年代的合流运动(main stream)之后，弱智学生进入普通学校与正常学生一同学习，许多学校的 E 组实际是这些学生。还有一些学校只有二或三个等级。

2) 分层依据

以美国部分州为例，分层主要依据智力测验分数、学习成就、教师意见、家长意见。

3) 分层范围

通常在主要科目实行分层，比如数学、英语、科学、社会。

4) 分层管理

一般实行弹性机制，分层不是固定的，每学期或每学年要进行调整，层次变化的主要依据是学生的学习情况，比如进步显著，可以上调；学习吃力，则可以下调。

因为是按照科目分组，实际上所有科目都在 A 组或所有科目都在 D 组的学生很少，多数学生是不同的科目在不同层次的组中学习。

分层教学的优点是由于增加了智力测验和成绩作为依据，同一层次内学生的基础和水平较一般班级授课制条件下更为整齐，因此学生的学习和教师的教学都更加便利。由于不同科目各自分组，能够比较好地适应学生的兴趣和差异。其缺点是在管理上比较复杂。

2. 小组合作学习

小组合作学习是以异质小组为基本形式，以小组为主体，以小组成员合作性活动为机制，以小组目标达成为标准，以小组成绩为奖励依据的教学组织形式。

小组合作学习的基本要素包括以下几个方面。

1) 组间同质，组内异质

小组通常由 4～6 名在性别、学业成绩、个性特征、家庭及社会背景等方面具有异质性的学生组成。由于在每个小组内体现了合理差异，从而在全班各小组之间形成了大体均衡、可资比较的小组联合体，使各小组在大致公平的前提下进行合理竞争。同时，由于组内各成员之间在各方面的差异与互补，又有利于各小组成员之间互助性合作活动的开展，最终促进组内每个成员的认知、社会交往、个性和积极情感的全面提高。

2) 设立小组目标

学习目标为小组设立而不是个人设立。这样，改变了班级授课制条件下教学偏重竞争的课堂气氛，形成合理的组内互教互助、组际公平竞争的良性机制。而对小组目标，全体小组成员会形成一个"利益共同体"。每个学生都能够体会到：一个人的成功并非真正的成功，只有在小组的其他成员也达到学习目标的情况下，自己才能达到目标。学习不再是自己的事。因此，成绩好、能力强的，会积极帮助其他组员；学习较差的，由于集体荣誉感和自尊心也会尽自己最大努力学习，尽量使所在小组不因自己失败而被拖后腿。这样，小组成员彼此之间的关系是荣辱与共的相互依赖关系。

3) 实施小组评价与奖励的机制

与小组目标的设立相互联系的，是小组合作学习得以顺利进行的动力源泉。在小组奖励面前，每个小组成员都尽力为集体的成功而工作，积极承担集体义务，从而推动小组合作学习顺利进行。保证以小组为单位实施评价，使得小组成员之间不是你输我赢的关系，而是大家输或大家赢。这种机制可以有效地调整小组合作，促进成员争取小组目标的实现。

4) 个人责任的明确

在小组合作学习中，每个人都必须为自己的学习负责，学习成效的大小同个人是否尽责直接联系在一起。要在两方面确保责任到个人：首先，通过将小组任务分解到个人，或将全班任务先分解到小组，再分解到个人的方法，使组内每个成员都承担了小组任务中的特定部分，一个人完不成所承担的任务，不仅会影响自己的成功，也会对小组或全班完成任务带来不利影响。其次，在单元检查、小测验和竞赛中，不再允许依靠组内其他成员的帮助来证明个人掌握学习内容、达成教学目标的程度，每个组员必须靠自己的力量独立完成测验。统计小组总体成绩之前要先计算个人成绩。

5) 均等的成功机会

在小组合作学习中，只要自己努力，有同伴之间的帮助，每个学生都可以做得很好，成功的机会是均等的。小组合作学习经常采用"个体提高分"的计分方式：个体本次测验的分数比上次测验高出来的分数。

3. 小班教学

小班教学在发达国家基础教育各阶段已经普遍实行，许多国家在教育法中规定的每班学生人数通常在 15～25 人。近年来，我国的一些大城市也开始了小班教学的尝试。小班教学是社会和义务教育发展到一定程度的产物，是为了满足社会成员对于教育公平性、公正性的进一步要求：不仅享有受教育的权利，而且得到高质量的教育。可以预见，在今后几十年内，小班教学会成为我国义务教育的主要发展趋势之一。

从发达国家的经验来看，实行小班教学有几个问题应当给予注意。

第一，取消教师分科任教或延缓教师分科年限。在多数实行小班教学的国家和地区，通常采取教师包班的方式，而不是分科任教。在小学阶段尤其普遍，甚至在一些班级规模仍然较大的国家和地区，如日本和我国台湾，在小学也是教师包班。在小学阶段，各门课程的文化科学知识都是基础性的，具有合格学历的小学教师完全能够胜任。教师包班，为教师了解每个学生提供了分科任教所无法比拟的便利，也为教师有针对性地对每个学生因材施教创造了分科任教条件下难以得到的充分条件。发达国家之所以先后将班级授课制改为小班教学，正是立足于学生发展所做的选择。

第二，改革现有的班级制度，以保证给予学生均等的机会。在大多数国家，小学阶段没有严格的班级组织，不存在正副班长、班委、组长相对固定的角色，各种活动所需要的工作由所有学生轮流承担。这样，可以使每个学生都有机会得到各种锻炼，也使每个学生有机会获得不同的体验。

第三，在我国少部分地区的小学，还存在着一种特殊的教学组织形式——复式教学。复式教学是指把两个或两个以上年级的儿童合编在一个班级，采用直接教学和布置、完成作业轮流交替的方式，在同一节课内由一位教师对不同年级学生进行教学的组织形式。在复式教学中，教师为某个年级学生授课称为直接教学，同时布置其他年级学生从事各种作业和练习称为间接教学或自动作业。

知识拓展

教学发展史上常见的教学组织形式

个别教学： 我国宋代以前的各级官学和私学，欧洲古代和中世纪的教育均采用个别教学，它是漫长的奴隶社会和封建社会中主要的、甚至唯一的教学组织形式。个别教学就是教师在同一时间以特定内容面向一个或几个学生进行教学。这种教学组织形式办学规模小、速度慢、效率低，但却能较好地适应个别差异。17世纪以后随着班级授课制在世界范围的普遍采用，个别教学就成为教学的非主要组织形式。但在20世纪五六十年代，个别教学在欧美各国重新受到重视。

导生制： 18世纪末至19世纪初，还出现过英国的贝尔-兰开斯特制，也称"导生制"。教师选年龄大些、成绩好些的学生为"导生"，先给他们讲授教材，再由他们转教其他学生。这种教学组织形式难以保证教学质量，所以它并未持续很久。

分组教学： 19世纪末20世纪初，为了适应现代生产的需要和现代科学技术的发展，为了调和阶级矛盾，一些资本主义国家延长了义务教育的年限，扩充和更新了学校的一些教学内容。一些资产阶级教育家为了适应儿童的学习程度，适应学生的个性差异，对班级授课制实行改良或改革的实践。属于改良班级授课制的是分组教学。20世纪70年代以后，美、英、法、联邦德国等国家的分组教学常采取另外两种方式，即外部分组和内部分组。分组教学能照顾学生的学习水平和能力差异，但同时也会给各类学生在心理上造成不良影响。中国中小学以班级授课制为基本组织形式；为了因材施教，有时也采用小组教学和个别教学，作为辅助形式。温内特卡制和道尔顿制过高地估计了学生的主动性，教师在教学中的主导作用受到限制。第二次世界大战以后发展起来的程序教学和机器教学，吸收了温内特卡制和道尔顿制的一些方法。

开放教学： 第二次世界大战期间，由于战乱，破坏了正规教育的进行，故 20 世纪 30 年代初在英国出现了一种教学组织形式——开放教学。60—70 年代，开放教学流行于美国，主要在幼儿学校和初等学校实行。它强调尊重儿童的天性、兴趣和需要，强调儿童的自然发展，不拘传统教学的结构，没有固定教学计划、教材和教室，不同年龄、不同程度的儿童聚集在一起，根据各自的爱好选择各种学习活动。开放教学依据的是资产阶级"进步教育"的理论。

协作教学： 20 世纪 50 年代初，美、英等国为了解决提高教学质量与中、小学师资不足的矛盾，提出了一种教学组织形式——协作教学。它由教师、实验教学人员、视听教学人员和图书资料人员组成教学小组，共同研究拟订教学计划，然后分工合作，协力完成教学计划。协作教学试图同时发挥教师的集体力量和个人专长，并充分利用图书、仪器等教学设备。

现场教学： 1958 年，中国贯彻教育与生产劳动相结合的方针，在实践过程中较广泛地采用了现场教学这种教学辅助形式。它能给学生提供丰富的直接经验，有助于学生理解和掌握理论知识；并通过实际操作，能培养学生运用知识于实践的能力；同时为师生接近工农、接触社会主义建设的实际创造了条件。

复式教学： 教学组织形式中的学级编制，除单式教学外，还有复式教学。复式教学是教师在同一间教室里，用不同的教材分别对两个或两个以上年级的学生进行的教学。教师给一个年级的学生讲课，同时组织其他年级的学生自学或做作业，使各项活动有计划地交替进行。它在一定条件下对普及教育具有积极的意义，是班级教学的一种特殊的组织形式。

设计教学法： 设计教学法就是主张废除班级授课制和教科书，打破传统的学科界限，在教师的指导下，由学生自己决定学习目的和内容，在自己设计、自己负责的单元活动中获得有关的知识和能力。这是一种实用主义的教学制度，由杜威的学生克伯屈所创。它强调教学的任务在于利用环境引起学生的学习动机，帮助学生选择活动所需要的教材等。由于教学目的的不同，设计活动分创作、问题研究、技能训练等，其一般程序为：决定目的、制定计划、实行、评价。

道尔顿制： 道尔顿制是指教师不再通过上课向学生系统地讲授教材，而只为学生分别制定自学参考书、布置作业，由学生自学和独立作业，有疑难时才请教师辅导，学生完成一定阶段的学习任务后，向教师汇报学习情况并接受考查。

二、教学工作的基本环节

教学工作的基本环节是备课、上课、课后教导工作(包括作业、辅导、学生思想教育)、学业评价，其中备课是教学工作的基础和前提，上课是教学工作的中心环节，作业的布置与批改、课外辅导、学业评价是教学工作不可缺少的重要环节。

(一)备课

备课是指教师在上课前的准备工作，具体地说是指教师在课前钻研教材、了解学生、设计适当的教学策略与方法，创造必要的教学环境与条件，以便使新的教学活动与学生原有的认知水平和心理发展水平相适应的教学准备过程。备课分个人备课和集体备课两种。个人备课是教师自己钻研学科课程标准和教材的活动；集体备课是由相同学科和相同年级的教师共同钻研教材，解决教材的重点、难点和教学方法等问题的活动。

1. 备课要做的基本工作

教师备课要做好三方面的工作，即钻研教材、了解学生、设计教法。

(1) 钻研教材：钻研教材包括学习学科课程标准、钻研教科书和阅读有关参考资料。钻研教材时，要着重解决以下几个方面的问题：确定具体的教学目标；突出重点，解决难点；领会插图，认真准备插图、挂画；钻研习题，认真准备练习和作业；准备提问；等等。

(2) 了解学生：了解学生应当是全面的。首先要考虑学生总体的年龄特征，熟悉他们身心发展的特点；其次要了解学生个体的兴趣爱好、学习态度和能力水平；最后还要了解班级的一般状况，如班纪班风等。

(3) 设计教法：教师要在钻研教材、了解学生的基础上，考虑用什么方法使学生有效地掌握知识并促进他们能力、品德等方面的发展。教师应根据教学目的、教学内容、学生的特点等来选择最佳的教学方法。

2. 备课应写的三个计划

备课要相应地编制出三种计划，即学年(或学期)教学计划、课题(或单元)计划、课时计划(教案)。

(1) 学年(或学期)教学计划：该计划包括对学生情况的简要分析、本学期或学年的教学总要求、教科书的章节或课题、各课题的教学时数和时间的具体安排、各课题所需要运用的教学手段等。

(2) 课题(或单元)计划：在制订好学年教学计划的基础上，教师还要制订课题计划。课题计划一般包括：课题名称、课题教学目的、课时划分、课时的类型、主要教学方法、必要的教具。此外，教师还要考虑课题之间的联系，做好协调工作。

(3) 课时计划(教案)：它通常是指教师为某一节课而拟订的上课计划，一般包括班级、学科名称、授课时间、课题、教学目的、课的类型、教学进程等。其中教学进程是课时计划的主要部分，教师要详细设计和安排教学内容的展开、教学方法的运用和时间的分配等。

(二)上课

上课是整个教学工作的中心环节，是教师教和学生学的最直接的体现，是提高教学质量的关键；上课也是教师教的活动和学生学的活动相互作用最直接的表现。

1. 教师要上好一节课的标准

教师要上好一节课的标准为：好的教学照顾到全体学生；以学生的全面发展为出发点和最终归宿，重点培养学生的创新精神和实践能力；营造平等、民主、和谐的课堂氛围，鼓励学生的独立性和自主性，促进学生个性发展。良好的教学效果通过和谐民主的课堂气氛来检验，即教师要使学生的注意力集中、要使学生的思维活跃、要使学生积极参与课堂内容、要使个别学生得到照顾。

2. 上好课的基本要求

教师上好课的基本要求如下。

(1) 教学目标明确。它包含两层意思：①教学目标的制定应符合课程标准的要求及学生的实际；②课堂上的一切教学活动都应该围绕教学目标来进行。

(2) 教学内容准确。认真钻研教材，精心选择教学内容；教师讲授教学内容的语言准确、简练，条理清晰，逻辑思维缜密。

(3) 教学结构合理。教学过程包括四个阶段：导入新课，激发学生学习动机；讲解新内容，让学生领会知识，理解知识；课堂练习和提问，让学生运用知识、巩固知识；归纳总结，布置课后作业。教学要严格按照教学过程分步骤、分阶段进行，过程连贯，结构合理；要有严密的计划性和组织性，何时讲新内容、何时练习、何时演示、何时让学生动手操作等，都要进行合理的安排。

(4) 教学方法和手段适当。结合教学目的、教学内容与任务，选择合适的教学方法，善于运用具有启发性、能够吸引学生注意力的教学方法，激发学生的学习兴趣，调动学生学习的积极性和自主性；善于利用现代化教学手段来辅助教学，使教学效果最大化。

(5) 讲究教学艺术。教师语言表达规范，提问和互动方式恰当，板书设计有序。

(6) 充分发挥学生的主体性。这是上好课的最根本的要求；离开了这一点，以上的所有要求都失去了意义。

(三)课后作业的布置与反馈

1. 课后作业的意义

课后作业是课内作业的继续，是教学工作的有机组成部分。课后作业可以加深学生对知识的理解，可以巩固学生对知识的掌握。通过作业的布置、检查与批改，教师可以及时掌握学生的学习情况，发现学生认识知识、掌握技能方面的缺陷与不足，有针对性地加以纠正，予以完善。

2. 课后作业的形式

课后作业的形式有许多种：第一，阅读作业，如复习、预习教科书，阅读人文和科学读物；第二，口头作业，如口头回答、朗读、复述、背诵；第三，书面作业，如演算习题、作文、绘图；第四，实践作业，如观察、实验、测量、社会调查等。

3. 布置课后作业的要求

教师在布置课后作业时，应该根据不同学生的不同知识水平和认知能力，设计难易不同的问题，针对优秀学生、中等学生、学习困难的学生提出难易适中、深浅适宜的作业要求。

第一，合理设计作业，设计有坡度的作业。作业的设计，要围绕教学目标和学习要求，按照教学内容的逻辑顺序，结合学生的认知水平和个性特点，循序渐进、由浅入深地设置不同层次的问题，让学生由易到难、由简入繁完成课后作业。

第二，作业分量适宜，把握好布置作业的度。教师布置作业，要做到适时适度。多布置具有典型意义，可以举一反三的题目；重视基本知识、基本技能的培养与巩固。

第三，作业的形式多样，可以布置注重实践、训练能力的实践作业。

第四，规定作业完成的时间，要求学生保质保量完成作业任务。

第五，及时对作业进行检查、评定，并做出清楚明确的作业反馈。

(四)课外辅导

课外辅导是上课的必要补充，是适应学生个别差异、贯彻因材施教原则的重要措施。

1. 课外辅导的内容

课外辅导的内容包括：给学生解答疑难问题，指导学生做好作业；为基础差和因事、因病缺课的学生补课；给成绩特别优异的学生做个别辅导；对学生进行学习方法上的辅导；对学生进行学习目的和学习态度的教育。

2. 课外辅导的要求

课外辅导的要求有两个：一是从辅导对象的实际出发，确定辅导内容和措施；二是明确辅导只是对课堂教学的补充，不能将主要精力放在辅导上。

(五)学业成绩的检查与评定

1. 学业成绩检查与评定的意义

学业成绩的检查与评定是教学工作的一个重要环节，它对教学工作的顺利进行和教学质量的提高具有十分重要的意义。例如，有利于促进学生的学习；有利于促进教师的教学；有利于学校领导了解学校的教学情况；有利于家长了解自己子女的学习情况；为上级教育主管部门制定教育方针和政策、选拔人才提供依据。

2. 学业成绩检查的方式

检查学生学业成绩的方法是多种多样的。常用的检查方式有两大类：平时考查和考试。

1) 平时考查

平时考查的方式主要有口头提问、检查书面作业和单元测验等。口头提问是学生根据教师所提出的问题面对面地进行口头回答。检查书面作业包括检查平时的课堂作业、家庭作业等。单元测验一般在学完一章或一个课题之后进行，它能使教师在较短的时间内了解学生掌握知识的情况，为改进教学服务。

2) 考试

考试是对学生知识、技能等进行总结性检查时所采用的一种方式。它通常在学习告一段落后，为了系统地检查和衡量学生所学知识、技能等方面的情况，在期中、期末和毕业时进行。

3. 学业成绩检查的基本要求

学业成绩检查的基本要求为：第一，学业成绩检查要坚持科学性、有效性和可靠性；第二，学业成绩检查的内容应力求全面，使其既能反映出学生对课程知识的掌握程度，又能反映出学生认知结构的情况；第三，学业成绩检查的方法要灵活多样。

4. 学业成绩评定的基本要求

教师进行学业成绩评定时应做到：客观公正，必须严格遵循评定标准；方向明确，要向学生指出学习上的优缺点和努力的方向，这是评定学生学业成绩的主要目的；鼓励学生创新，在评定中，不仅要看答案，而且要看思路，要重视学生思维的创造性。

本 章 小 结

教学是教育目的规范下的、教师的教与学生的学共同组成的一种活动。教学是社会经验得以再生产的一种主要手段；教学是进行全面发展教育、促进学生健康全面发展的基本途径；教学开发学生的潜能，培养学生的创新精神和实践能力，促进学生个性发展。教学任务受教育目的、学生年龄特征、学科的特性以及教学的时空条件等因素制约，教学以促进学生德、智、体、美等方面全面发展为根本目的。

教学原则是有效进行教学必须遵循的基本要求和原理，是根据教育、教学目的，反映教学规律而制定的指导教学工作的基本要求。例如，直观性原则、启发性原则、循序渐进原则、巩固性原则、可接受性原则、思想性和科学性统一的原则、理论联系实际原则、因材施教原则。新课程理念下，我们应该树立的科学教学观有：注重学习者的全面发展、提倡师生间的交往互动、鼓励课堂教学的生成与开放。

教学过程的特点有：间接经验与直接经验相结合，掌握知识与发展智力相统一，教学过程中的知、情、意相统一，教师主导作用与学生能动性相结合。在教学过程中，我们应该把握基本阶段及结构，教学过程中方法的选择也很重要。教学过程中常用的方法有：以语言传递为主的教学方法、以直观感知为主的教学方法、以实际训练为主的教学方法、以引导探究为主的教学方法、以情感陶冶(体验)为主的教学方法。

课堂教学的主要形式是班级授课制，是把学生按年龄和文化程度分开编成固定人数的班级，根据周课表和作息时间表，安排教师有计划地向全班学生集体上课的一种教学组织形式。班级授课制的特征主要包括三个方面，有人用班、课、时三个字来概括。

集中地围绕着对班级授课制的改革展开，试图在保持班级授课制优越性的同时能够有效地克服它的局限性。教学组织形式改革过程中出现了其他教学组织形式，例如，分层教学、小组合作学习、小班教学。

教学工作的基本环节是备课、上课、课后教导工作(包括作业、辅导、学生思想教育)、学业评价，其中备课是教学工作的基础和前提，上课是教学工作的中心环节，作业的布置与批改、课外辅导、学业评价是教学工作不可缺少的重要环节。

思 考 题

1. 名词解释：教学、教学过程、教学方法、教学组织形式、班级授课制。
2. 简述教学的作用、任务、原则。
3. 简述新课程理念下的教学观。

4. 简述教学过程的基本特点、结构。
5. 论述班级授课制的特征、优点与不足。
6. 论述教学工作的基本环节。
7. 查阅资料，分析我国教学组织形式改革的趋势。

第八章　德　育

本章学习目标

(1) 理解德育的概念。
(2) 理解德育过程的基本规律。
(3) 养成运用德育原理分析实际问题的能力。

重点难点

重点：德育的概念。
难点：养成运用德育原理分析实际问题的能力。

引导案例

美德可教吗

美德可教吗？苏格拉底关于"美德"的假设和对这个问题的逻辑推理是：美德即知识，知识可教，故美德可教。其中不能不加以分辨的，是"知"的含义和"教"的含义。

苏格拉底认为，美德的知识(善的知识)，不同于天文学、哲学、数学之类的知识，即客观的知识，而是指普通的、绝对的"善"的理念。天文学之类的知识，可由懂得这种知识的教师传授给学生，而善的知识，是没有教师可教的。照这样说来，岂不是从中得出与其原意相反的结论，即"美德不可教"？然而他又认为这种知识其实是人们原来就有的，是神赐予心地善良者的一种本能，只是人们自己不一定知道。这是由于人们可能受到物欲诱惑和经验局限。于是，他试图运用"产婆术"，帮助青年人摆脱这种局限，从而发现自己原有的善的知识，也就是发现自己的善良本性。这么说来，他自己岂不就是懂得善的知识的教师吗？不过，他并不认为自己已经获得这种现成的知识，反而承认自己无知。故在诘问中，自己从不对问题做正面解答，即并不给出答案。

由此可见，他所谓"善"的知识，既不同于天文学之类有关客观事实的知识，也不同于对"正义""勇敢"之类美德的理解，而是关于"善"的一般的理解。从表面上看来，他在同青年的对话中，只是探求关于"美德""善"的定义，其实他所谓"善"的知识是指"善"的理念。这种"善"的理念，有别于哲学家经过严格论证的学说，而是植根于人的善良本性的意念。这种善良本性，又不等于善的行为，否则也就不致发生"美德可教"问题。他否认美德教师的存在，是对"道德说教"的否定。他用"产婆术"同青年就"美德"问题对话，实际上是引导青年不局限于对"正义""勇敢"之类美德的理解，而形成一般的"善"的意念，从而可以在任何情况下行善。

普罗塔哥拉、亚里士多德也持"美德可教"之见，并且也都认定美德非专门教师可教，正是由于西方早就在否定"道德说教"的前提下思考"美德是否可教"问题，这才不断另辟蹊径，寻求恰当的解释和途径。

普罗塔哥拉认为，美德之教类似于母语学习，即人的美德是在生活环境中受到成人的影响而形成的。亚里士多德则认为，美德之教类似于技能的传授，可以通过示范和矫正下的练习获得。他们实际上把"美德是否可教"的问题转换成了"美德如何教"的问题；因为不解决"美德如何教"的问题，"美德之教"的可能性问题就不能合理地解决。不过，由于他们用简单类比的方法说明善的知识的特点，虽然在"美德如何教"问题上推动讨论的深入，而这些比喻同苏格拉底的观点比较起来，反而模糊了善的知识的特点。因为与其说这种知识近于口语、技能，还不如说它其实是一种价值观念、理念。

(资料来源：陈桂生. 中国德育问题[M]. 福州：福建教育出版社，2007.)

案例分析：

古希腊学者关于"美德可教吗"议论的价值，不仅在于否定"道德说教"的成效，从而否定了"德目主义"，更重要的是肯定"美德可教"，不啻预先否定了基督教的"原罪说"。唯其如此，才开了近代德育理论以至整个近代教育(狭义)观念的先河。

西方近代教育思潮是在不断批判欧洲中世纪天主教精神独裁的过程中兴起的，而这种批判又是从"以复古为解放"的文艺复兴形态发端的。即以复古希腊以及古罗马之"古"，矫正中世纪以来的积弊。

德育是教育重要的组成部分，党和国家历来重视德育。党的十八大提出，"把立德树人作为教育的根本任务"。此后，国家领导人围绕坚持立德树人这一教育的根本任务做出了许多重要论述，提出了明确要求。十九大报告又进一步强调"要全面贯彻党的教育方针，落实立德树人根本任务"，这是把培养学生思想道德素养作为教育的首要任务。德育对社会发展、学生发展及对学校其他四育的实施都具有重要影响。中小学德育过程是德育理论和实践中的一个重要问题。中小学德育过程研究的任务在于揭示中小学德育过程中的矛盾关系和矛盾运动，亦即揭示中小学德育的规律性，为德育工作提供理论依据。德育原则是教育者进行思想品德教育时必须遵循的基本要求，明确德育过程的具体原则，有利于在德育过程中按照德育规律实施教育。本章着重从德育的概念体系、过程以及实施等内容进行阐述，以便让读者对德育理论有进一步的了解。

第一节　德育概述

一、德育界定

什么是德育？简而言之，德育就是培养学生品德的教育。对于德育的概念体系，从不同的角度会有不同的理解。现对已有观点进行总结，依据一些共性认识，结合时代特点，对德育进行界定。

(一)德育的概念

德育其实自古有之，在西方，道德教育是古代学校教育的主体，教育的中心就是道德教育，讲求孝道、效忠国家。20世纪80年代后，和平和发展成为全球主流，国家之间、民族之间的距离越来越短，人们强烈感受到不能生存在一个充满敌意的生活之中，这引发了跨世纪的全球性教育改革，道德教育进入了"全面复兴的时代"。

在我国古代，把教育当成社会政治开展的手段，我国最早的教育纲领"大学之道，在明明德，在亲民，在止于至善"实则就是一条道德教育纲领。"穷天人之际，通古今之变"的探索精神、"富贵不能淫，贫贱不能移，威武不能屈"的大丈夫气概、"君子不饮盗泉之水，志士不受嗟来之食"的洁身自重等都是中国道德的映射。

德育之名始于近代。英国学者斯宾塞在1860年发表的《教育论》中，把教育明确划分为"智育""德育""体育"，从此"德育"逐渐成为教育的基本概念和术语。在我国，德育最早出现于1902年颁布的《钦定京师大学堂章程》："外国学堂于知育体育之外，尤重德育。"1906年，王国维在《论德育之宗旨》中将"德育"与"智育(知育)""美育"合称"心育"，与"体育"相提并论，此后"德育"一词逐渐被我国教育学界所认可。这一时期所说的"德育"一般指道德教育。

随着社会发展，我国德育的内涵和外延不断变化。狭义的德育专指道德教育，即西方所说的 moral education。在我国许多人并不赞成这一定义，认为德育包含更多的内容。一种广义理解认为德育是相对于智育和美育来划分的，包括培养学生的思想品质、政治品质和道德品质。还有更为广义德育的界定，认为德育除了思想、政治、道德方面的教育，还应该包括法制教育、心理教育、性教育、青春期教育，甚至还应包括环境教育、预防艾滋病教育等。这样的理解让德育的概念无所不包，使人无法在共同语境下从理论上讨论德育的问题，这实际上也使德育的概念越来越模糊。在深化德育的理论研究与实践探索中，应该在进一步把握道德教育、思想教育、政治教育等教育之间内在联系的同时，消除片面认识，探寻各自的根本特性和规律，尤其是道德教育、思想教育的根本特性。所以我们认为，对于德育的概念，应该以道德教育为基础，其基本内涵也只能指道德教育。这并不是要否定思想、政治、法制等教育，而是要在以道德教育为基础的同时，坚持思想、政治和心理等方面的教育。这不仅是人和社会本身发展所需要的，也与道德教育有千丝万缕的联系，通过思想、政治、心理等方面的教育，促进道德教育。

不同的德育概念反映了不同的德育观；德育的概念具有历史性，但也具有继承性。无论关于德育概念的争议有多大，德育都必须以道德价值为核心，通过各种实施教育的途径和方式，促进人与社会的发展。在关于德育的理解上，《教育大辞典》认为"德育——旨在形成受教育者一定思想品德的教育。在社会主义中国包括思想教育、政治教育和道德教育。在西方，一般指伦理道德教育以及有关的价值观教育。"胡守棻持一种转化的思想："德育即是将一定社会或阶级的思想观点、政治准则、道德规范转化为个体思想品德的教育活动。"

笔者认为，德育应该是环境与生长的统一、价值引导与个体价值建构的统一。综合以上讨论，给德育下一个定义：德育是指教育者按照一定社会和受教育者品德成长价值的要求，促进受教育者在道德认知、情感和实践等方面不断建构和提升的教育活动。

(二)德育的系统

1. 德育的场所类型

德育的场所类型具体如下。

(1) 第一场所：特殊的家庭德育。①家庭德育具有基础性。儿童、青少年接受思想品德教育的第一场所就是家庭，德育对象对家庭有经济上和感情上的依赖，前者构成其成长的物质基础，后者构成其成长的精神基础，家庭物质上、情感上的基础性都是社会、学校所不能提供的。②家庭德育具有深刻性。父母对孩子道德的影响最早、最深、最长久、最全面，这种深刻性有利于家庭德育影响的"因材施教"原则实现，也有助于子女对家庭德育影响的正确理解和深层吸收，父母的榜样力量、深度远胜于社会。

(2) 第二场所：专业的学校德育。学校德育区别于其他类型的德育，就是因为学校德育的专业性，具体表现为学校德育目标序列性、德育内容系统性、德育管理规范性、德育氛围渗透性、理论指导科学性。因此学校德育能够弥补家庭德育和社会德育的不良影响，对各种环境因素加以控制，选取其中对学生道德发展具有积极意义的因素，克服和排除不符合学生道德发展需要的因素，更好地发挥学生的自主性。

(3) 第三场所：浸染的社会德育。社会是由众多要素构成的复杂体系，经济、政治、文化既在静态上对受教育者存在一般性的影响，也在动态上对受教育者产生变革性的影响。无论是整个社会文化、社会风气，还是某一社区、大众传媒都对受教育者的思想品德起着强化或弱化的作用。社会不仅对一定时期一定文化背景下的德育起决定、参与和补充的作用，还可以对特定时期和特定文化的德育发挥动力和指导作用，使之发生量的积累和质的飞跃。

2. 现代德育体系

随着社会生活节奏的逐步加快和科学技术的迅猛发展，知识愈来愈成为人们生存与发展的决定性因素。拥有良好的发展平台、享有优越的物质生活条件，渐渐成为昭示个体成功的标签，也成为社会竞相学习和模仿的对象，致使追逐物质财富成为时尚。而以传授知识为主要任务的学校教育随之成为人们"成功"的途径。在不良社会舆论氛围和父母价值观异化的误导下，原本依靠点点滴滴的生活累积慢慢熏染个体品德的家庭德育和社会德育快速退位，家庭教育和社会教育沦为纯技能知识教育的附属。有知识没文化、不懂人情世故、交往技巧低下、生活适应能力弱的孩子逐渐增多，精神家园荒芜、道德品行滑坡的现象频频出现。

为了提升德育的实效性，必须营造合适的环境，破除"学校—家庭—社会"壁垒，学校、家庭、社会三维互动德育系统的构建可以为德育工作开展提供环境支持，所以构建有效的德育体系就成为实现立德树人这一根本任务的重要手段。互动是一种普遍的自然社会现象，学校、家庭、社会三维互动德育网络是进行学校道德教育的一种多层次、多渠道、全方位的德育组织体系。具体来讲，就是学校、家庭、社会三种教育力量有机结合，协同互动，优化体系中的各种关系，使各要素加强协作，形成有机联系和运作的德育网络。在德育体系中，德育的目的、内容、方式成为德育体系各要素互动的载体，学校、家庭、社会三方之间协同合作，形成德育合力，真正促进学生社会主义核心价值观的内化与思想品德的发展，实现立德树人的总要求。

二、德育目标

(一)德育目标的含义

德育目标就是教育目的在人思想品德素质方面的质量和规格的总体要求，是预期的德育结果。从表面看，德育目标是国家、政治或政治家、教育家提出来的，是一种主观产物。但是，德育目标并不是人主观臆断出来的，它必须是从客观实际出发，根据一定社会对其公民的思想品德的基本要求和受教育者身心发展的需要，并受到一定社会文化背景下的教育价值观的影响而提出来的。

作为一种对活动结果的期望与预设，与智育目标、体育目标、美育目标等相比较，德育目标具有以下三个特点：第一，社会规定性。因为德育目标反映出一定人类社会的共同要求，具有一定的时代特点，所以德育目标的社会规定性是教育目标社会制约性的最集中、最突出的反映。第二，层次性。不同层次的教育类型在德育目标方面有所差异，而且同一德育目标在不同层次的教育类型上有不同的要求。第三，参照性。一般性的德育目标无法直接设定成具体的教育教学目标，具体的教育教学目标无法直接用来衡量德育的效率、效果。因此在德育过程中，德育目标更多地起导引、参照的作用。

(二)我国的德育目标

前国家教委分别于 1993 年和 1995 年颁发了《小学德育纲要》和《中学德育大纲》，具体规定了中小学的德育目标。

(1) 小学阶段：学生初步具有爱祖国、爱人民、爱劳动、爱科学、爱社会主义的思想感情和良好品德；遵守社会公德的意识和文明行为习惯；良好的意志、品格和活泼开朗的性格；自己管理自己、帮助别人，为集体服务和辨别是非的能力，为使他们成为德、智、体全面发展的社会主义事业的建设者和接班人，打下初步的良好思想品德基础。

(2) 初中阶段：热爱祖国，具有民族自尊心、自信心、自豪感，立志为祖国的社会主义现代化努力学习；初步树立公民的国家观念、道德观念、法制观念；具有良好的道德品质、劳动习惯和文明行为习惯；遵纪守法，懂得用法律保护自己；讲科学、不迷信；具有自尊自爱、诚实正直、积极进取、不怕困难等心理品质和一定的分辨是非、抵制不良影响的能力。

(3) 高中阶段：热爱祖国，具有报效祖国的精神，拥护党在社会主义初级阶段的基本路线；初步树立为建设有中国特色的社会主义现代化事业奋斗的理想志向和正确的人生观，具有公民的社会责任感；自觉遵守社会公德和宪法、法律；养成良好的劳动习惯、健康文明的生活方式和科学的思想方法，具有自尊自爱、自立自强、开拓进取、坚毅勇敢等心理品质和一定的道德评价能力、自我教育能力。

三、德育内容

(一)德育的基本内容

德育内容是德育目标在德育活动中的具体化，它是指德育活动所要传授的具体道德价值与道德规范及其体系。一个具体、完整的德育内容，必须在具体的德育目标指导下，因人、因时、因地、因境而定。

我国《宪法》第二十四条规定："国家提倡爱祖国、爱人民、爱劳动、爱科学、爱社会主义的公德，在人民中进行爱国主义、集体主义和国际主义、共产主义的教育，进行辩证唯物主义和历史唯物主义的教育，反对资本主义的、封建主义的和其他的腐朽思想。"以此为根据，可以将德育内容大致分为以下几个方面。

1. 爱国主义教育和民族精神教育

爱国主义教育和民族精神教育是通过国家观念教育、民族意识与情感教育、国情教育、奉献教育、国防教育、国际主义和世界主义教育等，培养受教育者爱国的思想和感情，并使之形成和具备相应的爱国行为。其主要内容包括：①热爱国旗、国徽、国歌和首都；②学习祖国英雄、模范人物的先进思想和优秀事迹；③热爱祖国大好河山，热爱家乡；④进行中华民族优良传统教育和中国革命传统教育、中国历史特别是近现代史教育；⑤进行中国革命、建设和改革开放的历史教育；⑥进行国情教育和有中国特色社会主义建设事业的教育；⑦进行现代国家意识和国家安全教育等。

2. 集体主义教育

集体主义教育是使学生掌握正确处理个人与集体、集体与集体之间关系准则的教育。其主要内容包括：①培养集体主义思想，增强集体观念，认识到个人是集体中的一员，而集体又是由个人所组成的，要养成在集体生活中应有的习惯，自觉遵守集体纪律和行为准则；②热爱集体，形成对所属集体的责任感和荣誉感；③关心集体，关心集体中的其他成员，为集体、为他人做好事、尽职责；④认识集体应代表和凝聚集体所有成员的利益，正确处理个人利益和集体利益的关系；⑤养成尊重群众、尊重每个集体成员的观念和习惯等。

3. 劳动教育

劳动教育是劳动、生产、技术和劳动素养方面的教育。其主要内容包括：①培养学生正确的劳动观点，使他们懂得劳动创造个人幸福和人类历史；②培养学生对劳动和劳动者的深厚感情，教育他们热爱劳动，尊重劳动者；③培养学生正确的劳动态度；④培养学生具有良好的劳动习惯，艰苦奋斗、吃苦耐劳的作风，遵守劳动纪律，爱护劳动工具，珍惜劳动成果，自觉抵制不劳而获、奢侈浪费等不良风气；⑤使学生获得工农业生产和日常生活诸方面的基本知识和技能等。

4. 民主、法制教育

民主、法制教育是传授关于公民的基本知识，培养法律意识、民主意识和遵纪守法的习惯的教育。其主要内容包括：①传授宪法、法律和法规的基本知识，使学生懂得社会主义民主和法制的基本思想和原则，了解公民的基本权利和义务，懂得用法律来保护自己和规范自己的行为；②培养学生辨别是非的能力，养成遵纪守法的品德；③使学生初步懂得自由与民主、自由与法律、民主与法制的关系，培养学生初步的民主思想和参与意识，促进他们形成一定的民主和法制观念；④培养学生依法、依则办事的意识和勇敢机智地面对坏人坏事的精神与品质等。

5. 社会主义人道主义教育

社会主义人道主义教育是以人道主义为原则、规范为基本内容的教育。其主要内容如下。

(1) 让学生懂得人在社会中的价值，了解人的地位，初步理解"以人为本"的内涵和重大意义；

(2) 引导学生尊重他人，树立人的尊严感、自豪感和荣誉感，在师生之间、同学之间以及社会公民之间，建立团结友爱、平等互助的人际关系等；

(3) 教育学生关心他人，关爱弱者，为有需要的人提供力所能及的帮助等。

6. 社会公德教育

社会公德教育是一定社会中全体公民必须共同遵循的道德规范和行为准则的教育。其主要内容包括：大力普及"爱国守法、明礼诚信、团结友善、勤俭自强、敬业奉献"的基本道德规范，使学生懂得为人处世的基本道理，具备文明生活的基本素养，学会合作，学会处理人与人、人与社会、人与自然等基本关系。

7. 人生观与世界观教育

人生观与世界观教育是关于人生目的、价值、态度等的根本观点和形成正确的立场、观点和方法的教育。其主要内容如下。

(1) 人生哲学基本原理教育，即教育学生树立正确的人生目标，掌握健康的人生价值标准；

(2) 人生理想教育，即使学生懂得人生的意义及正确的发展方向与道路；

(3) 人生态度教育，即让学生在社会生活实践中树立恰当的荣辱、生死、善恶、苦乐以及名利、情爱、婚姻等的观点和态度；

(4) 辩证唯物主义教育。

8. 品格和文明行为教育

品格和文明行为教育是引导学生注意自我修养，使他们形成文明的言谈举止和健康的审美情趣，提高文明修养，养成良好的文明习惯的教育。其主要内容如下。

(1) 讲究卫生，仪表整洁；

(2) 言语文明，举止文雅；

(3) 独立、自主、自尊、自强、自制；

(4) 尊重父母，善待长辈和亲友；

(5) 礼貌待人，尊老爱幼、尊重妇女；

(6) 遵守公共纪律和秩序；

(7) 爱护公共财物，保护环境和资源等。

此外，性道德教育、某些个性品质(如热情、自信、勇敢、诚实、进取等)的培养等，也是我国德育的重要内容。

学校是进行思想道德教育的主要场所，但家庭、社会对儿童、青少年德育影响程度也是超乎想象的。学校、家庭、社会保持德育内容的一致性和连续性，是德育目标得以实现的基础。

(二)德育课程

将德育内容反映在具体的德育实践中，必然涉及德育课程的问题。我们可以这样认识德育课程：德育课程是道德教育内容或教育影响的形式之一，是学校道德教育内容与学习经验的组织形式。从实践上看，德育课程表现为在教师指导下的对学生学习和生活的组织和设计；从空间上看，包括课内和课外、校内和校外的影响因素；从其影响性质和特点上，可以包括有目的、有计划、有组织的正规德育课程，也包括无计划、无组织的非正规德育课程。

德育课程是学校课程体系的重要组成部分。按照课程的分类方法，将德育课程分为学科性德育课程、活动性德育课程和隐性德育课程。①学科性德育课程是学校课程体系中以直接传授道德与社会性知识、传递道德价值、培养思想品德为目的的正规课程。它是以学习科目的形式来体现德育的目标和内容的。中小学德育课程中有专门教材和教师、有固定教学时间的课程类型，其主要目的在于使学生发展道德与社会认知能力、增进社会性情感体验、提高道德敏感度。②活动性德育课程与学科性德育课程相对应，是通过活动的形式，以经验、生活、劳动等作为内容来体现德育目标、德育内容的课程类型。其主要目的在于实践思想道德，体验道德生活，以培养学生的道德能力和行为习惯。③隐性德育课程指的是教育情境中以间接、内隐的方式呈现，对受教育者的思想品德发展能够产生潜在影响的德育课程。其包括：其他学科课程、活动课程中的隐性德育因素；学校规章制度中的隐性德育因素，如学校的领导体制、管理制度、校规班纪等；教育环境中氛围方面的隐性德育因素，如校风、班风、人际关系等。

现实中德育课程存在很多问题。首先，德育课程的内容脱离学生的生活实际。教材过于注重课文中的思想内容而忽视给学生提供可以产生真实感受和体验的材料，现行的某些教材内容甚至与中央文件或者各级党校教材的内容大同小异。这样的课程内容不能不说是脱离学生生活实际的，很难让学生产生兴趣。其次，目前的德育教材对知识体系与情意教育因素的重视程度高于对能力因素的重视程度，学生解决道德问题的能力被忽视。最后，德育课程设计采用螺旋式课程还是综合课程的问题。螺旋式课程安排有两种基本方式：一是基本相同的内容在不同学段反复安排，只不过后期在内容程度上有所加深；二是采用螺旋式方法安排不同的课程内容，在课程学习过程中要不断回顾课程基础知识，直到学生全面掌握了课程内容为止。我国德育课程基本上采用的是螺旋式结构。这一结构有利于学生对一些抽象的伦理、哲学概念的掌握。其缺陷就是德育课程的内容重复严重，既浪费教学时间，也削弱学生学习的积极性。近年来，我国德育课程设计已经注意到了这一弊端，但这个问题远未完全解决。

第二节　德育过程

任何德育活动都是通过一定过程展开的，因此德育过程论是德育的基本理论，是对德育活动程序及其规律的认识，是一个关乎德育全局的领域。正确认识德育过程，有利于保证德育的科学性和实效性。

一、德育过程概述

(一)德育过程的概念

德育过程即思想品德教育过程，是以形成受教育者一定思想道德为目的，教育者与受教育者共同参与、交往与互动的教育活动过程。德育过程的矛盾主要是通过构成德育过程的三个基本要素对立统一关系形成的。教育者及其活动、受教育者及其活动和德育的内容与方法是德育过程的三个基本要素，表现为德育过程与其外部环境之间、德育过程内部要素之间、教育者和受教育者自身的各种因素之间的矛盾运动。

在德育过程中，教育者和受教育者之间的矛盾主要表现为教育者所提出的德育要求和受教育者思想品德发展现状之间的矛盾。这是德育过程中的基本矛盾。这种外部矛盾在受教育者内部的表现，即由教育者所提出的德育要求所引起的受教育者新的精神需要与其自身思想品德发展现状之间的矛盾。它是个体思想品德形成和发展的基本动力。因此，德育过程实质上就是教育者不断提出新的德育要求和受教育者思想品德不断提高的矛盾运动过程。在这一过程中，教育者有意识地调动受教育者提高思想道德水平的积极性，使之自觉接受一定的社会政治观点、思想道德准则与规范的影响，逐渐内化为自己的思想道德价值体系。

(二)德育过程的特点

德育过程具有以下特点。

1. 计划性和正面性

计划性和正面性是德育过程与一般社会影响的区别。"计划性"是指学校道德教育不像一般社会影响那样处在自然、无序状态，学校德育往往是有目的、有组织、有计划的影响过程，学校的德育使命就是精心组织最利于学生品德成长的内容、环境去影响学生。"正面性"与"计划性"有密切关系，因为教育者会选择最利于德育对象品德发展的教育方式，选择既有利于社会发展又有利于个人生活幸福的积极价值内容体系。

2. 复杂性和多端性

首先，与智育、体育、美育等教育过程相比较，德育过程的首要特征是复杂性。这是因为道德教育所要完成的任务往往是对个人利益的调整、态度的改变和行为的约束。其次，德育过程中的影响因素、影响过程、影响结果也具有复杂性，因此道德教育不可能是一蹴而就的，需要多方面的协同，需要实现教育与再教育、自我教育的统一。最后，复杂性的另一个重要表现是道德教育过程的多端性。它是指德育过程可以从知、情、意、行任何一个心理环节开始。这就需要在德育过程中充分利用这种"多端性"，开辟多种渠道，使德育对象在知、情、意、行几方面都得到相应发展。

3. 引导性和整合性

德育过程应当充分注意道德学习主体的道德建构与对道德教育主体的价值引导的统一。将道德教育与个体品德发展过程相比较，是否存在价值引导是德育过程与个体品德发展过程的区别所在。由于引导性特征的存在，道德教育和道德学习者的主体性是教育学双方的"双主体性"与"交互主体性"。"双主体性"是指德育过程中存在教师与学生两个主体；"交互主体性"是指主体之间的关系，既包括师生之间的关系，也包括学生的同伴关系。基于此，德育过程应当充分考虑"双主体性"与"交互主体性"，做到师生双方或多方精神交往关系的整合，即"整合性"。

二、德育过程的规律

任何事物的发展总是遵循一定的规律，德育过程也有其自身发展的规律，教育者认识并掌握德育过程的规律，才能科学地组织德育过程，提高德育的实效。

德育过程基本
规律.mp4

(一)德育过程是培养学生知、情、意、行的过程

1. 知、情、意、行是构成学生思想品德的四个基本要素

知，是指道德认识，是人们对人与人、人与社会事物之间相互关系中的是非、善恶的认识和评价，以及在此基础上形成的道德信念和道德判断能力。要使学生形成某种思想品德，首先应该让他知道"是什么？""为什么？""应该怎么做？"等问题，即解决知的问题。因此，道德认识是学生形成和发展思想品德的基础。

情，是指道德情感，是人们对客观事物进行道德判断时所引发的内心体验，是对客观事物爱憎好恶的主观态度。例如，当认为自己或他人的行为是善行，就会产生满意、喜爱、自尊、自豪等积极的情感；反之，则会产生不满、厌恶、憎恨、自卑、羞愧等消极的情感。情是伴随着道德认识而产生和发展的，并且是转化为思想意志、行为的中间环节，情在学生思想品德的形成中起着动力作用。

意，是指道德意志，是为实现道德行为所做出的自觉顽强的努力，是一种自我控制、自我约束的能力。人们为了实现某种道德行为或为了改正某些错误行为，往往要克服种种来自内部和外部的障碍，这就需要有坚强的意志。意志坚强的学生能经受各种考验，坚定地遵守正确的道德规范；意志薄弱的学生则容易一遇到困难就退缩，即使有道德的认识也难有道德的行为。意是调节行为的一种精神力量，能使行为具有坚持性与坚定性。

行，是指道德行为，是对他人和社会做出的行为反应，包括一般的行为和经多次练习所形成的道德行为习惯。道德行为是在道德认识、情感、意志的支配下产生的，是衡量品德水平的重要标志，也是德育的最终目的。判断一个人是否形成某种品德或衡量其品德水平的高低，不仅要"听其言"，还要"观其行"。言行一致才算是真正形成了某种道德品质。

总之，学生的思想品德是由政治的、思想的和道德方面的认识、情感、意志、行为等因素构成的，每一种因素都是不可或缺的。这是思想品德形成和发展的心理规律。

2. 思想品德的发展是各构成要素协调统一的发展

品德的诸要素各自独立但又相互制约、互相促进。其中，知是基础，行是关键，在从知到行的转化过程中，情、意起调节和促进作用。因此，组织德育过程，要做到"晓之以理、动之以情、导之以行、持之以恒"，使四要素相辅相成，完整和谐地得到发展，这样才能有效地培养学生的思想品德。

3. 知、情、意、行在发展方向和水平上常常处于不平衡状态，德育过程具有多端性

从总的发展过程看，德育过程是沿着培养学生的知、情、意、行的顺序而展开的，即提高认识、陶冶情操、锻炼情感、锻炼意志、形成行为习惯。但从某一具体的阶段看，学生在知、情、意、行方面的发展往往具有不平衡性，如日常生活中出现的"理通情不通"或"情通理不通"的状态就是四要素之间发展不平衡性的表现。学生思想品德的发展，就是四要素由不平衡到平衡，由产生新的不平衡再发展到新的平衡的矛盾运动过程。这就要求我们在德育过程中要根据学生的具体实际，选择最适宜的开端来开展德育活动。总之，德育过程可以从培养知、情、意、行任何一方面开始，这就是德育过程的多种开端即多端性的特点。

(二)德育过程是促进学生心理内部矛盾向积极方向转化的过程

学生思想品德的形成不是自发的，也不是外界单向灌输的结果。社会道德要求要转化为学生个体思想品德，必须通过受教育者心理内部矛盾运动才能实现。教师要正确认识这些矛盾，并促进受教育者心理存在的各种矛盾向有利于社会发展和人发展的积极方向转化。

1. 学生心理内部的矛盾斗争是学生思想品德形成和发展的动力

辩证唯物主义认为，任何事物内部都存在矛盾，事物的内部矛盾是事物变化发展的根本原因。同样，学生心理内部也有错综复杂的矛盾。其中，教育者提出的德育要求与受教育者已有的思想品德水平之间的矛盾是品德发展的基本矛盾，这种德育要求是教育者根据一定社会的要求和学生思想品德发展的实际状况提出来的，往往高于学生现有的思想品德发展水平，当这种要求被学生所认可、所接受，并内化为学生内部的需要和动机时，就会和学生原有的思想道德状态发生矛盾。教育者提出的德育要求与受教育者已有的思想品德水平之间的矛盾的产生是有不同的原因的。有些矛盾是由于学生认识水平不高而形成的，是学生认识上的知与不知、全面与片面、深刻与肤浅而形成的矛盾。学生常常会因缺乏道德知识、经验而产生一些与道德要求不相符的错误思想和行为，是"有错不知错"。当学生了解规则、提高认识时，往往就能使矛盾向积极方向转化。有的矛盾是由于学生道德能力不足而形成的，是学生自我控制能力不强和道德修养能力不够，未能履行道德要求而出现思想或行为的偏差，是"控制不了犯错"。当学生提高自我控制能力后就能使自己的言行达到道德的要求。总之，一个学生思想品德的变化(好或不好)，都必须经过他思想内部的矛盾斗争。教育者认识并正确判断受教育者品德发展的内部矛盾，是促进受教育者品德内部矛盾斗争积极转化的前提。

2. 教育者要促使矛盾运动向积极方向转化，需将教育和自我教育相结合

促使学生思想内部矛盾积极转化的因素是多方面的，归纳起来有外因和内因两大方面。外因是条件，内因是根据，外因是通过内因而起作用的。也就是说，要实现矛盾向教育者期望的方向转化，教育者提出的德育要求这一外因，必须通过学生的思想内部的矛盾斗争的过程。自我教育是在自我意识的基础上产生强烈的进取心，学生向自己提出任务，并主动采取行动，培养自己的道德品质的活动。学生一旦将教育者的要求转化为一种自我教育的力量，同教育者互相配合，就能够很好地促进品德的发展。因此，在德育过程中，要充

分发挥受教育者的主观能动性，提高他们的自我教育能力，把教育与学生的自我教育结合起来。

(三)德育过程是组织学生的活动和交往，统一多方面教育影响的过程

1. 活动和交往是品德形成的基础

学生的品德不是先天遗传的，也不是后天环境机械决定的。人的心理、意识是在活动和交往中形成和发展起来的。通过活动和交往，人认识周围世界，形成人的各种个性品质，建立一定的社会关系，并从中形成一定的思想品德。离开了社会性、实践性的活动和交往，人不可能成为真正的人，当然就不可能有个体思想品德的形成。著名心理学家皮亚杰指出，儿童道德成长或发展的根源不在于单纯的外部环境，也不在于单纯的主体内部，而在于主体与其道德环境的积极的交互作用——活动或时践，在于这种活动或实践引起的矛盾和思考。可以认为，任何道德行为、任何道德品性都是人们在活动中跟人发生适当的关系而得来的。只有通过活动和实践，人们才能获得对道德规则更全面、更深刻的认识，并以此调节自己的行为。不仅如此，学生的品德也只有在活动和交往中才能表现出来并受到检验。看一个人某种品德是否真正形成，不仅要看其内在思想情感和动机，而且要看其在社会活动和交往中的行为表现。活动和交往是学生内在的品德认识和情感外化为相应的品德行为的桥梁。总之，学生思想品德是在活动和交往中，接受外界教育影响逐渐形成和发展起来，又是在活动和交往中表现出来的。活动和交往是学生品德形成的基础。

2. 组织教育性的活动和交往，统一多方面教育影响是德育过程的基础

影响学生思想品德的人际交往和活动是极其复杂的，不是任何活动和交往都能形成我们所需要的品德。学生在活动与交往中受到的影响也是复杂和多方面的。这些影响既有积极的，也有消极的。对学生进行教育不可能把学生封闭在"象牙塔"中，积极有效的办法是教育者组织教育性的活动和交往，使学生在活动和交往中接受健康的、积极的影响，进而形成良好的思想品德。教育性的活动与交往，是根据德育目标和学生思想品德形成和发展的规律来组织的活动与交往。德育过程中的教育性活动和交往与其他的社会活动不同，它具有以下特点。

(1) 德育过程中的活动和交往是在教育者的指导下展开的，是服务于德育目标的，具有明确的目的性和组织性，而不是盲目的、自发的。

(2) 学校德育过程中的活动与交往是依据学生品德形成与发展的规律和教育学、心理学原理组织起来的，能更有效地影响学生品德的形成，因而具有更强的科学性和有效性。中小学生处于思想品德形成和发展的重要时期，积极、正面的影响对他们尤其重要。因此，应把组织教育性的活动和交往，统一多方面教育影响作为德育过程的基础。

(四)德育过程是长期的、反复的、逐步提高的过程

学生的思想品德形成与发展是长期的、反复的，从量变到质变不断积累和逐步提高的过程，这就决定了德育过程是长期的、反复的、逐步提高的过程。

首先，从品德形成的心理机制看，学生思想品德形成需要知、情、意、行诸因素的统一协调发展。四个因素在发展过程中经常出现不平衡，使学生品德形成出现反复。与其他

因素相比，道德行为习惯的养成更需长期培养、反复实践。此外，应该特别指出的是，学生不良品德的矫正往往需要经过醒悟、转变、反复到完全矫正这样一个复杂的矛盾斗争过程，不可能经过一两次说服教育或练习就能有成效。

其次，从品德形成的动力看，学生品德形成必然伴随着一系列的思想矛盾和斗争，在各种思想矛盾交错出现和斗争时，有可能积极因素占主导地位，也有可能消极因素上升，因而会出现此起彼伏，经常反复的情况。

再次，从品德形成的基础看，学生在活动和交往中受到的来自社会、家庭和学校的影响是广泛的和多层次的，积极因素和消极因素的矛盾斗争此起彼伏，这都决定了德育过程是个长期的、反复的过程。

最后，德育过程的长期性还由人类认识特点决定。人类社会是不断变化发展的，德育要适应社会发展的需要，会对德育的要求加以调整和补充，这也决定着学生思想品德形成的长期性和反复性。

总之，学生思想品德的形成和发展不可能是直线形的，只能使波浪式曲折前进的，有时还会出现反复。因此，德育过程要坚持不懈，持之以恒地进行，要"抓反复""反复抓"。

第三节　德育实施

在对德育目标、内容以及德育过程规律有了充分认识之后，就需要将各种德育理论落实在实践上。

一、德育原则

德育原则.mp4

德育原则是教育者进行德育时必须遵循的基本要求。它是根据德育目标、德育的规律提出来的，也是德育实践经验的概括和总结。它对制定德育大纲、确定德育内容、选择德育方法和途径等具有指导作用。

(一)知行统一原则

知行统一原则是指教育者在进行思想品德教育时，既要重视对学生进行思想政治理论和道德规范的教育，又要重视指导学生的行为实践，引导学生把认识付诸行动，使学生言行一致、知行统一。

这一原则是根据德育过程的规律提出来的，它反映了德育过程是培养学生知、情、意、行相统一的过程。从思想品德形成的心理结构来看，良好的思想品德是知、情、意、行等方面的和谐统一，其中由知到行的转化是思想品德形成的根本，而知与行的统一必须通过各种实践活动才能实现。

贯彻这一原则的基本要求具体如下。

1. 结合实际对学生进行系统的思想政治理论和道德规范的教育

思想认识是行为的先导。我们必须使学生了解和掌握正确的思想政治理论和道德知识，从根本上提高中小学学生的认识和觉悟。理论的学习要联系实际，包括联系国内社会发展的现实和学生思想品德的实际，避免空洞的说教，切实解决学生认识上的问题。

上海市闸北区苏家巷小学就通过组织学生开展"浦江两岸看沧桑"考察活动来对学生进行爱国主义教育。首先教师利用晨会课、班会课讲读《旧上海的故事》这本书，引导学生进行新旧社会的对比，让学生懂得今天生活多么幸福，而这幸福又多么来之不易。其次带领学生走出校门，到黄浦江两岸进行实地访问考察，并请有关人员进行讲解和上课。使学生通过对比新旧上海，看到今天的巨大变化，感受到上海在腾飞，祖国在前进。考察结束后及时组织学生讨论活动的收获，并提出一些启发性问题，让他们思考。指导学生通过日记和一些文艺形式来交流自己的心得体会，并发动他们自己搜集其他资料，扩大活动成果。最后用主题班会的形式汇报收获，增强他们的民族自豪感和使命感。整个考察活动从知事到明理到动情，达到培养爱国情感、陶冶爱国情操的目的。

2. 有计划、有组织地引导学生参加实践活动

学习实践、生产劳动、社会公益事业、文化科技和体育活动等对学生品德有重要意义。学生在活动与交往中，能加深对理论知识的理解，经历情感体验，磨砺意志，养成良好的行为习惯。德育的实践活动应该以德育目标和情感体验为标准来选择，避免实践活动可能产生的盲目性。

湖北省宜昌市金东方小学的300名孩子腰缠5斤沙包，负重上学两天，上课、上厕所都不离身；学校借助这种特殊的体验教育，让学生们学会感恩父母。据金东方小学的德育教师介绍，考虑到沙包较重，这次的体验活动在该校四年级、五年级、六年级的300名学生中进行，每个班轮流体验，首批参与的是601班的36名学生。孩子们在体验最初，摸着怀中的"宝宝"，感觉非常兴奋。但两小时不到，大家就感到了沙包带来的烦恼：连走路都要用手扶着腰才行。该校601班男生陈子山是双胞胎孩子，他主动给自己又加了一个沙包。他自己的妈妈当时怀的是两个宝宝，两个沙包才能有更真实的体验。一天体验下来，孩子们都不约而同地感叹妈妈十月怀胎的不易。据金东方小学德育处主任邓艳介绍，以前学校也推出过如给父母洗脚、帮父母做家务等感恩活动，但由于不少家长心疼孩子，活动效果并不理想，今年就想出了这种体验活动，也是为了让孩子们从小就通过亲身实践，体验母亲怀孕的辛苦，进而懂得感恩。

3. 教育学生言行一致，知行统一

引导学生把掌握的品德规范逐步转化为品德行为，做到言行一致、知行统一。教师评价学生思想品德时，既要看动机，又要看行动；不仅听其言，还要观其行。这样才能使学生养成言行一致的优良品质。

(二)严格要求学生与尊重学生相结合原则

严格要求学生与尊重学生相结合原则，是指教育者在德育中既要尊重、信任学生，又要严格要求学生。把严与爱有机结合起来，使教育者的合理要求易于转化为学生的自觉行为。

苏联教育家马卡连柯说过："我的基本原则永远是尽量多地要求一个人，也要尽可能地尊重一个人。"严格要求与尊重学生是辩证统一的。没有严格要求的尊重，容易变成无原则的迁就和溺爱；而没有尊重的严格要求，很可能变为苛求，甚至会伤害学生的自尊。严格要求与尊重学生的宗旨是一致的，都是为学生的未来负责。尊重、信任是严格要求的

前提条件，严格要求意味着对学生的信任和重视。只有两者有机结合，才能取得最佳教育效果。

贯彻这一原则的基本要求具体如下。

1. 爱护、尊重和信任学生

青少年学生单纯、幼稚、积极向上，他们有很强的自尊心和荣誉感，这是他们向上进取的力量源泉。教育者只有尊重、信任和关心学生，才能保护他们的自尊心，使他们健康成长；只有如此，教师才能赢得学生的信任和尊重，使学生心悦诚服地接受教导，这就是古人所说的"亲其师，信其道"。信任学生、欣赏学生还能创造奇迹，皮格马利翁效应就是一个很好的例证。

没有爱，就没有教育。正如罗素所说："凡是教育缺乏爱的地方，无论学生的品格还是智慧都不能充分地自由发展。"苏联教育家苏霍姆林斯基也指出："对孩子的爱和关怀，是一股强大的力量，能在人身上树立起一切美好的东西，使他成为一个有理想的人；而如果孩子在冷漠无情的环境中长大，他就会成为对善和美无动于衷的人。"所以，教师要把孩子当成真正的人，尊重其人格，满足其需要，引导其发展，而不求私欲之利。

2. 根据学校的德育目标和任务，对学生提出正确、明确、具体的严格要求

由于学生年龄小，意志品质不成熟、自制力较弱，在很多方面还需要教师的正确引导和严格要求，这就是所谓的"严师出高徒""没有规矩不成方圆"。真正关心、爱护学生的教师，应当懂得"严是爱，松是害"的道理。教师对学生的要求首先必须是正确的，同时又是合情合理的。要求不但具有接受的必要性，同时又具有接受的可能性。同时，要求还要明确、具体。并且要求一经提出，就要坚持不懈地贯彻执行，督促他们切实做到。还必须指出的是，教师对学生的严格要求必须一视同仁，确保要求面前人人平等。

3. 宽严适度，严爱统一

俗话说："爱过则溺纵，严过则凶暴。"对学生的爱要适度，在尊重、信任学生时，坚持严格要求，防止无原则地迁就和放任。严不能出格，严格教育不等于专制教育。对学生的严要以不伤害学生的自尊为底线，要体现人性关怀，要讲究方式方法。总之，严是出于爱，爱寓于严中，严爱相济才能教育出好学生。

(三)积极引导，正面教育为主原则

积极引导，正面教育为主原则是指进行德育要多用积极的、正面的事实和道理及优良的行为和榜样来教育学生，要循循善诱、以理服人，使学生在正面鼓励中养成积极的心态和形成良好的道德行为习惯。

青少年学生正处于世界观、人生观形成的重要时期，可塑性强，用正确的世界观、积极的人生观、良好的道德品德来教育他们，让真、善、美来影响他们，能为他们优良品德的形成奠定良好的基础。青少年学生有向往未来、要求进步的特点，他们一方面需要正面的榜样引领，另一方面需要被他人尤其是教师肯定，所以，坚持积极引导、正面教育的原则是德育取得实效的保证。

贯彻这一原则的基本要求具体如下。

1. 讲明道理，疏导思想

一个人政治观点的确立、思想觉悟的提高、道德品质的形成，跟他的认识是分不开的。一个人的思想道德水平必须有一个从感性到理性的认识过程。因此对学生进行德育，就要注重摆事实，讲道理，做深入、细致的思想工作，启发他们自觉认识问题，自觉履行道德规范。在以理服人的教育过程中，班主任不应把学生看作被动接受的客体。学生是有主观能动性的，他们明白事理，就会自觉地进行自我教育，自觉要求进步。

2. 多用正面榜样和事例教育学生

青少年学生是正在成长的社会成员，他们求知欲强，爱学习，特别善于模仿别人的言行。以正面人物的优良品质和模范行为影响学生，能使学生的行为与榜样趋向一致，把学生的追求和志趣引导到正确方向上来。苏霍姆林斯基说："儿童的心灵是敏感的，它是为着接受一切好的东西而敞开的。如果教师诱导儿童学习好榜样，鼓励仿效一切好的行为，那么，儿童身上的所有缺点就会没有痛苦创伤地、不觉难受地逐渐消失。"

3. 教师要以身作则，言传身教

由于教师每天都和学生打交道，和学生相处的时间很长，是学生最直接的、经常的模仿对象，教师的思想素质无疑会给学生带来很大的影响。因此，教师以身作则是最好的积极引导、正面教育。正面教育不是靠人工净化的虚拟环境、简单的说教来实现的。正如孔子所说："其身正，不令而行，其身不正，虽令不从。"要想实现真正的正面教育，在很大程度上取决于教师能否以身作则。苏联教育家加里宁说过："教师每天仿佛蹲在一面镜子里，外面有无数双精细、审视的孩子的眼睛时刻注视着你。"这生动说明了教师以身作则的必要性。教师以身作则、言传身教才能起到人格感召的作用，培养出言行一致的人。

4. 以表扬、鼓励为主，批评、处罚为辅

表扬、奖励与批评、处罚是不同的评价，前者是肯定评价，利于激发学生的上进心；后者是否定评价，通过对学生不良行为进行谴责，使其受到否定并得到修正。两者虽然都是教育中不可或缺的教育手段，但对于青少年学生来说，教育应以表扬、鼓励为主。因为学生都是在周围人的肯定或否定的评价中来认识自己的，老师的表扬、鼓励能使他们得到愉快和满足。多表扬，少批评，可以避免伤害他们的自尊心。

(四)发扬积极因素、克服消极因素原则

发扬积极因素、克服消极因素原则是指教育者对学生进行德育时，要善于依靠和发挥学生自身的积极因素去克服他们品德上的消极因素，扬长避短，因势利导，使学生品德不断提高。

如前所述，学生心理内部的矛盾运动是其品德形成和发展的动力，各种矛盾概括起来就是积极因素与消极因素的矛盾。一名学生品德发展中积极的一面不断得到发扬并战胜了消极的一面，思想品德就得到了提高；相反，如果消极因素占主导，学生就会退步。学生的进步过程，就是积极因素不断增长、消极因素不断削弱的过程。这就要求教育者珍惜并努力发扬学生身上的积极因素，逐步以正祛邪，使学生的思想品德向正确方向发展。

贯彻这一原则的基本要求具体如下。

1. 要用"一分为二"的观点看待学生

全面地了解和正确地评价学生是教育好学生的前提。任何人都有优点、缺点，是积极因素和消极因素共存的统一体，学生当然也一样。对学生要看主流、看本质、看发展，既要看到积极的一面，也要看到消极的一面；既要充分肯定他们的优点和进步，又要恰如其分地提出其存在的缺点和不足之处。换句话说，既要看到优秀学生的不足之处，也要发现后进学生身上的闪光点，对每个学生都充满信心。陶行知四块糖的故事能给我们很多启示。

2. 要善于创造条件使积极因素成为学生思想因素中的主导力量

学生自身的积极因素要起主导作用，还需要教师善于创造条件、搭建平台，使学生积极的因素得以展示和发挥，并依靠其积极因素克服消极因素。

3. 要激发学生的进取心，引导学生通过积极的自我教育发扬优点、克服缺点

教师是不能代替学生的道德实践的，学生的进步主要靠他们的自我教育，而学生的自我教育要靠他们的进取心来启动。只有学生自己要求进步，并善于剖析和正确评价自己，知道在道德实践中怎样发扬自己的优点，怎样克服自己的缺点，才可能更快地进步。苏霍姆林斯基曾说过："教育技巧的全部诀窍就在于抓住儿童的这种上进心、这种道德上的自勉。要是儿童自己不求上进，不知自勉，任何教育者就都不能在他的身上培养出好的品质。可是只有在集体和教师首先看到儿童优点的那些地方，儿童才会产生上进心。"因此，教师首先要激发学生的进取心，然后要引导、启发学生进行自我认识和自我反思，最后帮助学生自我提升、自我完善。

(五)从学生实际出发的原则

从学生实际出发的原则是指教育者应根据学生的年龄特征、个性差异以及品德发展的现状，有的放矢地进行德育，确保德育的针对性和实效性。

一切从实际出发，实事求是，具体问题具体分析是马克思主义认识论和方法论的基础，也是学校德育原则确定的理论依据。同时，从学生实际出发原则也是根据青少年学生的身心发展规律提出来的。青少年学生的身心发展不仅存在着年龄特征，而且存在着个别差异，只有从每个学生的实际状况出发，有的放矢，因材施教，才能提高德育的实效性。

贯彻这一原则的基本要求具体如下：

1. 走近学生生活，全面、深入地了解学生

学生是复杂的群体，既有共性又有个性。走近学生生活，了解学生思想动态和行为表现，才能对症下药，有的放矢。教师除了平常多与学生接触来了解学生外，还可以通过学生在 BBS、博客空间、手机微信上的相关信息来了解学生真实的想法，从而有针对性地进行引导。

2. 根据不同年龄阶段学生的特点，选择不同的内容和方法进行教育

中小学生的发展大致经历儿童期、少年期、青年期这几个阶段。每一阶段的学生身心发展都各有特点，教育者必须研究并掌握这些特点，特别要掌握不同年龄阶段的学生在道

德意识、道德行为等方面的特点，使德育要求、内容和方法在保持系统性的同时符合学生年龄特征，满足教育对象的需要，既能循序渐进地提高学生的道德水平，又能被广大学生所自觉接受。避免德育的成人化，才能使德育取得较好的效果。

3. 注意学生的个别差异，因材施教

每个学生都具有不同的个性特点和不同的品德发展水平，教育者要在充分了解和认识学生的基础上，因势利导，因材施教。在这方面，孔子树立了很好的典范。

一天，子路和冉有向孔子请教同一个问题：听到一个很好的主张，是不是应该马上去做呢？孔子对不同的人做出了不同的回答。他对子路说：家里父兄在，你应该先向他们请教再做决定，哪能马上去做呢？而对冉有却是加以肯定：应当马上就去做。站在一旁的公西华想不通，便问孔子原因。孔子解释说：冉有遇事畏缩，所以要鼓励他；子路遇事轻率，所以加以抑制。

教师要学习孔子因材施教的思想，做到"一把钥匙开一把锁"，防止德育的一般化，才能使每个学生的品德都尽可能得到最好的发展。

(六)集体教育和个别教育相结合的原则

集体教育与个别教育相结合的原则是指在德育过程中要注意依靠学生集体，通过集体教育个人；又通过教育个人影响集体的形成和发展。把教育集体和教育个人辩证地结合起来。

集体教育与个别教育相结合的原则符合青少年学生思想品德形成和发展的规律。活动和交往是学生思想品德形成和发展的源泉，因此学生集体对学生思想品德的形成有特殊的作用。这一原则也是由我国德育目标决定的。培养学生的集体主义精神是我国德育的任务与要求，而只有在集体的生活和活动中才能培养集体主义精神。同时，集体与个人的辩证关系也要求将集体教育和个别教育相结合。学生集体是由学生个人组成的，学生个人在集体中生活，影响着集体的发展；而集体又影响着个人。两者相互依存、相互制约。这一原则是苏联教育家马卡连柯首先提出并坚持实行的，又叫"平行教育原则"。

贯彻这一原则的基本要求具体如下。

1. 培养良好的学生集体

要发挥集体教育的作用，首先要把学生集体培养成为良好的学生集体，但良好的班集体不会自发形成，需要在教师精心组织和培养下才能逐步建立起来。良好的班集体应有明确的奋斗目标、团结一致的领导核心、统一的班级常规和严格的纪律、正确的占主导地位的班级舆论以及良好的人际关系。班集体活动的组织开展是良好班集体建设的主要途径和方法，教师应结合班集体的实际开展学生喜闻乐见的活动，使学生在活动中增强凝聚力，形成强有力的集体。

2. 充分发挥学生集体的教育功能

班集体是学生直接生活于其中的微观的社会体系，是实施教育教学活动的组织，也是学生参与社会生活的主要场所。因而班集体是学生个体实现社会化的十分重要的机构，具有促进学生社会化的功能。在集体中，学生更容易形成守时守纪等公民道德，更容易养成

集体主义精神。集体具有教化的功能，集体还有促进学生心理健康的功能。良好的班集体具有相互关爱、尊重平等的人际关系和自由安全的心理氛围。学生作为其中的成员，能得到集体的尊重、关爱，这对学生的心理健康教育无疑是一种最好的保障。学生班集体一旦形成，它就具有重大的教育作用，它的影响远比班主任的力量要大得多，教育的效果也好得多。对此，马卡连柯曾给予高度评价："不管用什么样的劝说，也做不到一个正确组织起来的自豪的集体做到的一切。"有一天，彼得连柯去工厂晚了。马卡连柯得知后，并没有立刻把他找来批评，而是采取"平行教育影响"的办法，把彼得连柯所属分队的队长叫过来，对他说："你的队里有人上工迟到，以后不要再有这样的情形出现了。"可是彼得连柯第二天又迟到了，马卡连柯仍然不把他本人找来，而是把全分队集合起来，并责备他们说："你们分队里的彼得连柯第二次迟到了。"事后，全分队的人都来教育彼得连柯，对他说："你迟到了，就等于说我们全分队都迟到了！"在集体的影响下，彼得连柯很快就克服了迟到的毛病。

教师把学生集体当作教育的主体，依靠学生集体教育个体使集体与个人相互促进，共同进步，充分发挥学生集体的教育功能。

3. 要加强个别教育，把集体教育和个别教育结合起来

集体教育固然重要，但也不要忽视对个别学生的教育。班集体毕竟是由个别学生组成的集体，个别学生可以起到巩固、发展集体的促进作用，也可以起到阻碍集体发展，甚至瓦解集体的破坏作用。苏霍姆林斯基曾说："在教育集体的同时，必须看到集体中的每一个儿童及其独特的精神世界，关怀备至地教育每个儿童。"在对集体进行教育时，要注意针对集体中各个成员的实际情况进行个别教育。同时，通过对每个成员的个别教育来影响集体，促进集体的形成、巩固和发展。

(七)教育影响的一致性和连贯性原则

教育影响的一致性和连贯性原则，是指进行德育应当有目的、有计划地把来自各方面对学生的教育影响加以组织、调节，使各种教育影响互相配合、协调一致、前后连贯，以保证学生品德沿着统一的方向循序渐进地发展。

这一原则是由品德形成受多方面教育影响的规律决定的，也是根据德育过程是长期的、反复的、逐步提高的过程这一规律提出来的。学生思想品德的形成，是学校、家庭和社会多方面作用和影响的结果。各方面在对学生进行德育时，必然存在着教育影响取得一致性和连贯性的问题。如果各方面要求不统一，就会造成学生思想上的混乱，或行为上的矛盾。只有各方面的教育影响要求一致，才能形成教育合力，防止各种教育作用的相互抵消。此外，青少年儿童思想品德的形成和发展具有顺序性和阶段性，是一个由低级阶段到高级阶段的相互衔接的、不断积累的过程。不同阶段有其特殊的要求，各种要求又相互联系，组成一个完整的体系。因此，对学生进行德育时，应注意教育要求的前后连贯，循序渐进地开展工作。

贯彻这一原则的基本要求具体如下。

1. 统一校内的教育力量

在学校中，学生要接受学校领导、团队组织、教师和职工多方面的教育，所有教职员

工的思想意识和行为举止都会有意或无意地影响学生思想品德的形成。学校要以德育目标为依据，使各方教育要求、步骤协调一致、互相配合，形成一股统一的教育力量。

2. 统一校外各方面的教育影响

学校、家庭和社会要统一德育的标准，形成教育的合力。同时，还应该建立起学校、家庭和社会的德育联动机制，及时或定期交流情况，共同研究学生的教育问题，制定相互配合的方案，加强三者的沟通协调，逐步形成以学校为中心的学校、家庭、社会三结合的教育网络。

广东省中山市是孙中山先生的故乡，户籍人口136万人，外来人口107万人，有未成年人50多万人。改革开放以来，中山市面对新情况、新问题，坚持社会、家庭、学校教育三结合，坚持"全员、全程、全方位"育人的德育工作模式，逐步构建起"政府统筹，学校主导，社会参与，依托社区，合力育人"的社会化大德育体系。每当新学期开学时，学校都把所在社区的交警、公安、居委会干部请到学校，研究新学期如何育人的问题；与居委会挂钩，定期帮助制作宣传板报；组织"文明天使"到大街小巷宣传文明公约；组建"小交警"向市民宣传交通法规；青年志愿者到社区维修家用电器，照顾孤寡老人，到农村和山区开展"手拉手"等活动。社区也充分利用资源，协助学校开展德育工作，让学生骨干到居委会当见习干部，协助处理各种事务，在实践中锻炼；学生走出校门，依托社区开展德育实践活动。学校、社区双向服务，形成了大德育的新格局。

3. 要加强学校和社会德育工作的计划性、系统性与连贯性

对学生进行德育要有计划、系统地进行，应注意不同年级教育内容的相互衔接和前后连贯，体现出螺旋式的上升；即便在同一个阶段的教育内容和要求，也不能忽视前后的连贯性，而要逐步提高。德育过程是一个长期、复杂、逐步提高的过程，德育工作必须注重计划性，防止时紧时松、时宽时严、断断续续。

二、德育方法

德育方法是为达到德育目的而在德育过程中采用的教育者与受教育者相互作用的活动方式的总和。包括教育者的施教传道方式和受教育者的受教方式。主要包括说理引导法、情感陶冶法、行为训练法、修养指导法、榜样示范法。

(一)说理引导法

说理引导法就是通过摆事实、讲道理，使学生提高认识、启发自觉、取得进步的一种正面教育方法。说理引导法的方式主要有讲解和报告、谈话、讨论和辩论、指导读书和演讲等。

运用说理引导法时应该注意以下几点。

1. 以理服人

要使学生遵守道德规范、养成良好的道德行为习惯，必须提高他们的认识，调动他们的积极性。因此，教师首先要把道理说清、讲透，使学生明白应该怎么做，为什么要这样做。学生认识提高了，感到有必要了，就会自觉地践行。

2. 以理感人

情感能够增强感染力，改变空洞说教的状况，让学生在情感交流中潜移默化、心情舒畅地提高思想认识。教师在说服教育学生时，要让学生体会到教师的关心和爱护，引起学生的情感共鸣，防止学生产生抵触情绪。只有在情感上真正打动学生，才能让学生有所感受、有所思考、有所提高。

3. 注意时机

说服的效果如何，往往不取决于花了多少时间、讲了多少道理，而取决于是否善于捕捉教育的有利时机。每名学生都是独特的个体，教师要了解学生思想动态，抓住有利时机适时而教，这样才能取得事半功倍的效果。

(二)情感陶冶法

情感陶冶法是指通过设置一定的情境让学生自然而然地得到道德情感与心灵的熏陶、教育的一种教育方法。如果说理引导法是一种明示的教育方法，那么情感陶冶法则是一种暗示的教育方法。情感陶冶法的具体实施途径一般是三个方面：教师的师爱陶冶、环境感化、艺术感染。

师爱陶冶是"以情育情"。教育过程中教师对学生的真诚、无私的爱，对学生的尊重、关怀、信任和理解是达到师生心理交融的结合点，是情感陶冶法取得成效的基础。没有教师对学生的爱和对学生的尊重、关怀、信任和理解，情感陶冶法是很难取得成效的。

环境感化是"以境育情"。影响学生情感的环境因素包括自然环境和社会环境两大类。美丽多姿的秀丽山川、闻名于世的文化古迹等自然环境，积极向上的集体舆论、良好的社会风气等社会环境，都能陶冶学生性情，长期生活在这种环境中，更容易产生积极情绪体验，最终形成良好的思想品德。

艺术感染是"以形育情"。艺术作品形象概括、寓意深厚，符合学生身心特点，在给学生带来美的享受的同时，也使学生在不知不觉中受到陶冶。文学作品、音乐等艺术手段对学生的情感陶冶具有明显的效果。

情感陶冶法的关键是要设置具有隐性教育意义的教育情境，其基本要求如下。

(1) 教师的最主要功能体现在教育情境的设计上。这一情境必须引人入胜，具有感染力；教育作用是渗透其中而非显性地存在。教育情境设置之后，教师的作用应当尽量淡化，除非教师在情境中作为情境的构成要素之一存在。

(2) 教师作为教育情境的构成要素的条件是对学生的挚爱、真诚以及自身道德人格的魅力，同时教师应当成为道德人格上的榜样。

(3) 应当促进学习主体与教育情境的互动。强调学生的主动参与以及对环境的净化、美化是增强道德陶冶作用的一个重要条件，因为"参与"可以使环境变成一种具有亲和力或亲切感的道德影响源。

(三)行为训练法

行为训练法是通过道德实践和对道德行为的价值感悟、策略训练、奖励和惩罚等方式进行道德教育，以巩固道德信念、磨炼道德意志、形成良好行为习惯的德育方法。行为训练法包括道德实践和奖励与惩罚。

1. 道德实践

道德实践是指教育过程中学习主体积极改造主观世界的一切学习性的实践活动。"学习性的实践活动"是指以通过实际锻炼的方式巩固道德观念，培养良好行为习惯，发展学生实际道德能力等为最终目的的活动。具体要求如下。

(1) 道德实践活动必须具有巩固道德观念，培养良好行为习惯的作用。不能将教育性或学习性的学习实践等同于一般改造世界的实践活动，要突出教育性或学习性。

(2) 采用道德实践法的频率和难度要适当。不能过度强调"活动""经验"等，使学生无暇学习道德价值之外的教育内容。

(3) 学生是道德实践的主体，教师过多操控会使本来是以学生为主的道德实践活动变为一种没有自主判断、没有行为决策自由的活动；如果教师过多操控相当于取消了道德实践法存在的意义。

2. 奖励与惩罚

奖励与惩罚也是广泛用于积极强化的教育方法。"奖励"意味着对学生正确认识与行为的肯定或较高的评价；合理的惩罚有助于学生形成坚强的性格，培养学生的责任感，锻炼学生的意志和尊严。奖励与惩罚是一门需要认真对待的教育艺术，这门艺术要求以下几点。

(1) 注意奖励的指向与惩罚的目的。奖励的指向不仅可以是成功的结果，也可以是获得成就的过程；惩罚的目的是教育，不能为惩罚而惩罚。

(2) 注重奖励和惩罚的频率与方式。不能无规则地乱用奖励和惩罚，应当合情、合理、公平、准确。

(3) 注重奖励与惩罚的灵活运用。不能刻板地使用奖励与惩罚，形式应该多样，因材施教，对不同类型的学生采取不同的措施。

(四)修养指导法

修养指导法也叫自我教育指导法，是教育者帮助学生进行自我教育的一种德育方法。修养指导法是人们根据社会规范的要求，自觉接受积极影响，克服消极影响，通过内部思想矛盾运动，完善个人道德价值体系和行为控制能力的方法。

德育过程是教育者的教育和受教育者自我教育的过程。就个体而言，教育影响无论多么巨大，都只是外部条件，受教育者的自我教育才是德育产生实效的内因。"教是为了不教"，学生只有通过"内省、躬行、慎独"等思想矛盾运动，德育才会有所进展。除此之外，还应该注意以下几点。

1. 培养学生道德修养的自觉性

道德修养的前提是道德主体的道德发展需求，启发和激发学生道德修养的动机是修养指导法的首要环节。具体方式可以是鼓励、读书、报告等。

2. 帮助学生制定修养的标准与计划

有了道德修养的动机，就必须有道德修养的行动。为了进行有效的修养，制定恰当的修养目标和计划是避免修养盲目性的一个重要方式。教师应当鼓励和帮助学生制定程度适当、具体可行的修养目标与计划。

3. 指导学生监控和评价自己的道德表现

道德修养过程实际上是一个意志锻炼的过程。应当鼓励学生在道德实践中不断反思自己，自我监控、自我评价、自我激励，形成道德修养的连续动力，形成修养习惯。

(五)榜样示范法

榜样示范法是以他人的高尚思想、模范行为和卓越成就来教育、影响学生，提高学生思想品德水平的一种方法。榜样具有多方面的教育作用：榜样人物正直无私的品格、一往无前的勇气、锲而不舍的追求、不屈不挠的斗志、顽强奋斗的精神，都会给学生带来极大的冲击和震撼，使他们在与榜样人物的对比中找出差距，明确自己努力的方向。榜样人物的英雄行为、模范事迹能感染、鼓励和促进学生用榜样人物的言行规范自己的言行、抵制外界不良影响。榜样人物像一面镜子，使学生经常对照检查自己，"见贤思齐焉，见不贤而内自省也"，自觉克服自己的缺点和不足，矫正自己的行为。运用榜样示范法要注意以下几点。

1. 注意榜样的典型性、多样性

生活中的榜样数不胜数，教师在选取榜样时要充分挖掘榜样的闪光点，注意榜样的典型性，同时要注意树立普通人、同龄人为榜样。调查表明，近年来学生崇敬的榜样已呈现出从集中到分散、从单一到多样的趋势，为了满足学生多方面发展的需要，应注意树立多方面的榜样。

2. 注意榜样的真实性

对榜样事迹、行为的宣传要实事求是，要让学生觉得榜样可亲、可数、可学。不能过分拔高、美化榜样，拉远学生与榜样之间的距离。

3. 注意自身形象

学生具有明显的向师性，教师的一言一行、一举一动都会对学生产生较大的影响。这就要求教师注意自身的形象，做到事事严于律己，处处率先垂范，打造人格魅力，用以教育和影响自己的学生。"其身正，不令而行，其身不正，虽令不从。"身教胜于言教。

以上五种教育方法只是较为常用的五种德育方法，并不能囊括所有，而且在具体实施过程中可能采用两种或两种以上德育方法，或运用本书所未描述的方法。但万变不离其宗，无论采用何种德育方法，其出发点、主体和最终归宿都是学生，教师应对德育方法进行灵活运用和创新。

三、德育的实施途径

基于现代教育系统论述，针对家庭、学校、社会三维一体的现代教育网络系统，对整体构建学校、家庭、社会和谐的德育体系的途径做出一定思考。

(一)学校德育

1. 显性德育途径

显性德育途径指专门的德育课程、各种校内组织的活动等。它的特点是从正面进行教育，直接促进学生思想品德发展。它包括专门的德育课程和活动课程，就我国中小学而言，专门的德育课程主要指思想品德课和政治课；活动课程包括学生集体组织的活动、校外课外活动、社会实践活动等。

2. 隐性德育途径

隐性德育途径主要指各科教学、校园文化等，并不是直接地对学生进行思想品德方面的教育，而是将这方面的教育内容融入学生科学知识的学习和生活环境，使学生心灵得到感化，自觉或不自觉地受到熏陶。它的特点是"寓教育于不知不觉之中"。

(二)家庭德育

1. 把道德教育落实到实际生活中，养成良好的生活习惯

父母尊重孩子的人格的同时，以温暖的家庭之爱影响孩子，教会孩子识别善恶；家人以自己的实际行动感化孩子，给孩子以道德的熏陶；同时，与孩子谈话交流，共同体验人生。

2. 家训家风的建设，以身作则，提升教育效果

告诉子女是非曲直、善恶好坏，从生活习惯的养成出发，从小教育孩子遵守家庭守则、社会规范；重视家训家风的教育作用，家长应该身体力行、以身示范、自我约束，家长与孩子共同进步、共同成长。

(三)社会德育

1. 依托民间资源开展自发式的社会德育

如中国人传统的清明节、中秋节、腊八节、送灶神、除夕夜等，从中学习到民间习俗、增加生活知识，还在亲人团聚、祭拜先祖、祭拜神灵中增进情感、提高认同。

2. 依托社会资源开展社会德育

利用少年宫、少年之家、图书馆、科技馆、文化公园、文物馆、博物馆、公共电视、大型广播、免费报纸、公益书刊、信息网络等德育资源，提高受教育者道德文明素养。

(四)三位一体德育互动途径

1. 学校与家庭、社会的互动途径

学校作为德育体系中学生德育工作开展的主导成员，应创设各种条件建立互动的德育体系，如可以通过网络平台建立家长信箱、家长论坛、家长公告等栏目，让家长对自己孩子的表现做到心中有数，及时参与子女思想教育。

2. 家庭与学校、社会的互动途径

家长是学校德育工作开展中宝贵的教育资源，让有意向的家长有计划、有组织地参与学生生涯辅导、心理疏导等各种形式的教育活动，让家长对学生的指导由被动变为主动。家长根据自身经历与自身经验可以针对学生的问题给予建设性意见，通过三向互动，家长对学生发展、成长发挥了积极正向的导向作用，也对学校教育增进了了解，从而可以给予更多的理解和支持。

3. 社会与学校、家庭的互动途径

根据著名教育家陶行知的观点，社会即学校，学生的成长必然会受社会大环境的影响，因此社会各有关部门如社区、实习基地等要充分吸收学生的力量，让学生把自己的道德认知、道德情感转化为实践中的道德行为，也为社会风气的不断优化做出贡献。社会相应部门可以开展家长培训，转变家长观念。

四、德育实效问题的原因与对策

德育实效是指德育活动的实际效果。目前人们对学校德育实效的普遍评价是低效，造成这种现象的原因既有德育自身的因素、社会环境因素，也有学生自身的因素。下面主要论述德育自身的因素。

(一)德育实施低效的原因

1. 德育目标实施偏移

教育应该使人不被命运所摆布。真正的德育，所面对的是人，而不是人之外的职业和地位；教育的立足点在"内"不在"外"；德育目标不是教学生所不知不能，而是应该教学生所知所能。夸美纽斯认为学问、德行与虔信的种子自然存在于我们身上，学校培养不出合乎德行的品性，一味强行灌输是无法得到教育成效的，培养出来的是一种虚伪的道德外表，一种令人生厌的、外来的文化皮毛，和一些专务世俗虚荣的眼光和手脚。

2. 德育实践中早期教育认识偏颇

长期以来，对学生的道德教育过分依赖于学校。事实上，人的道德品质的形成是从 0 岁开始，婴幼儿期是道德品德形成和发展的关键期。然而在此期间，家长和教师更注重的是儿童的养育和智力开发，却忽视了对孩子的道德品质教育，使儿童的不良品质在孩提时代就形成了，到学龄期再进行纠正和教育，结果是事倍功半。美国学者罗伯特·科尔斯通过长期研究证明："道德行为是儿童对日复一日在家庭和学校生活中所遇到的有关道德经历的反映。"德育必须及早实施，年龄越小越有效。

3. 知识学习、技能学习和德性养成三种教育方式混淆

人的德性发展与智性发展有着本质的不同；人们可以与社会生活隔离开来集中学习知识经验，却不能与社会生活相隔离去学习道德。道德是社会生活的规范和准则，真正的学习必须在社会生活过程中进行；把德育与生活割裂开来，作为一种知识来训练，繁重的智力训练负担和生活行为的任性成了儿童生活的主流，更多的放纵取代了有效的指导与管理。

其结果就是学生有道德认知，而少道德情感和道德意志，无道德行为，更缺乏德性。

(二)提升德育实效的对策

1. 对德育目标进行科学定位

德育目标是德育工作的出发点和落脚点，它对整个德育活动具有导向、激励、控制和评价的作用。所以，确立德育目标是进行德育工作的首要问题和根本问题。现代德育要"以人为本"，把培养具有现代思想道德素质的主体作为德育的终极目标。德育目标的确定要从抽象走向具体，从划一走向多层次；要正视德育对象是具体的人，是具有时代特征的人。

2. 建立学校、家庭、社会三维一体的现代教育网络系统

学校、家庭、社会作为对个体实施道德教育的影响源，这三者起作用的效果作为因变量会直接影响德育实施的效果。而学校、家庭、社会这三者在实施德育影响时各有特点与优势，因此只有学校德育、家庭德育、社会德育三者有机协同、有效互动，形成有机的德育体系，发挥德育合力才能最大限度提升德育实效。

3. 德育过程要遵循知、情、意、行统一发展规律

知、情、意、行各要素之间是按一定方式相互影响、相互促进的。四要素的发展由不平衡到平衡，以实现新的统一的过程，个体的思想品德才能形成。这是思想品德形成和发展的心理规律。其中知是基础，行是关键，情、意起着调节和驱动作用。在德育活动中，要想取得理想的效果，就必须遵循知、情、意、行统一发展的规律，晓之以理，动之以情，导之以行，持之以恒。

📖 知识拓展

把品德教育引入生活的 100 种方法

建设美德团体

1. 制定关于学习的道德准则，将其发放给学习团体的每一位成员，经常性地参照它，突出地展示它，并确保所有学习政策都能体现这一准则。

2. 建立一个学生帮助学生的辅导项目。

3. 在学校内或班级内成立一个服务性社团，以服务于学校、班级或校外的社区。

4. 鼓励学生发现一家慈善组织或学校自身的需要，收集捐赠物资，帮助管理资金的发放。

5. 确保学校的奖励制度能涵盖品德与学术两个方面。

6. 表彰各种各样的成就，如个人进步或达到预期目标。

7. 始终如一地禁止流言蜚语，在适当的时候讨论它的危害性。

8. 对于粗话、咒骂实行零容忍政策，在教室和学校内禁止使用低级和下流的语言。

9. 通过晨报、学校和教室里的公告栏以及学校通讯，宣传师生、员工所取得的种种业绩——尤其是品德方面的好人好事。

10. 当学校或班级里发生冲突时，教育学生如何做到谨慎、机智、不受他人干扰，以及如何慎重地将冲突告知合适的成人。

11. 让学生轮流照料班级的宠物，并在周末和假期时带回家饲养；讨论和演示照料生物所必需的责任。

12. 邀请学生志愿者去清理他们的社区。在父母的支持下，鼓励学生去建设社区操场，捡拾纸屑，扫除落叶，植树，画壁画，擦去乱涂乱画；清理当地的公园或河滩。

13. 发掘学校传统背后的意义与价值，重点强调那些促进学校团结统一的元素。

14. 展示学校校旗，学唱校歌。如果这两项活动都没有开展，那就举办一场比赛吧。

15. 通过举办仪式来宣告一个学年的开始或结束，为将要离任的教师和员工举行仪式。

16. 检视学校的集会。这些集会是否由一小部分学生所控制？怎样才能让更多的学生参与？在鼓舞士气的集会上唱歌合适吗？集会是否促进了学校的精神文明建设？

17. 确保学生在观看体育比赛时举止文明并对自己的行为负责。

18. 在体育教学和运动项目中，重视体育道德精神的培养。参加体育运动不仅能锻炼身体，还能促进生活中良好习惯的养成。

19. 在教室里和大厅里悬挂英雄人物的画像，并配上适宜的解说词。

20. 使学校成为受欢迎的地方。在教学楼大厅里漫步的人们能对教室里的情景产生很好的印象吗？学生们能经常见到校长吗？在学校正门的位置是否显著地贴有醒目的欢迎词？

21. 创建一个学校剪贴簿，以存放照片、新闻故事以及与名人或重大事件有关的纪念物，从而反映学校的历史和成就；发动学校成员参与剪贴簿的制作和维护，并把它展示给参观者和新入学的学生家庭。

22. 公开表演那些保障学校运营的"无名英雄"的工作，包括安保人员、维修人员、秘书、餐厅员工以及志愿者等。

23. 建立欢迎和引导新生入学的制度。

24. 禁止在学校建筑物和其他物品上出现任何有关帮派团伙的标记，立即清除乱涂乱画——包括学生洗手间里的。

25. 让学生对学校环境的维护和美化负起责任。在班级中可以实行"走廊负责制"，如把书放回正确的位置、种花等，并将负责学生的名字贴出来。

把品德教育引入课程

26. 指导学生就现实中的公众人物写一篇文章("我心中的英雄")，重点放在该人物的道德成就与美德上。首先，做一些基础性的工作来帮助学生理解什么是高尚的生活。

27. 在历史和文学课上，应经常穿插一些对于动机、行为和结果的讨论。

28. 重视品质。家庭作业应该准时上交，保持整洁和完整，并注意细节。

29. 社会课的学习还应包括对"当地英雄"的研究。

30. 帮助学生形成友谊。在组建合作学习小组时，不仅要考虑小组里每名学生的学业情况，还要关注其情感需求。这些小组为那些平时不怎么与人打交道的学生提供了交流互动的机会。

31. 确保学生对什么是抄袭以及学校对于抄袭行为的规定有清晰、明确的认识，更重要的是帮助学生认识到抄袭为什么是错的。

32. 通过讨论英雄的成就来纪念英雄的诞辰。

33. 选择最好的儿童文学与成人文学，并与你的学生一起阅读——因为文学作品富有内涵和想象力。不要浪费时间在平庸和没有意义的文章上。

34. 不要低估故事对培养孩子道德想象力的影响，每天都为学生大声地朗读故事。

35. 引导学生对文学作品进行讨论——即使是在低年级班级也是可行的。提出能引起反思的问题，不要立刻跳到"故事中的道德问题"，而无视故事的丰富、美妙或情境的复杂性。通常问题可以包括："这本书让你想到了什么或感受到了什么？""某某是一个什么样的人？""作者为什么要写这本书——他想对读者说什么？"在学生触及故事中的道德性信息之前，请不要转换主题。

36. 通过在文学学习中让学生对所阅读或研究的人物进行换位思考，培养学生的同情心。

37. 阅读和讨论各个学科领域的人物的生平和事迹，帮助学生找出人物的核心特征和突出品德。

38. 在学习伟大人物时，不要一直回溯有关伟人的弱点的主题——尤其在高年级阶段。对一个人"全部"品德的研究，能对学生洞察力和同情心的形成提供强有力的教育资源。可以引导学生深入思考下列问题："一个伟大的人(或好人)是否也会有一些品德上的瑕疵？"

39. 教学生写一些有思考的信件，如感谢信、致官员的信、致编辑的信等。

40. 布置的家庭作业应能使学生感到激励和挑战，要能引起学生兴趣，要切合学生的需求，这将会提升学生的自律和耐心。

41. 在高年级和低年级之间建立一个伙伴阅读制度。认真传授给高年级学生一些教学技能，以帮助他们教好低年级学生；教会他们时刻铭记责任心和耐心。这些是他们在教低年级学生和成绩不如他们的同学时所必需的。

42. 让学生记忆一些诗歌和重要的散文选段，诸如《独立宣言》的前言或林克的《葛底斯堡演说》。在这个过程中，确保学生理解其思想内涵并有意义地去记忆。

43. 在科学课上，讲授每一单元时(如有需要)，都应涉及有关该学习领域的伦理道德问题，学生需要明白道德与伦理不仅仅局限于人文学科。

44. 在数学课上，要特别强调学好数学需要具备一些习惯，如勇气、耐心及勤奋。课堂规则与家庭作业要求能体现和支持这些习惯的养成。

45. 在社会课学习中，每一学年都要检视——如果课程允许的话，还要进行再检视公民的责任感。现在可以让学生们做什么，来促进他们成为负责任的公民？

发动教师、管理者和其他员工

46. 选择一个个人的座右铭或(组织的)宗旨说明。

47. 问学生你心目中的英雄是谁以及你为什么仰慕他们。

48. 以身作则。捡起大厅和走廊里的纸屑；将讲台整理干净，以便下一位教师上课；常说"谢谢你"。

49. 在与同事交谈时使用有关美德的语言，如责任、承诺、耐心、勇气等。

50. 明晰班级的目标，并让学生们为实现目标切实地负起责任。

51. 承认错误并设法补救，期望和鼓励学生也这样去做。

52. 一以贯之，言行一致。例如，一旦制订了计划就要执行，不要在学生已经做好准备后再临时取消。

53. 如果你参与了社区或教堂的公益服务，请让你的学生知道，但要以适当的、低调的方式告知学生。

54. 展示什么是"完整一致"：让学生看到你的勤奋、负责、感恩以及坚持不懈，并期待学生也能拥有这些品质。

55. 评估学生的工作时，要给予学生充分和及时的反馈，这能使学生感到他们的付出得到了认可，教师对他们的进步和成功非常关注。

56. 帮助学生区分行为者和行为，从而教导学生公正和同情。

57. 保护那些受欺负的学生或受到不公正对待的学生。但是方法要慎重：有时要用直接回应的方法；有时要用私下的、小组会议的形式——也许需要回避那些将要谈论到的学生。

58. 运用建设性的批评、评价(个人或集体的)，怀抱同情心。开展班级讨论，并以此教导学生如何在彼此互动时开展建设性的批评。

59. 在全体教职员工会议和研讨会上，讨论学校的道德风气问题。怎样才能改善学校的精神面貌？

60. 创设一个布告栏，以便教师和管理人员可以在此分享他们自己的"100种方法"。

发动家长

61. 为班级和学校制定一套书面的行为准则，请家长阅读并在上面签名，以作为相互支持的凭证。

62. 在制定这些准则的时候，应让家长代表参与进来。

63. 可以通过纸条、电话和家访的形式，设法把学生的不当行为告知家长。

64. 捕捉学生改进的事例，写信或打电话告知家长。

65. 就如何以适当的方法帮助提升学生的学业成绩与家长交流。

66. 在新学期开始前给家长写封信，介绍你自己、你的班级、你的工作热情、你的期望，尤其是你希望家长能协助你一起帮助孩子进步的良好愿望。

67. 在家校合作中让尽可能多的家长参与活动。

68. 经常性地与家长一起分享学校的愿景及学校对学生的期望。

69. 与家长对话，他们会成为教师帮助学生迈向成功的最重要盟友，他们能提供有关学生的学习情况、社会背景、兴趣、才能、遇到的困难等的最适切和最宝贵的信息。

70. 在学校通讯里，告知家长学校的重大事项、学习单元以及可以参与的校内和校外活动。

71. 列出有关品德教育的推荐读物及资料的名录，并与家长分享。

72. 在适当的时候，为家长开设素养提升课程或配备指导教师。

73. 为家长利用学校图书馆提供方便，提供一份推荐阅读书目，列出有丰富的道德内涵、适合大声朗读的图书。

74. 除了提供令人心旷神怡的、有家长陪伴的校外郊游考察外，还应该为家长创造有意义地参与班级活动的机会。例如：与学生一起阅读，提供某个专业领域的讲座，辅导学生，分享家庭的传家宝，帮助组织班级游戏与活动等。

75. 每月向家长发放学校通讯，其中包括学校品德教育的详细情况。

76. 在学校通讯上，登载一些值得表扬的学生事迹。

77. 在学校通讯上，应包含"家长园地"栏目，供家长分享养育孩子的技巧、有益的书籍，以及辅导孩子完成家庭作业的方法等信息。

78. 在欢迎新同学时，也要同时欢迎新同学的家庭。

79. 可以采取哪些措施来鼓励更多的家长出席家长会？检视家长参与的次数及动员家长的方式。已经采取过哪些方法来联系那些从不参与的家长？

80. 在家长会上可以问家长："你们的疑问是什么？你们关注的问题是什么？"然后仔细聆听他们的回答。

发动学生

81. 启动一项社会服务活动，让学生从社区"认领一位老人"，提供机会让学生去拜访自己所认领的这位老人，给老人写信，为老人读书读报，或为老人代办一些事务。

82. 为学生参与社区服务活动创造机会。

83. 禁止学生在课堂上做出不友好的行为和把他人当作替罪羊的行为。

84. 让学生明了，在学校里勤奋学习是他们的一项道德责任。

85. 让学生深刻地认识到，成为一名好学生所需要的不仅仅是学业上的成功。

86. 在学生能够理解什么是诚实和学术诚信的基础上，建立一种适用于测验和家庭作业的荣誉机制。

87. 为学生提供既准备好参与竞争又能进行合作的机会。

88. 帮助学生发展辨别是非的能力，包括对电视、广播以及互联网上所呈现的事情的真实性、价值及所隐含的偏见的辨别能力。

89. 邀请已毕业的高中生回到学校，讲述他们在新的人生阶段的经历，请他们谈谈哪些习惯和美德使得他们成功地适应了大学生活或工作岗位，以及哪些不良的习惯或行为会带来麻烦和问题。

90. 让学生找出一些重要的格言或典故，并以此形成自己的座右铭。

91. 旗帜鲜明地教授文明礼貌。

92. 尽各种努力教导学生工作伦理。经常向他们阐述：他们有义务将事情做得更好。为作业划定一条品质底线——拒绝接受那些不达标的作业。

93. 在竞选年，鼓励学生去研究候选人的立场，聆听其辩论，参与发动选民投票的活动；如果达到法定年龄并符合条件，就参与投票。

94. 与学生在一起时经常使用有美德的语言，如责任、尊重、正直、勤奋等，并教他们使用这些语言。

95. 评估学校为避免学生"被失败击倒"所采取的措施。每个学生至少需要有一位教师或顾问来给予他或她特殊的关注。

96. 一些中学和高中正考虑开设(或加强)其咨询项目。咨询人员不仅需要提供有关工作及大学的信息，也要对其咨询对象的智力和品德发展予以关注。

97. 要求学生有责任心，严格遵守学校的考勤制度。

98. 通过故事、讨论以及案例，教导学生明白什么是真正的友谊，帮助他认识到真正的朋友有哪些特征，以及虚假的友谊的潜在危害。

99. 做"正确的事情"并不总是一个容易的选择——尤其是在面临同伴压力时。帮助学生(不仅是个体学生，而且是全班学生)认识到他们行为的长期影响。他们在做出选择的前后，或许需要一位有责任心的成年人的支持和帮助。

100. 提醒学生和你自己：品德的培养并非易事，不能一蹴而就，塑造我们的品德是一项持续终生的事业。

(资料来源：[美]凯文·瑞安，卡伦·博林. 在学校中培养品德：将德育引入生活的实践策略[M]. 苏静，译. 北京：教育科学出版社，2010.)

本 章 小 结

德育是教育者按照一定社会和受教育者品德成长价值要求，促进受教育者在道德认知、情感和实践等方面不断建构和提升的教育活动。

德育过程基本规律有：德育过程是培养学生知、情、意、行的过程；德育过程是促进学生心理内部矛盾向积极方向转化的过程；德育过程是组织学生的活动和交往，统一多方面教育影响的过程；德育过程是长期的、反复的、逐步提高的过程。

德育原则：知行统一原则；严格要求学生与尊重学生相结合原则；积极引导，正面教育为主原则；发扬积极因素、克服消极因素原则；从学生实际出发的原则；集体教育和个别教育相结合的原则；教育影响的一致性和连贯性原则。

德育方法：主要包括说理引导法、情感陶冶法、行为训练法、修养指导法、榜样示范法。

德育途径：构建家庭、学校、社会三维一体的现代教育网络系统，打造学校、家庭、社会和谐的德育体系。

思 考 题

1. 如何理解德育、道德、品德的概念？
2. 德育过程的基本规律有哪些？
3. 德育工作应贯穿哪些德育原则？
4. 德育工作应使用哪些德育方法？
5. 德育工作的途径有哪些？

第九章　美　　育

本章学习目标

(1) 了解美育的概念与发展历程。
(2) 明确美育的特征和意义。
(3) 清楚美育的内容与任务。
(4) 掌握美育的实施原则和途径。

重点难点

重点：理解美育的任务与实施途径。
难点：掌握美育的实施原则。

引导案例

南菁高级中学的大美育课程体系

南菁高中的大美育，面向全体学生，涵盖教育全程，渗透所有学科，融入日常生活，成就全面发展。风景美、建筑美、学生美、老师美，发生在校园里的教育行为更是充满了美。"百年书院，大美南菁"已然成为一幅深情又生动的教育画卷。

一、校园美，彰显文化底蕴

江苏省南菁高级中学依山而建，掩映在青山绿树间，校园建设融古朴与现代、幽雅与大气于一体，充满勃勃生机。

一进校门，迎面而来的是刻有"南方之学，得其菁华"的卧石。这句话来自朱熹的《子游祠堂记》，由当代著名书法家、南菁校友沈鹏书写。1882 年，时任江苏学政兼兵部左侍郎黄体芳，在军机大臣、两江总督左宗棠的协助下创办了一所书院，从这句话中选取两字为学院命名"南菁书院"。"南菁"二字寄寓了黄体芳对办学的期望——聚南方菁华而教育之，也为南菁注入了激荡百年的办学灵魂。

卧石后是一条青砖铺成的大道。我们沿大道笔直向前，穿越学校最高建筑——文德楼，来到了正学亭。亭子很是别致，白墙黛瓦。亭正中是学院创办人黄体芳的铜制雕像。黄体芳面带微笑，眼神柔和，似穿越时光，亲切注视着校园里的莘莘学子。

透过依依杨柳，看到湖中举止优雅的黑天鹅，我们竟一时恍惚，是身处公园吗？校园环境如此优美，文化气息如此浓厚，怎么可能培养不出举止优雅的孩子呢？正如高二(7)班学生邓嘉悦在学校升旗仪式上所表达的：南菁高中古朴端庄的老校门，静默无言的漱兰池，学政厅旁静卧的井栏遗迹，悄无声息却又饱含着菁园的文化魅力，使得这儿的一切都有了热度，也激励着每个学生坚守并传承它们的美。

二、学生美，拥有南菁气质

著名哲学家冯友兰先生曾说：由于一所学校所具有的特性，由那一所学校毕业的学生，在他的脸上就印了一个商标、一个徽章，一看就知道他是哪一个学校毕业的。

杨校长很喜欢这句话，并由此生成一个朴素的梦想：南菁学子应该有独特的气质，能让市民从大街小巷迎面走来的学生中，一眼判断出南菁高中的学生。

从南菁书院到南菁高中，学校几度易名，但文化传统和办学精髓始终未变。杨校长说："我们将中国传统书院注重人的精神气节的培育和君子人格养成的传统注入时代特色，经过全校讨论，提出了新时期南菁学生的气质要求：有思想会表达，有责任敢担当，有爱心能宽容。"

作为学校的管理者，杨校长认为，教育最重要的是培养面向未来的孩子。高中三年正是孩子三观形成的重要时期，高中生活质量会影响未来生活的质量。高中教育要关注成长，不仅仅是成功；关注过程，不仅仅是结果；关注人格，不仅仅是成绩；关注创新，不仅仅是接受；关注未来，不仅仅是现在。

围绕这个要求，学校营造一种氛围，将教育渗透于每个细节中，让学生自由地思考、批判和表达。

于是，身处南菁高中，您常常可以看到这样的情景：课堂上，学生们站在讲台上侃侃而谈，他们介绍历史名人、评论时事、推荐书目；辩论会上，正反两方各展才华、唇枪舌剑；课本剧表演，学生们按自己的理解进行大胆改编；学校社团丰富，学生创建摇滚乐队、办露天音乐会；大型活动，如文化艺术节、体育健康节、读书节、成人节、艺术节、迎新节等，从策划、组织、实施，全部由学生来负责……学生甚至可以主动提议学校开展活动。比如，"南菁青少年发明家团队"及南菁科技创新大赛，就是由一名高二学生倡导的，并且第二届大赛举行时，完全由这名学生来组织。

给学生以自主，学生就成长得更自由。南菁高中的学生，不紧张局促，总是豁达自信；不紧锁眉头，总是乐观开朗；不畏手畏尾，总是淡定坦然；不张扬放任，总是自律自强。他们有思想会表达、有对爱和美的追求，有对每一件事负起责任的担当。

三、老师美，展示生命美好姿态

南菁气质典雅、含蓄，涵盖甚广。它不仅镌刻在学生身上，在老师身上也体现得淋漓尽致。

杨培明校长自不必说，儒雅的风度，可亲的笑容，正如人们想象中的校长模样。作为校长，他有管理的智慧；作为语文名师，他更有独特的教学理念，提出语文教学要由功利境界走向审美境界的观点。

他说，语文天生就是具有审美属性的博大精深，语文老师应该用个人魅力、深厚学识、独特匠心，唤醒学生的生命力，陪着学生一起展示生命最美好的姿态。

著名书法家沈鹏先生是南菁的校友，他捐赠给母校许多书法作品及珍贵收藏品。深爱书法艺术的贾老师由此开发了"沈鹏书法艺术赏析"的美育课程，他希望通过这门课程，提升孩子对书法艺术美的认知和体悟，写好中国字，做好中国人。

语文老师胡学英充满教育的理想和抱负，她将《诗经》《古文观止》中的经典篇章引入课堂，学生都很喜欢。有一次，她在学生中做调查，问他们最喜欢诗经的哪一篇，有不少孩子回答《蓼莪》。这是一篇感恩父母的诗作。胡老师感慨《诗经》是来自远古的歌谣，每个中国人都有中国传统的情感基因，老师要做的是唤醒这个基因，通过这些文学作品，让孩子获得情感的认知和复活。

还有马老师、张老师、黄老师……南菁每一位老师都是修养深厚、激情四射、情趣丰富，在课堂以多元的方式、引导学生发现、欣赏、创造美。

案例分析：

教育，应该成就生命的美好与人生的幸福。也许这便是最成功的教育，也许这便是教育的初衷。江苏省南菁高级中学(以下简称"南菁高中")是一所有着137年历史的百年名校，其前身是江苏学政黄体芳在左宗棠的协助下创办于1882年的南菁书院，从这里走出了黄炎培、陆定一、吴文藻、汪曾祺、沈鹏、顾明远、金立群等杰出校友，新时期，南菁高中传承厚重的传统书院教育文化，确立了鲜明的教育价值追求：以美学精神优化统领学校课程文化，促进师生教育生活的审美化；以美育重构校园生活，以实现立德树人根本任务。通过实施"大美育"，今天的南菁高中既保留了百年书院的学府气质，又彰显出与时俱进的时代风采。南菁师生的蜕变与成长，皆是一段段追寻与体验"美"的旅程……

第一节　美　育　概　述

一、美育的概念及发展历程

"审美教育"来源于德文"aesthetische erziehung"，是对一切旨在培养人们美感的教育活动的总称，简称"美育"。西方一般认为"美育"这个概念是由18世纪德国古典美学家、剧作家、诗人席勒在《美育书简》中首次使用的，他也被称为"美育之父"。席勒对美的根本看法，是把美看作人性建立的一个必要条件。他认为，人的发展逻辑顺序是：感性人(物质人)→审美的人→理性人(伦理人)。美不仅使人的感性和理性得到培养，而且是人的理性

美育的概念和发展历程.mp4

发展的逻辑前提。要使感性的人变为理性的人，就要通过美育使他们成为审美的人。审美的人就是具有审美意识、审美能力，能够进行审美活动的人。他认为美育是克服人性分裂、培养完美人性的重要手段，是使人获得精神解放、实现政治自由的先决条件。苏联当代著名教育家苏霍姆林斯基说得更明确："美是道德纯洁、精神丰富和体魄健全的强大的源泉。"

在我国，直到近代才提出"美育"的概念。近代最早公开提倡美育，并把美育与德育、智育相提并论的是清末学者王国维。他在1906年的《论教育之宗旨》中提出："完全之任务不可不备真善美之三德。欲达此理想，于是教育之事起。教育之事亦分为三部：智育、德育(意志)、美育(情感)是也。"后来，蔡元培提出"五育并举"，并且对美育的本质、内容、作用和途径做了系统的阐述。他认为："美育者，应用美学之理论于教育，以陶养感情为目的者也。"他认为美育是将美学的理论用在教育上，来培养审美标准，陶冶感情。

现代的关于美育的研究中，钟仕伦主编的《美育与美育心理》提到美育是一种审美教育、美感教育，即通过审美实践活动，运用美的事物对人进行审美和创造美的教育。邵宗杰、裴文敏等编著的《教育学》认为，美育也称审美教育。它是以陶冶情感、培养情操为特征，以生动形象为手段，提高学生感受美、理解美、创造美的能力，进而促进学生全面、

自由发展的一种教育形式。本书采用王道俊、郭文安主编的《教育学》中关于美育的定义，即美育是在教师指导下，学生有目的地主动感知、领悟、评析与操作自然、生活与艺术作品等对象的各种美的形态，通过师生间的互动、交流，掌握与运用有关美的基本知识、技能，以实现情绪的融合、共识与分享，培养感受美、鉴赏美、表现美、创造美的能力，促进个体自由而全面发展的教育。

以上三个美育的概念，都是在我国的教育目的指导下提出的。我国的教育目的是培养德、智、体、美、劳全面发展的社会主义事业的建设者和接班人。教育目的中对美育的解释为，美育是培养学生正确的审美观，发展感受美、鉴赏美和创造美的能力，培养高尚情操和文明素质的教育。

总体来看，美育的概念提出时间并不长，但美育的发展历程却是由来已久，可以说，美育的历史同人类的文明史是同时开始的，并随着人类社会实践的发展而发展。在中国古代，周礼的"六艺"(礼、乐、射、御、书、数)中就包含美育的因素，在"乐"中，不仅包括音乐，还包括诗歌、舞蹈、绘画等。在"乐"的学习中，人们不但能够感受到美，还能陶冶情操，提高道德境界和审美能力。孔子也提出了"志于道，据于德，依于仁，游于艺"和"兴于诗，立于礼，成于乐"，提倡艺教、乐教和诗教，这三者都含有美育思想。"智者乐水，仁者乐山"说明人们的性格不同，对自然景物的喜爱也不同，这是由于不同景物的特征与人们的品德和精神有相类似的特征，也说明了孔子注意到了自然的审美作用。此后的历朝历代，人们崇尚美的事物，美的品行的风气一直没有停止。到了近代，蔡元培提出"五育并举"，肯定了美育的地位和独特作用。

在西方，美育思想最早产生于古希腊，雅典的教育分为缪斯教育和体操教育。缪斯教育是智育和美育的结合，重视人的各方面的和谐发展，是一种德智体美同时并重的教育。体操教育过程中，学习内容有跑、跳以及舞蹈等，体育活动也渗透了美育的因素。柏拉图是古代西方美学的主要奠基人之一，他的早期著作《大希庇阿斯》是一篇专门讨论美学的论文，还有其他的文章，也都讲到了美学与审美教育的问题。他非常重视对儿童实施文艺教育，主张让儿童做游戏、唱歌、跳舞，给儿童讲故事，强调审美游戏在学前儿童教育中的重大意义。他也非常重视音乐的美育作用，认为音乐比其他教育都重要得多。亚里士多德在教育史上第一个根据儿童身心发展的自然顺序确定了教育年龄分期，并且在儿童的教育上，主张选择优雅和富有教育因素的音乐，这些都蕴含美育的因素。还有古罗马的哲学家、美学家贺拉斯，主张把理念教育和情感教育统一起来，从艺术学角度提出了"寓教于乐"的著名命题。由此可见，在几千年前，美育的价值与作用就已经得到了充分肯定。

西方近代资本主义时期，是美育发展的一个重要阶段。17世纪，英国哲学家洛克把"高贵善美"作为培养绅士才干的目标，绅士的优雅风度必须从德行、智慧、礼仪和学问四个方面来培养。捷克教育学家夸美纽斯，写了《大教学论》，这本书是近代最早的有系统的教育学著作，书中也涉及审美教育。18世纪席勒《美育书简》的发表，标志着对人的全面发展的关注以及系统理论的形成。在这一时期，还有德国的赫尔巴特，他把培养学生多方面兴趣作为教学的重要条件，并且首次将文学、音乐和绘画列为课程。马克思运用历史唯物主义观点，科学地揭示了美育的价值，他将人类存在的审美尺度运用于解释人的能动性本质，是审美教育价值的基本出发点。现代以后，美国哈佛大学哲学系教授闵斯特堡于1905年发表了《艺术原理》，提出审美能力应当同知识的能力一起及早通过训练和教育来发展。

苏联的马卡连柯认为应当把美育理解为不但要培养对蓝天、绘画、衣着的美感，而且要懂得行为之美，懂得行为的美学原理。苏霍姆林斯基的美育思想形成了比较完整的体系，他指出"要实现全面发展，就要使智育、体育、劳动教育、审美教育深入地相互渗透和相互交织，使这几方面呈现出统一完整的过程。"他认为美育对德育、智育、体育有很大的促进作用。

二、美育的特征

美育作为全面发展教育的重要组成部分，对人的全面发展起着重要的作用。它是其他教育所不能代替的，这是由美育的特点决定的。美育有以下几个特点。

(一)感染性

美的情感出于对美好事物的陶醉，这种超越功利、超越迷信、超越逻辑的美好情感有极大的感染力和激励作用。美的形象和美的事物对人的影响是内隐的，人在不知不觉中会受到陶冶和熏陶。不论是登高望月还是酾酒临江，有一种隐形的力量让人沉醉其中。身边的事物、景物强烈感染着人们，通过人们的表情、动作或者语言等表现出来。苏轼中秋望月，深受触动，作成《水调歌头》；王羲之与友会于山阴兰亭，流觞曲水之间，挥笔写作《兰亭集序》。这些都是说明人们心中的情绪往往容易受周围事物的影响，这来源于美好的事物的巨大感染力。

(二)形象性

美育是以生动鲜明的形象对学生的认知和情感产生影响的。不论是现实美还是艺术美，都表现为具体可感的形象。这种生动、具体的形象是不同于科学认知中图解知识的形象的。车尔尼雪夫斯基说"形象在美的领域占着统治地位"。人们对身边事物的感知都是从直观的形象开始的。在职场面试中，不了解别人性情、经历等的情况下，对一个人最大的印象就是外表；第一印象是非常重要的，很有可能决定一个人是否能够面试成功。

(三)自由性

美育应当是受教育者在愉快、自由状态中受到的教育，不论在欣赏美还是创造美的过程中都能体现出个体的意志自由性。每个人都有自己的审美观，面对任何一种形态美，都有根据自己意愿做出审美判断的权利。人们可以根据自己积累的经验，自由发挥创造力，创造属于自己的作品。

(四)社会性

对事物所产生的美感往往出自人的审美观点和审美情趣，而人的审美观点和审美情趣主要是由人的社会属性决定的。由于人的时代性、历史性、民族性、地域性、阶级性和个体性的不同，人们的审美标准、审美形式也会不同，美的感受必然是受人所处的社会的影响。正如鲁迅先生所说，"灾区的饥民，大约总不去种兰花，像阔人大老爷一样，贾府的焦大是不爱林妹妹的"。每个人都不可能脱离社会而存在，完全的独立是没有的，人的审美观念、审美意识的形成总是受到各种各样的因素的影响。

三、美育的意义

美育的意义表现在以下几方面。

(1) 有利于维持学生心理平衡，培养健全心理结构和知识结构，形成良好思想道德，促进身心健康发展。

人皆有情，对人的教育必须从人的自身特点出发。如果教育片面追求某一方面，忽视其他方面，可能导致学生失去心理平衡，难以实现教育真正的目标，对学生的身心健康发展也是不利的，甚至对其他人和社会都会造成危害。目前，还是有很多中小学的音乐、体育、美术课都是流于表面形式。到了高中，不少学校为了升学率，把这些被认为是浪费时间的课砍掉了，或者"挂羊头卖狗肉"，课程表上写着美术、音乐等艺术类课程，实际却安排了语文、数学等高考必考科目。这样一来，学生就不容易受到"德智体美"全面发展的教育。苏霍姆林斯基曾说"美是人的道德财富的源泉"。美育是运用人类实践中所创造的一切美对人的自身进行审美教育，以全面提高人的精神面貌，美育以具体的形象去激发人的情感活动，使人在这种情感活动中陶冶情操、完善人格。坚持全面教育的方针，培养学生健全的心理结构与知识结构，在这一过程中，美育起着重要的育德的作用。

(2) 有助于提高人的审美素质和审美能力，培养人们对美的感受能力，发展创造美的能力。

美与丑是相比较而存在，相斗争而发展的。在众多形态中，要把真正美的对象分辨出来，开展正确、健康的审美活动，就要求学生具备辨别美丑的能力。这种能力是在审美活动实践中逐渐形成的，也是在美育过程中逐渐形成的；只有在具备辨别美丑能力的基础上，学生才能发现和感受自然界和社会以及艺术中的美，进而能够创造美。每个人都有创造美的潜力，而美育能够将这种潜力更好地发展出来。尤其是面对不同特点的学生，教师要能够做到因材施教，将学生表现突出的方面加以适当的教育，学生的美的创造能力将会得到更高的发展，能够提高审美素质，提高辨别美丑的能力和创造美的能力。

(3) 有利于人类物质文明和精神文明的和谐发展。

人类文明的发展过程是一个物质文明和精神文明不断富足的过程，人类在发展过程中积累的文明成果，是年轻一代生活、学习、教育与发展的宝贵资源。智育可以教给学生创造物质文明的知识，体育可以给学生健康的身体，德育传递给学生社会伦理规范，而美育的独特作用在于教给学生在创造物质文明过程中的想象力和对美的创造力。美育对人的影响是润物细无声的，在人的精神世界发挥着重要作用，能起到洗涤心灵、改造人的精神世界的作用。我们追求的是物质文明和精神文明的和谐发展，美育要坚持为两个文明建设服务，以推动社会文明发展进步。

第二节　美育的内容和任务

一、美育的内容

(一)自然美的教育

自然美的种类有很多，根据人与自然的关系，可以将自然美的形态分为三类。第一类是未经人类改造开发过，原始的自然风光美，如璀璨的星空、皎洁的月光等。第二类是人类通过生产劳动实践加以改造的自然人文美，如精致的园林花卉、层层叠叠的梯田等。第三类是以人本身的躯体、肌肉、肤色、动作和姿态作为审美对象的人体美。根据自然美的属性和重形式美的特点，可以将自然美划分为雄伟的自然美、奇异的自然美、秀丽的自然美等具体形式。根据不同依据，可以划分出不同的自然美的分类，不论是哪一种，在自然美的教育中，可以参考以下审美指导。

1. 了解人类对自然美的认识发展过程

自然教育是让学生认识到自然美的教育。自然界早已经存在，它本身并没有美丑之分。在人类从原始人进化过程中，人类对自然的认识也发生了变化。随着社会实践和认识的发展，自然界的一些事物被认为是美的，并且自然美的范围也随着人类认识的扩大而增多。人对自然的态度是由人与自然的关系决定的，了解人类与自然关系的发展变化过程有助于帮助我们认识自然美。在远古时代，人类对自然怀有一种敬畏心理，雷电可能造成森林大火，让人类无处栖身；暴雨洪水可能冲毁住所，带走无辜者的生命。面对这样的自然，人类只能顺从、祈祷，却无能为力，更不可能欣赏雷电在天空绽放的夺目美景、洪水滔滔不绝的波澜壮阔、赞叹大自然的力量。随着社会的进步，人类虽然不能征服自然，但古人却能尝试着探索自然的规律、总结经验，一些俗语和谚语，"蚂蚁搬家蛇过道，明日必有大雨到""春光一刻值千金，二十四个节气勿等人"，都是古人对自然的观察与记录。这时候，人们对自然的态度有了些许变化，可以从一些文学作品中反映出来，历朝历代，都有许多有关于景物的名篇问世，雄伟的自然美、奇异的自然美、秀丽的自然美等都有画卷来记录，人们已经开始渐渐欣赏自然的美。现代社会科学技术可以解释很多古人不能解释的奇异现象，自然的神秘面纱也逐渐被揭开，我们可以根据自然规律改造自然为人类生活提供便利，如海底隧道的打通、高楼大厦的建造等；我们可以看到更多的风景，甚至人类的脚步已经迈入太空，可以欣赏美丽的蓝色星球和璀璨无边的宇宙星河。人类与自然的关系更加紧密，自然也不再令人恐惧，反而显现出了可爱、美好的一面。在美育过程中，对自然美的审美教育，可以联系历史，帮助学生了解更多关于自然美的来源与发展方面的知识。

2. 了解自然物成为人和人类精神生活的象征的意义

自然的美，一部分来自自身的美，一部分来自人类赋予的人格美。随着人类认识水平的提高，思想境界也随之提高，人类面对自然物时也会把它与自身思想感情联系起来。黑格尔说："自然美还由于感发心情和契合心情而得到一种特性。"例如寂静的月夜，平静的山谷，其中有小溪蜿蜒地流着，一望无边波涛汹涌的海洋的雄伟气象，以及星空的肃穆而庄严的气象就是属于这一类。这里的意蕴并不属于对象本身，而是在于所唤醒的心情。在文学作品中，我们可以看到很多这样的例子。"月"在作品中出现的频率非常高，并且同一个事物可以表达作者不同的感情，不同的人看到月也会产生不同的感情。比如《水调歌头》，是苏轼在中秋佳节所作。当时作者正处于政治失意的阶段，又与弟弟分离，本来处于消极悲观的情绪里，可是作者随即以超然达观的思想排除忧思，一句"人有悲欢离合，月有阴晴圆缺，此事古难全"，将自己的思绪与月亮联系起来，表现了作者豁达洒脱的胸襟。杜甫在安史之乱中与家人分离，被困在长安，月夜中想念妻子儿女，写下了《月夜》，"今夜鄜州月，闺中只独看"。一个"独"字，表现了一种妻子担忧丈夫安危的心情；此时的月是一个孤寂悲凉的意象。"清辉玉臂寒"，月光照在妻子手臂上，也带有寒意；此时的月是清冷的月，如同诗人的心境一般充满凄凉悲哀。从这两个带月的作品中，我们可以看到，当一个自然景物被赋予情感时，对它的审美角度就发生了变化，它也有了另外一层审美价值。在美育过程中，可以介绍一些典故和传说以及相应的艺术作品，扩充学生知识面，同时要体会其中的思想感情，从而有利于对美的深刻理解。

3. 利用观察技巧，在生活中发现美

首先，欣赏自然美，要在平时培养和练就一双善于捕捉和发现美的眼睛。我们每天生活在自然中，美无处不在，关键在于我们能否拥有一双善于发现美的眼睛。一年四季，风景各不相同。春天，看初春嫩芽吐绿，细雨绵绵，杨柳起舞。夏天，看小荷蜻蜓款款，听蛙蝉合鸣，疾风骤雨。秋天，看晴空万里，大雁高飞。冬天，雪花纷纷，仿佛柳絮因风飞起。如此看待生活，生活便处处是美。美育就是指导学生调动各种感官去发现美，感受美，享受美。其次，欣赏美要善于选择最佳的时空与观景角度，即观察的技巧、根据时间变化选择观察对象，我们在天寒地冻时可以观察梅花吐蕊，在炎热的夏季可以观赏小荷尖尖。选择适合的空间也很重要，拍照片需要思考构图和方位，观赏景物应当根据观赏对象的特点选择最佳视角。

(二)社会美的教育

社会美来源于人的社会实践，包括人的美、劳动产品的美以及社会环境的美。人是自然的产物，又是社会实践的主体。在社会美的范畴里，人的美体现为人的外在美，如健康的身体、美好的行为举止、得体的谈吐等；人的内在美即心灵美，包括高尚的品格、丰富的学识、积极的生活态度等。劳动产品是人类创造的，为人类生活服务，围绕人的生活展开，在衣食住行方面都有体现。社会环境的美体现在社会风尚、社会道德、人与人之间和谐友善的人际关系以及真实环境(居住、工作等所处环境)等方面。

进行社会美的教育，可以从以下两个方面进行。

1. 以名人榜样作为示范

榜样的力量是巨大的，具有强大感染力。在公民道德建设方面，道德模范为公民树立了榜样，激励我们向他们学习，这有助于形成良好的社会风气；爱国主义是中华民族精神的核心，是心灵美的最重要的表现，也是社会美的最基本的内容。古往今来，爱国的仁人志士数不胜数，古有文天祥誓死不屈、林则徐虎门销烟，今有钱学森为国家奉献一生，黄旭华隐姓埋名几十年如一日。这些例子是进行爱国教育，让学生感受情感美的良好素材。

2. 取材于生活，围绕生活实际开展审美教育

日常生活中的社会环境美，是环境美的基本的、普遍的形态。社会美与人的社会实践直接联系，只有投身于实践，深入社会，审美主体和审美对象才能建立直接的联系。邻里和睦就是这种形态的环境美的最好的例子，也是学生经常能接触到的社会美，更能引起学生的共鸣。

(三)艺术美的教育

艺术美是存在于艺术作品中的美，是一种观念形态的美，其来源于现实美，又高于现

实美。艺术美是人的本质力量在艺术作品中通过艺术形象的感性显现的。艺术作品的美是作品形式美和内容美的高度统一，它所反映的社会生活内容以及所表露的艺术家的思想情感，都必须通过具体可感知的艺术形象才能传达给欣赏者。艺术美有实用艺术美、表演艺术美、造型艺术美、综合艺术美和语言艺术美等。实用艺术美主要表现在建筑和工艺等方面，表演艺术美主要表现在音乐和舞蹈等方面，造型艺术美主要表现在雕塑、绘画、书法和摄影等方面；综合艺术美是指综合几种艺术成分所构成的艺术，通常专指同时兼用视觉和听觉感受的艺术如戏剧、电影等。艺术美中的语言艺术是指文学艺术，以语言或者书面作为物质媒介，构成一种想象的艺术形象，以再现现实生活和表达艺术家的审美意识。

要想深入地领会、欣赏艺术作品的形式美和内容美，就要从艺术家创造出来的艺术形象入手，分析艺术形象中包含的社会内容，看它是否给人以健康向上的情感、寄托着艺术家的何种情感，需要我们不断提高思想水平和艺术修养，树立高尚的审美理想和审美情趣，努力培养感受艺术美的观察能力，加强知识积累，提高艺术文化修养，努力培养艺术欣赏的再创造能力。

二、美育的任务

在邵宗杰、裴文敏等编著的《教育学》中，将美育的任务分为体验美的能力和表现美的能力。体验美是以审美感知为基础，通过审美联想、审美想象、审美评价得到发展，最终产生审美直觉。表现美是对美的外化，学生表现美的能力主要包括对美的体现和创造。王道俊、郭文安的《教育学》中将美育的任务分为以下几个方面：树立学生正确的审美观点，提高审美能力；培养学生健康的审美情趣，对美的热爱和追求；发展学生发现美和创造美的能力。本书结合两种观点，认为美育的任务大致包括树立正确的审美观点、培养体验美的能力以及表现美和创造美的能力。

美育任务.mp4

(一)树立学生正确的审美观点

学生的审美活动是在自身审美观点基础上进行的，不同的人有不同的观点。然而受生活环境、接受的教育以及家庭环境等多方面因素的影响，有的人的审美观点符合大众和社会认可的审美；一些人的审美观点会出现偏差，可能把一些低俗却能博人眼球的东西看作个性和标新立异。比如，网络在全社会应用广泛，青少年接触到的信息是爆炸性的，在无数信息冲击下，应当教会学生筛选信息，在审美方面，要引导学生树立正确的审美观念，提高审美能力，以减轻不良因素对青少年身心发展产生的不良影响。每个人对美的定义是不同的，我们可以挑选具有代表性的例子、一些美好的人和一些美好的事物，作为参考，告诉我们的学生，这些能被历史记载下来，或者现代社会中能对社会发展起到积极促进作用的人、事、物，才应该代表我们的审美，才是我们追求、学习的对象。同时，我们也可以举出一些低级、腐朽的例子，作为反省自身，避免盲从的反面教材。

(二)培养学生体验美的能力

每个人都向往美，希望接触美、体验美；如果不去亲身体验美，美只是一个空洞的字眼，对人没有任何意义。审美主体对美的体验过程是以审美感知为基础的，对形式美的感知是美感运动的起点。比如见到一幅画，人们首先看到的是色彩和线条等外在的东西，要想深入欣赏这幅画，就需要进一步去了解它。审美感知后面应该是审美经验阶段，一方面是我们在大脑中，回忆所储藏的从先前审美经验中获得的知识积累和情感积累；另一方面，是我们在已有经验的基础上，通过联想、想象和探求等，获得新的美的体会。比如在看到一幅月亮挂在树梢的图画时，有的人可能会想到"枯藤老树昏鸦""夕阳西下，断肠人在天涯"，也有可能会想到"月上柳梢头，人约黄昏后"，或者"明月别枝惊鹊，清风半夜鸣蝉"。通过联想，可能会对这幅画的意境有无数种猜测，也可能会激发想象力，创造出一个个别出心裁的故事，最终产生独特的审美体验。因此，在进行美育时，一定要多给学生机会去接触美好的事物，培养他们体验美的能力。

(三)发展学生表现美和创造美的能力

培养学生正确的审美观点，使学生提高审美能力是美育的重要任务，也是美育的初步任务。美育的另一重要任务是要学生把所认识到的美表现和创造出来。一方面，学生在日常生活中可以表现出他们所认识到的美。例如着装得体，语言文明，微笑待人，都能让人感到美，这是我们可以看到的社会中的美。另一方面，学生通过参加一些活动或者比赛，可以充分发挥自己的聪明才智，创造出体现自己审美能力的作品。认识美是重要的，创造美也是非常重要的；认识美为创造美积累经验，创造美能更加深化学生对美的认识。

第三节 美育的实施

美是到处都有的，如何带领学生去发现美、欣赏美，教育者怎样做才更有利于学生创造美？这是教育者需要思考和重视的问题，本节致力于美育的实施，包括实施的原则和实施的途径。

一、美育实施的原则

(一)艺术化原则

艺术化原则是指通过审美化的方法和技术，科学组织教学过程，使教学过程具有审美特征，达到艺术化境界，从而实现教学审美化，产生教学审美心理效应。教学活动蕴含丰富的美育因素，贯穿美的规律。在教学过程中伴随发现美、揭示美、鉴赏美、创造美的过程。教师在教学过程中，应该树立美的意识，挖掘和运用教学中美的因素。要注重运用艺术手法，因为艺术手法可以优化教学过程，改善教学氛围，提高教学的吸引力、感染力，调动学生积极学习和热爱学习的情感，增强教学内容的可接受性；能使单纯的教学活动转变为审美欣赏、审美表现和审美创造的活动，更加有利于调动学生的积极性，引起学生情感的共鸣，激发学生的创造力。大量的教学实践证明，当教师的教学达到了艺术的境界，学生的学习效果最好，学习的情感体验最积极，"以学为乐"就能成为现实。在教学过程中，语言和板书设计都能够体现教学的艺术美。教师需要不断地锤炼自己的教学语言，使教学语言具有趣味性、幽默性和节奏感，既能够豪爽奔放、热情似火，又能深沉细腻如绵绵细雨，悄悄浸润学生的心灵。在板书设计方面，教师工整优美的字体、合理的设计与布局、颜色的巧妙搭配，可以让学生清晰明了地看清楚要点，能够给学生美的享受。

通过艺术化的手段，把一般的教学信息传递过程变为审美欣赏过程，常常能够激发师生积极的情感体验，使师生产生情感共鸣和情感移入。教学过程的艺术化要求教师运用艺术的表达手法来揭示教学内容，组织教学活动。因为艺术手法首先可以使教学表达自由流畅、清晰准确，增强教学效果，使教学成为培养学生表达能力的过程。其次，艺术手法可以升华艺术中的理性，可以活化理论中的感情，实现文理交融，使教学的每个环节充满着审美的魅力。

(二)实践性原则

学生是教育的主体，要培养学生创造美的能力，必须让学生投身于实践。进行美育的过程中，必须坚持实践性原则。一方面，可以在课堂中实践。学生在课堂中也可以进行欣赏美、创造美的实践。美育的主要阵地是艺术教育，艺术教育在学校中主要体现在音乐、美术上。如果要上一节小学生学习粘贴画的美术手工课，在课前，学生按照教师的要求，提前准备上课要用到的材料，比如收集可以作为粘贴材料的物品，如树叶、布料等；在课上，学生需要亲自动手，用自己的双手利用素材把想象中的作品创造出来。这些步骤都需要学生亲自去实践。在教学中，教师应当尽可能为学生创造实践的机会。另一方面，可以在家庭以及社会生活中实践。这就需要组织各种活动，如参加大合唱、手抄报比赛等，学生参与进去，在其中感受美，利用已有经验创造美，不仅是对自身能力的检验，也在此基础上开始为下一次美的创造进行积累。

(三)形象性原则

美育是感性形象的教育，人们对事物的审美通常是从美的形象开始的。根据人的审美意识发展规律，美育必须坚持形象性原则。美不是一个空洞无物的概念，它通常借助生动可感的形象出现。例如看到一幅山水画，人们可以根据它的色彩基调来欣赏，四时不同，山的样貌、颜色也不同；还可以从搭配元素来欣赏，有山有水的图画中往往也有草木和云；甚至可以通过观察山的形态是奇秀还是浑厚来判断山处于南方还是北方。这都需要各种各样的形象来展示，从这些形象不仅可以看出外在美，还可以分析出内在美；每一幅作品都蕴含着作者思想感情，或悲凉或喜悦或淡然，通过直观的呈现能够体会到形象中的意蕴美。

(四)开放性原则

美育不是一座围城，不能划定一个范围将学生拘束在其中。学生的体验是自由的、思想是开放的，养育应当坚持开放性原则。这也是从美育的自由性特征角度提出的，即美育是受教育者在愉快、自由状态中受到的教育，不论在欣赏美还是创造美的过程中都要体现个体的意志自由性。尤其是学生在感受美的过程中，学生的感情能够深入美的意境，达到陶醉状态，这个时候，学生的心灵是无比自由的，对美的感受是开放包容的。另外，学生审美的范围非常广泛，包括自然界和社会环境，教师在设计美育活动时要坚持尊重学生的主体性和能动性，以开放包容的态度看待学生的审美实践。

二、美育实施的途径

美育实施的途径可以从美育过程得到启发。美育过程是教师依据人的审美心理规律，运用人类的审美经验,引导学生通过自然美、社会美和艺术美的审美活动,培养感受美、鉴赏美、创造美的能力和审美意识的过程。美育不只是在学校里进行,还可以在学生的日常生活中进行。美育的主要途径是课堂教学,主阵地是艺术教育,合理利用一切可利用的资源,美育会取得比较理想的效果。

(一)在课堂中进行美育

美育的课堂并不局限于艺术学科,不同的学科都能提供给学生丰富的审美知识,培养学生的审美能力。美育与智育、德育结合在一起,才能更好地发挥育人的功能。以语文课堂举例,可以利用情境教育进行美育。"情境教育"模式是李吉林在长期的教改实验中逐步形成、发展并完善起来的教育模式。情境是指对人引起情感变化的具体的自然环境或具体的社会环境。情境教育是从教育的需要出发,教师根据教材创设以形象为主体、富有情感色彩的具体场景或氛围,吸引学生主动学习,达到最佳教育效果的一种教育模式。美育的内容包含自然美和社会美,与情境教育中能够引起学生情感变化的自然环境和社会环境是重叠的,因此,在情境教育的过程中,可以渗透美育的内容。

📖 知识拓展

李吉林《月光曲》教学实录片段

师:你们再体会一下,如果不是这样的情景,而是海上刮起了狂风,掀起了黑浪,月亮躲到云里去了,大海是一片漆黑。和这情景有什么不同?

生(齐):不同。

师:对。这时是雪亮的浪花飞溅,(边说边画图)这样的情景给你什么样的感觉?

生:给我美的感觉。

生:我仿佛听到了海浪拍打礁石的声音。

生:学到这,我仿佛听到了贝多芬的琴声,时而轻轻的,时而低低的,时而高高的。"轻轻的"有点像月亮升起来了,"低低的"就像月亮慢慢往上升,"高高的"就有点像波涛汹涌。

师:很好。贝多芬的琴声把皮鞋匠带到了海边。这儿,有平静的大海,有奔腾的大海;有柔和的美,也有壮阔的美。但无论是平静的海边,还是波涛汹涌的大海,都有什么?

生:都有月光。

师:对。是美好、光明的景象。好,下面我们一起读这几句。

(资料来源:教育部师范教育司组. 李吉林与情境教育[M].

北京:北京师范大学出版社,2006: 182-183.)

(二)在大自然中进行美育

自然美是美育的重要组成部分,大自然是进行美育的重要环境,大自然是美育取之不尽的源泉。欣赏自然美可以领悟人生、砥砺品格,于潜移默化中树立高尚情操。在景观的自然形态与人的品格操守的象征联系中,人们可以通过对自然美的观赏而获得人格的启悟和情操的升华，从而更加自觉地追求人格结构的自我完善。陶渊明赏菊，周敦颐爱莲，郑板桥咏竹，都表现出了他们借景而修身自勉或明智厉行的旨趣。在知识结构方面，观赏自然风光，尤其是人文景观的美，能够开阔视野，增长见闻，提高人的文化素养。当一个人游历遍名山大川，他的胸襟和事业必定非常开阔。古人说"读万卷书不如行万里路"。在审美结构方面，观赏自然美可以陶冶学生的情操，培养学生的美好心灵。学生投身到大自然的怀抱，凭着感官直觉，看到自然中的日月星辰、山川湖海、花草虫鱼等，都会产生美的体验。自然美作为极为丰富的审美对象滋养着人们的审美结构。它的形式特征以其特有的造型美、色彩美、声音美、节奏美和动态美来锻炼人们对形式美的感受能力，它的审美意蕴则以其特有的丰富内涵来锻炼人们对内容的体悟能力。此外，大自然还以其特有的钟灵毓秀之气濡染着人们的艺术气质和审美情趣。人们在领略自然美的过程中，不断完善自身的审美心理结构，获得深厚的审美欣赏和审美创造能力，在此基础上，人们又以新的审美心理结构去观赏自然美，从中获得新的审美发展。

(三)在生活中进行美育

一方面，对学生来说，在学校的时间是很长的，教师可以利用课余的日常活动时间实施美育。在教室中可以通过教室的环境布置、班级板报、墙报等隐性文化来展现环境的美；在室外，校园环境包括校园里的绿化，围墙的粉刷颜色，学生的穿着打扮、言行举止等，都能够对学生产生潜移默化的影响。如果这些都被精心设计过，那么对学生美感的培养是非常有好处的，也能够发挥学校环境的审美、约束、学习导向等诸多功能，这样学生能够在校园中感受到积极向上的气息，从而可以更加热情洋溢地学习。学生主要是在校园中学习，校园环境的美育功能对所有的年级学生都适用，不过不同年龄阶段的学生身心成熟程度不同，在利用校园环境进行美育时，教育者应该根据不同学生的特点进行设计，为学生营造一个陶冶情操、美化心灵、激发灵感、启迪智慧的良好环境，学生在这样的环境中不仅能够培养情趣，还能自觉对学校的环境进行保护与维持，产生认同感和归属感。另一方面，学生的日常生活地点是家庭。家庭中也可以进行美育，这主要依靠父母的教育。如果学生在亲子关系和谐温馨的家庭环境中成长，那么学生从小就能感受到人与人之间的友善美，在这样的熏陶中，学生更容易成长为一个内心充满善意与美的人。

本 章 小 结

美育是德、智、体、美、劳全面发展教育的重要组成部分，是培养学生正确的审美观，发展感受美、鉴赏美和创造美的能力，培养高尚情操和文明素质的教育。美育具有感染性、形象性、自由性和社会性特征。

美育的内容包括：自然美的教育、社会美的教育和艺术美的教育。美育的主要任务是树立学生正确的审美观点，培养学生体验美的能力、发展学生表现美和创造美的能力。

美育的实施应遵循艺术化原则、实践性原则、形象性原则和开放性原则，美育的途径包括在课堂中进行美育、在大自然中进行美育、在生活中进行美育。

思 考 题

1. 什么是美育?
2. 美育的特征是什么?
3. 结合实际,谈一谈美育的意义。
4. 试论述美育的内容及任务。
5. 美育有哪些实施途径?试举例说明。

第十章 学生与教师

本章学习目标

(1) 理解学生的本质属性、权利和义务等基本问题，形成正确的学生观。

(2) 理解和把握教师的角色定位、权利和义务、劳动特点以及职业素养等问题，形成正确的教师观。

(3) 理解师生关系的内涵，深刻认识建立良好师生关系的意义，掌握良好师生关系的构建策略。

重点难点

重点：领会学生的本质属性；把握教师的角色定位及职业素养。

难点：掌握构建良好师生关系的策略。

引导案例

给学生选择教育的权利

有着百年历史的晋元中学是上海市 11 所现代化寄宿制高中之一。走进校园，绿色的植被和宽敞大气的建筑浑然一体，使人置身其间，顿有一种愉快释然的感受。而唤起我们极大兴趣的，还是学生的"走班制"上课方式。

每天上课铃一响，晋元中学各个班的学生便会根据自己对各科的学习能力和兴趣去相应不同层次的班级上课，而原有的行政班则保持不变。这就是所谓的"走班制"教学。

原来，晋元中学对每年初进校门的高中生都要举办学习方法、学校课程、自主选择方法、研究性学习等内容的讲座，并在拓展型、研究型、社会实践课程中正式开设走班教学。在学生逐步熟悉、适应高中学习环境的基础上，在期中考试后，对数、理、化、英语、计算机、体育六门基础课程进行选择走班教学。根据学生的选择，学校将 4 至 5 个班级的学生看成一个"班级"，分成 A、B、C 层，几个班同时开展同一科目的教学活动，其余教育教学活动则在原行政班进行。各学习层次和教学班级动态组合，一个学期微调一两次，保证学生在一个较适合自己的层面学习。

按校长的话来说，过去学校"批量生产"出来的是"标准件"，遏制了学生的个性发展，培养出来的人才也不能适应社会需要。而知识经济时代最鲜明的特征就是个性化。高中是一个人个性形成的黄金时期，要发展个性，必须承认学生的发展的不平衡性和差异性，承认学生有选择权和发展权，承认学生有选择课程的权利。在此思想指导下，晋元中学构建了学生在全面发展的基础上实现个性发展和充分学习的"套餐式"学校课程结构，让每个学生都有适合自己发展的课程表。

（资料来源：时晓玲. 教育不能选择学生，学生有权享有最好的教育[J]. 中国教育报，2001）

案例分析：

学生的权利是指学生在教育活动中享有的各种权利。学生的权利是与其身份和法律地位紧密相连的。在教育领域，学生有双重身份：其一，他们是国家公民；其二，他们是正在学校接受教育的公民。学生的双重身份，特别是学生是正在接受教育的公民的身份决定了他们享有权利的特殊性。作为公民，他们享有《宪法》所规定的公民应享有的各项权利。作为学生，在受教育过程中，他们享有其他公民不具有的权利：参加教育教学活动权，获得奖学金权，获得公正评价权，申诉、起诉权以及《教育法》允许学生享有的其他法律法规规定的权利。

对学生人格和权利的尊重，是现代社会人的主体性得到尊重的一个表现。学生权利的概念是20世纪60年代在美国首次提出的，1989年11月20日，联合国大会通过了《儿童权利公约》。《公约》中明确指出：儿童有权享受特别的照顾和帮助、有权自由发表言论、有权享受法律保护等。这标志着儿童的权利被国际社会所承认。我国也相继通过并颁布了《义务教育法》《未成年人保护法》等法规来保护学生的权利。学生，特别是中小学生，他们大多未满18周岁，是无民事行为能力和限制行为能力人，他们的身心和社会性发展尚不充分，不能完全准确地辨别是非和保护自己，因此，法律对其权利必须给予特别的保护。这就要求家长和教育工作者既要尊重他们，又要同时约束自己的行为，以防伤害他们未充分发育的心灵。

在以上案例中，学生的受教育权得到了校方的充分尊重，学校努力创设环境来保证学生的各项权利得到实现。虽然在班级授课制的集体中，学生自由选择的余地是有限的，但只要学校和教师充分尊重学生，他们的各项权利就能最大限度地得到保障。这个案例说明，尊重学生的权利对于学生的自主发展是极为重要的。当学校充分尊重了学生的选择权时，学生的学习目的就会更加明确，学习的积极性也会更高。除了受教育权，教育者还应该尊重学生发表意见的权利，尊重他们的隐私等。在保护他们这些权利的同时，还要唤醒学生的"维权意识"，大胆地让他们知道自己所拥有的权利，这是尊重、维护学生权利的最为直接、有效的做法。

学校既是专门从事教育活动的场所，也是保护学生权利的主要部门。但令人遗憾的是，由于种种问题，学生的权利常常被某些学校、教师所忽视，有的学校、教师甚至否认学生的某些权利，因此，常常出现侵犯学生权利的事情，以至于被学生送上被告席。这一方面表明了某些学校、教师对学生权利的无知和无视，另一方面也表明了学生及其监护人已经有了较强的法律意识，开始懂得运用法律武器保护自己的合法权益。由此可见，明晰学生的权利，并采取措施保护学生的权利，乃是减少对学生的伤害，使学生健康成长的必要措施。此外，由于家长的特殊地位，在家庭中忽视学生权利的现象在我国也十分普遍。实际上，不论是家长还是学校，都应该站在学生的角度，以学生的健康成长为出发点，尊重并保护学生的各项权利，还给他们本属于自己的天空。

第一节 学　　生

一、学生的概念

"学生"一词被广泛使用，针对"学生"的不同概念就相应地有着不同的属性。在古代，学生是一种自我谦虚的称呼，比如《说岳全传》中有："学生祖上，原系世代武职，故遗下此剑。今学生已三代改习文学，此剑并无甚用。"在传统意义上，其还与学徒、弟子、门生等同，均指在校学习的人，向有学问的人学习知识与经验，如韩愈在《请复国子监生徒状》一文中说："国子馆学生三百人。"在现代教育中，如《教育大辞典》指出，学生是"在各级各类学校或其他教育机构学习的人""泛指一切受教育的人"。因此，学生是指把学习作为主要任务的人。

二、学生的本质属性

在教育过程中，教师是教育者，学生是受教育者；教师是教育的主体，学生是教育的对象和认识发展的主体；教师起着指导作用，学生起着主体作用。学生通过其独特的属性来区别于其他意义上的人。

(一)学生是具有独立人格的人

学生是具有独立性的，每个学生都是一个独立的人，有着自己的思维、兴趣及个性等，因此学生是需要得到尊重与呵护的。要尊重学生的人格，给予学生充分的理解与信任，呵护学生的自信与自尊。在教育过程中，要把学生当作主体的人，了解学生的发展需要及愿望，不要把学生看成接受知识的"机器"或"工具"，不对学生强硬地施加各种影响，使学生拥有自主选择的权利，培养其自我管理的能力。

(二)学生是具有发展潜力的人

学生是在学校中以学习为主要任务的人，他们大多数是未成年的儿童，他们处在一个发展的过程中。维果斯基的"最近发展区"教学理论指出在教育发展过程中必须考虑儿童的两种发展水平，一种是儿童现有的发展水平，另一种是在他人尤其是成人指导的情况下可以达到的较高的解决问题的水平，强调要引导儿童向潜在的水平发展。这不仅可以促进有效教学，而且可以使儿童各方面的素质得以提升。

作为一个发展中的人，意味着学生在各方面的发展均未达到成熟状态，处于身心发展的最迅速时期，具有很强的可塑性。在教育中要以发展的眼光看待学生，而不能"一棍子打死"，要通过晓之以理、动之以情的方式来感化学生，促使他们认识到自己的问题，从而改正缺点，不断地完善自己。因此，一个人发展的过程就是通过不断地犯错误，发现问题并改止错误的过程。教师要理解学生不是一个十全十美的人，正确看待学生的不足之处，充分开发学生的潜能。叶澜老师在《更新教育观念，创建面向 21 世纪的新基础教育》一文中有如下表述。

认识和重视学生的"潜在性"，是指教育者要看到学生存在着多种发展的潜在可能性，它是相对于学生已经表现出来和达到的现实发展水平而言的。教育在学生多种潜在发展可能性向现实发展确定性转化的过程中起着重要的作用。有了这样的观念，一方面，我们会对学生可能变化和发展到更高水平持有信心，不犯把学生看死、定型化的毛病。另一方面，我们就会创造各种条件，为学生发展可能的实现提供各种舞台；就会在日常的教育中，努力去发现每一个学生身上都存在的，仅仅表现为"希望""喜欢"状态的新苗子，即可能性。只要这种"苗子"状态具有积极的、创造的、独特的意义，有利于学生健康个性的发展，教育者就应努力去扶植它，使它从"苗子"长成"大树"，从"潜在"变为"现实"。这里，教育者的态度和行为，具有重要的作用：漠视，会使"苗子"逐渐枯萎；限制，会使"苗子"死亡；只有扶植，才会使"苗子"健康成长。从这个意义上我们可以说，教育者是在撒满饱含着生命希望的种子的田野上耕耘。

(三)学生是具有能动性的人

马克思·范梅南指出："儿童当然不是一个空空的容器。"儿童是带有知识、情感、兴趣、感情等经验的，能够主动地反映与认识并主动地选择甚至创造，而不会任由他人不加思索地添加和机械地灌输。学生既是教育的对象，又是学习的主体。素质教育提倡"学生是学习的主人"，因此在课堂教学中要以学生为主体，教师为主导，把学习的主动权交给学生。要使教学过程成为教师教育学生学的双边活动、师生共同成长的过程，以此取得良好的教育效果，实现教育活动的目的。另外，学生的能动性还表现为学生能够进行自我教育，在教师的教育之外，能够主动地获取学习资源、认识学习材料，使得心智得以成长。

因此，要培养和发挥学生的能动性，首先要激发学生的学习兴趣，使学生产生学习动机，把学习当作极其愉悦的事情而不是一种负担，从成功的学习中体验到成就感，激发更加强烈的求知欲望。其次要注意理论联系实际，使教育贴近学生的实际生活，使学生体会到知识带来的快乐和价值，从而促进学生的能动性。

(四)学生是生活于未来的人

学生的学习不仅是为了适应当前的生活，更是为了适应和创造未来的生活。现代教育强调未来意识，现代教师更要有未来观念，离开人类未来的教育是短视而肤浅的教育。学生的未来有发展的各种可能性，教育的属性永远是未来。维果斯基曾说过："教育不应以儿童的今天，而应以儿童发展的明天为方向。" 以此来告诫教育工作者要意识到教育要与未来事业密切相关。因此，既要培养学生适应未来社会发展的各种素质，更要通过教育培养学生成为创造未来美好生活的人。

三、学生的权利和义务

(一)学生的权利

学生的权力和义务.mp4

学生既是具有独立意识的个体，又是受教育者，因此既与其他社会个体一样享有宪法所规定的基本权利，又享有教育法律法规所规定的权利。在学校教育过程中，学生是正在接受教育的公民。按照我国的相关法律规定，学生享有以下几个方面的权利。

第一，受教育的权利。受教育权是公民的一项基本权利。我国《教育法》第四十二条第二款规定学生有"参加教育教学计划安排的各种活动,使用教学设备、设施、图书资料"的权利。这一规定是保障学生受教育权的前提和基础,学校应当按照规定组织、安排好各种教育教学活动,保证学生完成学习任务。

第二,物质帮助权。物质帮助权是指学生享有按照国家有关规定获得奖学金、贷学金和助学金的权利。奖学金和贷学金主要适用于高等学校和中等专业学校的学生,助学金主要适用于义务教育阶段的学生。我国《义务教育法》第十条规定:"国家设立助学金,帮助贫困学生就学。"这项权利为学生享有受教育权提供了物质保障。

第三,申诉、起诉权。我国《教育法》第四十二条第四款规定:"对学校给予的处分不服向有关部门提出申诉,对学校、教师侵犯人身权、财产权等合法权益提出申诉或依法提出诉讼。"这一权利是学生受教育权得以实现及其他有关权利不受侵犯的根本保障。

第四,受尊重的权利。《中华人民共和国义务教育法实施细则》第二十二条规定:"学校和教师不得对学生实施体罚、变相体罚或者其他侮辱人格尊严的行为;对品行有缺陷、学习有困难的儿童、少年应当给予帮助,不得歧视。"学生具有受尊重的权利,禁止用任何方式体罚和变相体罚学生。《教师法》第八条规定,教师应履行"关心、爱护全体学生,尊重学生人格,促进学生在品德、智力、体质等方面全面发展"的义务。

第五,安全的权利。《未成年人保护法》明确规定学生具有以生命安全为核心的安全权利。没有了生命,教育无从谈起。因此学校应该确保学校教育教学设施的安全性以及建立安全的文化环境,安全问题涉及学生生活的各个方面,学校要为学生受教育提供有效的安全保障。

(二)学生的义务

学生的义务是指学生依照教育法及其他有关法律、法规,在参加教育活动中必须履行的义务。具体表现为学生在教育活动中必须做出一定行为或不得做出一定行为。依学生就读学校的类别和年龄,其所要履行的义务也各有差别。我国《教育法》第四十三条规定:受教育者应当遵守法律、法规;遵守学生行为规范,尊敬师长,养成良好的思想品德和行为习惯;努力学习,完成规定的学习任务;遵守所在学校或者其他教育机构的管理和规定。这些制度都是依据有关法律、法规和规章制定的,是学校正常运转的保证。

📑 知识拓展

青少年是社会权利的主体,享有法律规定的各项社会权利。其相关政策如下。

(1) 生存的权利。我国《宪法》第四十九条规定:"父母有抚养未成年子女的义务"。《未成年人保护法》第八条更具体地规定:"父母或其他的监护人应当依法履行对未成年人的监护职责和抚养义务,不得虐待、遗弃未成年人;不得歧视女性未成年人或者有残疾的未成年人;禁止溺婴、弃婴。"

(2) 受教育的权利。我国《宪法》第四十六条规定:"国家培养青年、少年、儿童在品德、智力、体质等方面全面发展。"《义务教育法》第四条规定:"凡具有中华人民共和国国籍的适龄儿童、少年,不分性别、民族、种族、家庭财产状况、宗教信仰等,依法享有平等接受义务教育的权利,并履行接受义务教育的义务。"

(3) 受尊重的权利。《未成年人保护法》第十五条规定:"学校、幼儿园的教职员应当尊重未成年人的人格尊严，不得对未成年学生和儿童实施体罚、变相体罚或其他侮辱人格尊严的行为。"第三十、三十一和三十六条规定："任何组织和个人不得披露未成年人的隐私"，"对未成年人的信件，任何组织和个人不得隐匿、毁弃；除对无行为能力的未成年人的信件由父母或者其他监护人代为开拆外，任何组织或者个人不得开拆"，"国家依法保护未成年人的智力成果和荣誉权不受侵犯"。

(4) 安全的权利。《未成年人保护法》规定："学校不得使未成年学生在危及人身安全、健康的校舍和其他教育教学设施中活动。"(第十六条)"严禁任何组织和个人向未成年人出售、出租或者以其他方式传播淫秽、暴力、凶杀、恐怖等毒害未成年人的图书、报刊、音像制品。"(第十六条)"任何人不得在中小学、幼儿园、托儿所的教室、寝室、活动室和其他未成年人集中活动的室内吸烟。"(第二十七条)

第二节　教　师

教师既是人类文化科学知识的继承者和传播者，又是学生智力的开发者和个性的塑造者。《教育大辞典》中所指出的教师为："教师是在学校中传递人类科学文化知识和技能，进行思想品德教育，把学生培养成一定社会需要人才的专业人员。"

一、教师的角色定位

教师角色是教师在教育情境中所表现的心理和行为方式以及社会对教师职能和地位的期望和要求。随着社会的发展，教育已不再是传统的灌输教学模式。因此教师的角色定位也在随着教育的发展而发展，直接关系着教师的教育思想与教学方式。

(一)知识的传授者

《师说》中曾对教师的基本角色解读为"师者，所以传道授业解惑也。"教师的知识传授者角色是教师在教育过程中所担负的基本角色。教师应是履行教育教学职责的专业人员，承担教书育人，培养社会主义事业建设者和接班人，提高民族素质的使命。作为现代的教师，除了传授系统的科学文化知识外，还应该促进学生对知识的建构，促进学生的个性发展。

(二)教育活动的组织者

现代教育提倡"以学生为主体"的教学方式，是指在教师的引导下使学生成为学习的主人，主动参与教育教学活动。首先，教师要全面把握教育教学的任务、教材内容的特点以及遵循学生身心发展规律来精心设计教学过程；其次，教师要充分利用教学资源，创设教学情境，在民主、平等、和谐的课堂氛围中组织学生共同参与、发展和提高；最后，教师要发挥自己组织者的角色协调教育教学的关键要素，比如课堂管理、生生关系以及师生关系等。

(三)教育教学活动的研究者

教师必须善于研究，将教学活动与研究活动紧密联系起来，以适应新课程改革的要求。

在教育教学过程中，仅凭借过去的知识以及经验难以应对偶然出现的新问题，因此教师应成为一名研究者，持续地对自身的教学行为进行反思、总结，对教育问题进行探究，对教育理论进行关注和研讨。教师的研究者角色有助于教师的持续性进步，促进自身专业成长和体验教师的职业价值。

(四)学生的榜样和朋友

教师的言谈举止、态度、个性无不对学生产生潜移默化的影响，成为学生认识的客体和学习的榜样。"学高为师，身正为范"。教师不仅要具有渊博的学术知识，还要严格要求自己，以身作则，树立良好的榜样。教师与学生虽有年龄、阅历等方面的差异，但教师不再代表着权威，师生在教育教学中是平等的。师生双方合作，真诚对话，拉近彼此的心灵距离，建立良好的师生关系。

教师的角色越来越多元化，已不再单纯的是知识的传递者，还是学习者、研究者、组织者以及学生的榜样与朋友。随着新课程的改革，要转变教师角色，运用教师角色技能，灵活地应对教育情境。

二、教师的权利和义务

(一)教师的权利

教师作为公民，享有宪法所规定的一般权利。除此之外，教师作为教育教学工作者，又具有与职业相联系的特殊权利。教师权利是教师顺利工作、正常生活和维护其合法利益所不可缺少的法律保证。《中华人民共和国教师法》第二章第七条对教师的基本权利做了明确的规定，共有以下六个方面。

教师的权力和
义务.mp4

(1) 教育教学权：进行教育教学活动，开展教育教学改革和实验。

(2) 科学研究权：从事学术交流，参加专业的学术团体，在学术活动中充分发表意见。

(3) 管理学生权：指导学生的学习和发展，评定学生的学业成绩。

(4) 报酬待遇权：按时获取工资报酬，享受国家规定的福利待遇以及寒暑假期的带薪休假。

(5) 民主管理权：对学校教育教学、管理工作和教育行政部门的工作提出意见和建议，通过教职工代表大会或者其他形式，参与学校的民主管理。

(6) 进修培训权：参加进修或者其他方式的培训。

📖 知识拓展

张某是某高中教师，在教育战线上奋斗了二十余年。他对工作认真负责，刻苦钻研业务，努力提高自己的教学科研水平，先后在教育报刊上发表论文若干篇，探讨教学方法的改进。其中某篇论文主张在根据学生的性格特点、学习基础上因人施教，教学工作要有针对性，而不能不顾对象，千人一面，千篇一律，生搬硬套，以免把工作搞砸，误人子弟。此文见报后，受到教育界同仁的一致好评，被评为教学论文二等奖。

张某本人不仅刻苦钻研理论，更重要的是他能把自己的科研成果付诸实践；他利用自己的心得体会，在班上因材施教，对症下药。张某以自己的言传身教在学生中树立了崇高的威信。

由于张某在工作中取得了巨大的成绩，2005 年他被评为县模范教师，获得县教育局颁发的荣誉证书和奖金 500 元。

2005 年底，县教育局某位领导找到张某，想让自己的侄子进入张某任教的毕业班，但由于该领导侄子的成绩较差，张某按照学校的规定婉转地拒绝了该领导的要求。

事隔不久，县教育局突然收回张某所获的模范教师称号，收回奖金，理由是教学模式老化，学生反映意见挺大，张某不配得模范教师称号。

张某得知此事后大为吃惊，立即找县教育局交涉，要求县教育局承认自己的教学科研能力，保护自己辛苦得到的荣誉称号，但县教育局不予理睬。张某所在学校议论纷纷，人们传说张某出了问题，要不怎么会被剥夺"模范教师"称号？张某为此精神恍惚，精神压力很大，以致住院月余，花去医疗费数万元。张某向县人民法院提起诉讼，称县教育局非法剥夺自己的荣誉称号，给自己造成了精神损害和经济损失，要求人民法院判令县教育局返还荣誉证书及奖金，在原有范围内消除影响，并赔偿经济损失和精神抚慰金。

县人民法院经审理认为：张某对工作认真负责，刻苦钻研，勇于探索，在长期的实践中摸索出一套成功的方法，用它来促进教学水平的提高，效果十分显著。这已经被实践所证实。张某所撰写的教育方面的论文，受到广大教师的好评，具有一定的科研价值，对实践有较好的指导作用。他提出的因材施教、有针对性地教育学生的观点，发展了前人的理论，具有很强的操作性和实用性，其已在实践中得到广泛应用、重视，证明是可行的。县教育局所说的"张某撰写的论文哗众取宠，没有实际效果；张某教学模式老化，学生反映意见挺大"的观点，是站不住脚的。县教育局未经认真调查，只凭领导个人好恶(本案中所提到的县教育局领导在剥夺张某荣誉称号的过程中起了决定性作用)，未经法定程序便剥夺张某的模范教师荣誉称号及奖金，构成对张某荣誉权的侵害，应当承担侵权的民事责任。判令：县教育局返还张某模范教师的荣誉证书及奖金 500 元；在原有范围内为张某消除影响，恢复名誉，并赔偿经济损失和精神抚慰金 4000 元等。

教师依据法律规定享有进行教育教学活动，开展教学改革和实验的权利，这是国家赋予教师职业的特定权利，任何人都无权干涉或阻挠。本案县教育局的某领导打击报复教师张某的行为，侵犯了张某应享有的合法权益，县教育局对此应承担相应的法律责任。

(资料来源：https://wenku.baidu.com/view/396cd80f844769eae009edc6.html)

(二)教师的义务

教师的义务是指教师从事教育教学工作必须履行的责任。《中华人民共和国教师法》第二章第八条对教师义务做了明确的规定，共有以下六个方面。

(1) 遵守宪法、法律和职业道德，为人师表。

(2) 贯彻国家的教育方针，遵守规章制度，执行学校的教学计划，履行教师聘约，完成教育教学工作任务。

(3) 对学生进行宪法所确定的基本原则的教育和爱国主义、民族团结的教育，法制教育以及思想品德、文化、科学技术教育，组织、带领学生开展有益的社会活动。

(4) 关心、爱护全体学生，尊重学生人格，促进学生在品德、智力、体质等方面全面发展。

(5) 制止有害于学生的行为或其他侵犯学生合法权益的行为，批评和抵制有害于学生健康成长的现象。

(6) 不断提高思想政治觉悟和教育教学业务水平。

权利与义务是不可分割的。教师不能只行使权利而不履行义务，也不能只履行义务而不享有权利。教师在享有权利的同时，应很好地履行义务。

三、教师劳动的特点

教师劳动是指教师所从事的教育活动，与其他劳动相比有着自身的特点。

(一)复杂性

教师这种角色是一种性质复杂的职业角色。首先，教育对象是复杂的。教师的劳动对象是人，是具有能动性且正在发展中的人。他们千差万别，具有不同的年龄特征及个性差异。其次，劳动任务是复杂的。教师劳动的根本任务是教书育人，"教书"既要传授理论知识又要培养实践能力。"育人"既要立足现在又要着眼未来，培养全面发展的人。最后，劳动过程是复杂的。教师的劳动过程是一种综合运用自己的知识、品质等完成教学任务的过程。

(二)创造性

越复杂越需要教师进行创造性的劳动。首先，因材施教是教师劳动创造性的典型表现。关注学生的差异，尊重教育规律及小学生身心发展规律，着眼于学生个体的需要，为每一位学生提供合适的教育。其次，教育过程需要教学机制。面对教育情境，教师要创造性地运用教学方法、教学组织形式及教育资源来应对随时可能发生的新问题。最后，教师创造性的劳动也是使教师本人避免机械重复，创造教学乐趣的关键。

(三)系统性

学生的发展是学校全体教职员工共同努力的结果。教师劳动的系统性需要教师之间相互合作，促进学生的整体发展。教师集体相互配合，协同影响学生的个性发展以及全面发展。对于教师个体，也需要同事之间相互学习、讨论研究，优化教育教学过程，提高教学质量，促进自身的专业发展。

(四)示范性

为人师表是教师的重要职业道德。一方面，教师主要是用自己的学识、言行态度和思想品质等通过示范的方式去影响教育对象的。另一方面，学生是处于学习发展中的人，模仿是他们的学习方式，学生对教师有一种特殊的信任与崇拜。因此，教师在教育过程中的方方面面都对学生具有潜移默化的师范作用，会对学生产生难以估量的影响。所以，教师首先要有良好的生活和工作习惯，还需要有端正的品性，时时以身作则，处处为学生提供良好的学习榜样。

(五)长期性

"十年树木，百年树人"，这句话体现出教师劳动周期长，见效慢的特点。在劳动过程中，教师向学生传授系统性的知识，由浅到深，由简到繁，使学生循序渐进，逐步提高。需要教师长期的劳动才能使学生养成良好的习惯，改正自身的缺点等。通过潜移默化，春风化雨，影响学生的身心发展。

四、教师的职业素养

(一)职业道德

《小学教师专业标准(试行)》提出"师德为先"的基本理念，突出强调了师德的重要性。师德即教师的职业道德，是指教师从事教育教学工作所必须遵守的道德规范，是作为教师的第一要素。教师不仅要传递知识和培养学生的能力，更要承担起让学生全面发展及健康成长的任务。因此，教师不仅要以自身的专业知识与能力施教，更要以自身的修养立教。我国历来重视教师的自身修养。孔子曾提出"不能正其身，如正人何"，深刻揭示了教师自身修养的重要性。只有做好人，才能做好角色。首先，教师应拥有良好的品质，对待学生富有爱心、责任心、耐心和细心；勤于学习，不断进取。其次，教师应具有积极的性格。教师乐观向上、热情开朗的性格会感染学生，营造一种轻松的氛围，易于建立良好的师生关系。最后，教师应呈现文明形象。"衣着整洁大方""举止端庄""语言文明"是对小学教师个人仪表的基本要求。

《中小学教师职业道德规范(2008 年修订)》明确提出教师要做到以下几点。

(1) 爱国守法。热爱祖国，热爱人民，拥护中国共产党领导，拥护社会主义。全面贯彻国家教育方针，自觉遵守教育法律法规，依法履行教师职责权利。不得有违背党和国家方针政策的言行。

(2) 爱岗敬业。忠诚于人民教育事业，志存高远，勤恳敬业，甘为人梯，乐于奉献。对工作高度负责，认真备课上课，认真批改作业，认真辅导学生。不得敷衍塞责。

(3) 关爱学生。关心爱护全体学生，尊重学生人格，平等公正对待学生。对学生严慈相济，做学生良师益友。保护学生安全，关心学生健康，维护学生权益。不讽刺、挖苦、歧视学生，不体罚或变相体罚学生。

(4) 教书育人。遵循教育规律，实施素质教育。循循善诱，诲人不倦，因材施教。培养学生良好品行，激发学生创新精神，促进学生全面发展。不以分数作为评价学生的唯一标准。

(5) 为人师表。坚守高尚情操，知荣明耻，严于律己，以身作则。衣着得体，语言规范，举止文明。关心集体，团结协作，尊重同事，尊重家长。作风正派，廉洁奉公。自觉抵制有偿家教，不利用职务之便谋取私利。

(6) 终身学习。崇尚科学精神，树立终身学习理念，拓宽知识视野，更新知识结构。潜心钻研业务，勇于探索创新，不断提高专业素养和教育教学水平。

(二)科学文化素质

教师应具有较高的科学文化素质，主要包括以下几个方面。

第一，广博的文化基础知识。培根曾说："凡有所学，皆成性格"。教师应具有综合的人文、科学和社会知识，了解不同学科的思维模式，以此增强思维能力，培养科学精神。

教师除了应具有综合知识储备，还应具有相应的艺术欣赏和表现知识。随着社会的发展，教师也必须掌握教育所需要的现代化信息技术知识，帮助学生采取正确的学习策略，指导学生正确运用信息技术获取有益的知识。

第二，精深的专业知识。教师必须了解多学科的知识，掌握所教学科的知识体系、基本思想与方法，并了解所教学科与社会实践的联系。对于一名教师而言，掌握精深的学科专业知识是完成教学任务的必需，是教师知识结构的重要组成部分。了解所教学科与社会实践的联系，有利于教师理解和把握学科实践价值，更好地调动学生的学习积极性、主动性，引导学生建立知识与生活之间的关系。

第三，扎实的教育理论知识。掌握教育教学基本理论是对教师专业性的核心要求，而掌握学生品行养成特点和身心发展规律是理解和应用教育教学基本理论的前提和基础。

(三)能力素质

教师的能力是教师在教育教学活动中所形成的顺利完成某项任务的能量和本领，是教师综合素质的最突出的外在表现，是成功地进行各种教育活动的重要条件之一，也是评价教师专业性的核心要素。主要包括以下几个方面。

第一，教育教学的能力。设计科学有效的教育教学活动并使其顺利开展是作为一名教师的前提基础。它要求教师能根据教育目标和学生实际，遵循教育教学规律和学生的身心发展特点，运用有效的教学方法组织教学，使教育教学活动顺利实施。

第二，交往沟通的能力。教师的教育教学工作的开展在很大程度上依赖于教师对多重交织、复杂多维的人际关系能否恰当处理、和谐调适。包括教师与学生的交往、教师与家长的沟通、教师与同事的合作以及教师与社会的沟通和联系等。

第三，组织管理的能力。有效的组织管理是教师教育教学活动取得成功的有力保证，不仅仅是组织教学能力，还有活动组织的能力。除此之外，还要有对班集体的管理能力，使学生人人参与，发挥特长，营造一种凸显个性的开放式学习氛围。

第四，终身学习的能力。教师应该主动适应经济社会和教育发展的要求，不断优化知识结构，提高自身的文化素养。因此教师要了解社会的变革和教育改革与发展，了解学生的时代特点，把握国内外教育发展的动向，吸纳新的研究成果，不断提升教育智慧。

第五，教育研究的能力。"教书匠"不能成为教师的自身定位，教师不是课程的忠实执行者，而是要成为课堂的开发者和研究者。根据社会的发展以及日常教育问题的出现，教师应试着有计划地对某些问题在行动上进行探索，寻找解决问题的方法，以改善未来教育行动。

五、国外的教师继续教育模式

目前，发达国家在教师继续教育的模式方面已形成了百花齐放的格局。归纳起来主要有以下几个模式。

(1) "培训机构本位"模式。这是国外教师继续教育的主要模式，如英国的"教师中心"、美国的"暑期学校"、日本的"教育大学"等。教师通过在培训机构进修解决知识更新问题和掌握新的教育方法和教材。培训部门为教师进修提供了"菜单式"的课程内容，创造灵活多样的机会，同时提供场所、信息资料和教学设备如视听装置等，以满足教师的各种需要。

(2) "大学本位"模式。即由普通高校组织的、以教师进修高一级学位为目的的培养模式。大学主要为教师开设教育学士、硕士以至博士学位和各种教育证书课程，提高教师的学历层次。同时，还开设各学科业余进修班，教师经 2～3 年的业余进修，及格后也可获得相应的学位或教育证书。

(3) "学校本位"模式。即由教师任职学校自主制定培训规划、自主组织培训活动。这是一种以教师个人教学能力发展需要为出发点的培训模式。如澳大利亚的维多利亚州，每年按每个教师 250 澳元的标准，直接拨给学校。每学年初，每个教师须制订自己的专业发展计划，校长年终根据这个计划来考核和评估教师的工作。培训者可以是本校有某一特长的教师，也可以请校外的有关专家。

(4) "研训一体"模式。即继续教育与各学科教学研究相结合。澳大利亚各州都设有各种学科的研究会，研究会的主要任务是培训各地区的学科带头人和协调人，然后通过这些人对一般教师进行专业发展的工作。如果中小学有要求，研究会可安排专业人员直接到该中小学开设专题讲座或举办研讨班，用于提高教师的业务水平。

(5) 协作式的培训模式。一个是英国的"协作的以教师为中心"的培训模式，另一个是美国的"专业发展学校"。这种在本质上是一致的教师培训模式分别被英、美两国看作是"最有希望"的教师培训模式。以英国谢费尔德大学教育学院"协作的以教师为中心"的培训模式为例，该模式主要分为 6 个阶段：确定需要——谈判——协议——前期培训——主体培训——小结。

第三节 师 生 关 系

师生关系是指教师和学生为实现教育目标，在教育教学过程中结成的相互关系；是一种特殊的社会关系和人际关系。中国历史上既有"无贵无贱，无长无少，道之所存，师之所存也"的良好师生关系传统；又将教师纳入"天、地、君、亲、师"的序列，学生只能恭敬从命，不能反问质疑。这种强调教师绝对权威的不平等师生关系至今仍存在着，认为学生服从教师是天经地义的，所谓"师道尊严"是也。新型的师生关系应该是教师和学生人格平等，教师热爱学生，学生尊重教师，彼此和谐相处。

一、师生关系的教育意义

良好的师生关系具有以下教育意义。

(1) 良好的师生关系有助于教育效果的提高。良好的师生关系可以调动教师的教学积极性和学生的学习积极性。教学过程是一个教学相长的过程，亲密、融洽的师生关系，会使学生对教师持肯定的态度；从而对学习产生积极的态度；而学生这种强烈学习的愿望又会成为教师教学的推动力，激发教师教学的热情和积极性，以此产生良好的教学效果。

(2) 良好的师生关系有助于教育氛围的营造。教育氛围是影响教师课堂教学效果和学生学习效果的重要的社会心理因素，无时无刻不在作用于教师与学生。和谐的、良好的课堂心理气氛是顺利完成教学和学习活动的前提和基础；相反，不良的课堂心理气氛是课堂中的一种不和谐的因素，会阻碍教学活动和学习活动的顺利进行，降低教学效果。

（3）良好的师生关系有助于教师威信的树立。良好的师生关系会促使在教育教学中创造出民主、和谐、愉悦的学习氛围，从而唤起学生对学习的内在需要。教师要以爱为出发点，真心地爱护学生。"亲其师而信其道"，融洽的师生关系会使学生真正信服教师，从而自然而然地树立起教师的威信。

（4）良好的师生关系有助于学生的心理健康。教学过程不仅应提高学生的认知水平，而且也应促进学生的心理发展。教师要给学生提供健康的情感环境，师生之间建立良好关系，保证学生身心得以健康发展。

二、影响师生关系的因素

影响师生关系的因素既有主观的方面，也有客观的方面；既有教育内部的，也有教育外部的；既有直接的，也有间接的。归纳起来主要有以下几个方面。

1. 教师方面

（1）教师对学生的态度。学生受教师的评价影响很大。教师对学生的评价往往通过语言暗示、表情等反映。教师偏爱优生、忽视中间学生、厌恶"差生"，就会使学生与教师之间产生不同的距离。罗森塔尔(R. Rosenthal，1968)等人的实验不仅证明了教师态度与学生成绩的关系，而且证明了教师态度对师生关系的直接影响。

（2）教师领导方式。教师领导方式主要有专制型、民主型、放任型三种。大量事实表明，在民主型领导方式下，师生关系民主、平等、融洽；而在专制型领导方式下，师生关系对立。

（3）教师的智慧。教师的智慧不仅表现在学识上，而且表现在教师的创造性上。学识渊博是学生亲近老师的重要因素之一。

（4）教师的人格因素。教师的性格、气质、兴趣等是影响师生关系的重要因素。性格开朗、气质优雅、兴趣广泛的教师最受学生欢迎。

2. 学生方面

对学生来说，影响师生关系的主要因素是学生对教师的认识。许多调查表明：学生与教师关系好就喜欢上这个教师的课，主动亲近教师；自认为教师瞧不起自己，就会主动疏远教师。

3. 环境方面

影响师生关系的环境主要是学校的人际关系环境和课堂的组织环境。学校领导与教师的关系、教师与教师的关系、教师与家长的关系必然影响师生关系。课堂的组织环境主要包括教室的布置、座位的排列、学生的人数等。我国中小学课桌的排放多呈"秧田式"，教师讲台置于块状空间的正前方，这种格局阻隔了师生之间的交往及生生之间的交往；有的地方尝试取消讲台，拉近师生关系。目前许多国家都在探讨圆桌式、马蹄形、半圆形、蜂巢式等便于交往和交流的座位排列方式。

三、师生关系的类型

师生之间的现实关系是不断变化的，可以从哲学、教育学、心理学、文化学、社会学、管理学等学科的视角进行研究。从哲学认识论角度看，师生之间存在主体与客体关系、主体间关系；从教育学角度看，师生之间是教育和被教育的关系；从心理学角度看，师生之间存在认知、情感、个性相互作用关系；从文化学角度看，师生之间存在文化交流、共享和创新关系；从社会学角度看，师生之间存在角色关系、互动关系；从管理学角度看，师生之间存在管理与自我管理关系；等等。

(一)观点一

师生关系随着主体需要的不同，联系的环节、内容、方式不同，环境的差异而呈现出不同的特点。对此，有的学者认为，师生关系包括为完成教育任务而发生的工作关系，以满足交往而形成的人际关系，以组织结构形式表现的组织关系，以情感、认识等交往为表现形式的心理关系；有的学者认为师生关系包括直接关系和间接关系；还有的认为师生关系包括正式关系和非正式关系。这些分类表明师生关系的复杂性。从对师生关系的意义及稳定性等的综合分析，师生关系主要有以下几方面。

1. 以年轻一代成长为目标的社会关系

师生之间的社会关系是教师作为成人社会的代表与学生作为未成年的社会成员在教育教学过程中结成的代际关系、政治关系、道德关系、法律关系等。师生的社会关系是规范性的，是人与人的各种社会关系在教育教学中的反映。

2. 以直接促进学生发展为目的的教育关系

师生的教育关系是指教师和学生在教育教学活动中为促进学生的整体发展和自主发展而结成的教育与被教育、组织与被组织、引导与被引导等主体间关系。它是师生现实关系的体现，具有形成性的特点。

3. 以维持和发展教育关系为目的的心理关系

师生关系的建立与发展不仅受社会需要、社会文化传统、现实制度和教育目的、任务的制约，也受教师和学生心理活动规律的制约。师生间的心理关系是指教师和学生为了维持和发展教育关系而构成的内在联系，包括人际认知关系、情感关系、个性关系等。

综上所述，师生关系可分为社会关系、教育关系和心理关系。其中教育关系是一种基本关系，其他师生关系皆服务于这一关系。社会关系是一种背景关系，是教师和学生作为社会人的身份和角色在教育教学中的直接反映。其具有规范性、稳定性的特点，常以比较强硬的方式投射到师生之间教育关系和心理关系之中。心理关系是教育关系的基础和深化，常以内隐方式、感性方式反映社会关系并直接影响教育关系。与前两种关系相比，它具有情景性、弥散性等特点。

(二)观点二

师生关系是指教师和学生在教育教学活动中形成的相互关系，包括彼此所处的地位、作用和相互对待的态度。学校的教育活动是师生双方共同的活动，是在一定的师生关系维系下进行的。因此，良好的师生关系是教育教学活动取得成功的必要保证。

1. 师生在教育内容上是授受关系

(1) 在知识上，教师是知之较多者，学生是知之较少者；在智力上，教师是较发达者，学生是较不发达者；在社会生活经验上，教师是较丰富者，学生是欠丰富者。

(2) 学生主体性的形成，既是教育的目的，也是教育成功的条件。

(3) 对学生进行引导的目的是促进学生的自主发展。

2. 师生在人格上是平等关系

(1) 学生作为一个独立的社会个体，在人格上与教师是平等的。

(2) 平等的师生关系是一种严格要求的、民主的、友好帮助的关系。

3. 师生在道德上是互相促进关系

(1) 从社会角度看，师生之间是思想交流、情感沟通、人格碰撞的社会互动关系。

(2) 教师对学生的影响不仅是知识上的、智力上的影响，更是思想上、人格上的影响。

(三)观点三

1. 师生之间是尊重与被尊重的人际关系

教师与学生的关系不是高位与低位、权威与平庸框架下的等级关系，而是真正意义上的人与人的关系。

2. 师生之间是爱与被爱的朋友关系

教学过程是一种多边合作过程，只有教与学"合作"默契，才可能有高的教学效率。教、学合作的必要条件之一是教师主动与学生建立一种相互信任的朋友关系。

3. 师生之间是服务与被服务的工作关系

从职能上讲，教师劳动的价值体现在教学效果上，而教学效果又主要表现为学生对学习内容内化的程度。也就是说，从一个角度看，教师的教学行为决定学生的学习过程与学习效果；从另一个角度看，学生的学习效果是衡量和评价教师教学水平和教学能力的标准。为了树立良好的形象、实现自己的人生价值，每一个教师都希望自己具有高质量、高效率的教学效果。为此，"教"必须针对"学"。从这个意义上讲，教师只有把学生视为服务对象，并全心全意地为学生服务，才能有高效率的教学效果，才能最终实现自己的人生价值。树立为学生服务的意识，也是社会主义现代化教育对教师提出的一项基本要求。

4. 师生之间是指导与被指导的教育关系

教与学的关系是师生关系的内涵。但现代教学中的"教"已不再单指"传道、授业与解惑"了，它包含着多方面的意义。

(1) 学高为师。

(2) 身正为范。

(3) 指导学生个性健康发展。

(4) 强化学生人格建构意识，促进人格结构不断完善。

以上四种关系融为一体，共同构成了现代师生基本关系。相互尊重是现代师生关系的基础；教与学是师生关系的内容与核心；服务与被服务既是师生关系的表现形式，又是现代师生关系的实质；而爱与被爱、相互信赖的朋友关系则是现代师生关系的根本。教师要力求建立尊师爱生、民主平等，师生和谐亲密、相互配合的氛围，以达成教学中的以共创共享、教学相长为目标的理想的师生关系。

四、建立良好的师生关系

1. 真心关爱学生

教师的爱是教育教学活动取得成功的有利因素；没有爱的教育是苍白的，是不完整的。对学生要有多方面的关心与爱护，既要关心学生的学习和道德品质，又要关心学生的身心健康。但是，教师的爱并不是无限度的爱，而是严与爱的和谐统一。教师应以"爱满天下"的热忱关怀每个学生的成长，缩短师生之间的情感距离。

2. 公平对待学生

教师要遵循公平的原则，不徇私、不偏袒、不带有偏见地对待每一位学生。即使针对学生的不良行为，也要坚持公正的原则，不得随意对学生进行体罚。对学生一视同仁，不因学生的性别、家庭背景、学习差异等区别对待，以免对学生心理造成不良的影响。

3. 尊重宽容学生

教师要时时刻刻尊重学生人的尊严、生存的尊严和发展的尊严，树立正确的学生观。另外，教师对学生成长中的错误要持宽容的态度。因为学生是发展中的人，其成长过程就是一个不断尝试、犯错误和改正错误的过程。如果不允许学生犯错误，必会降低学生的学习积极性，不断减弱学生的创新意识，不利于学生的成长与发展。因此，只有教师尊重宽容学生，学生才会愈加尊重教师，理解教师。

4. 理解鼓励学生

正确全面地理解学生是建立和发展良好师生关系的基础，鼓励学生可以激发学生的学习动机。教师适当的鼓励能够激发学生的学习潜能，使学生增强学习的信心。罗森塔尔效应表明，信任和期望是提高人的智力和能力的基本要素。学生需要教师的支持、鼓励与表扬，促使自己采取积极的行动，战胜困难，取得成功。

让"弹劾老师"变成"和老师谈"

教师节余温未了，各地却陆续发生了令师生关系稍显紧张的事件：广东某高校新生开学接到学校的一份"自杀免责书"；福建某初中学生不满老师教课方法，而集体"弹劾"老师；江西某高中高三学生杀害班主任……这些新闻一时之间涌入公众视野，人们不禁痛心发问：是什么让师生关系变得如此紧张？

学生为什么会"弹劾老师"呢？教育学家陶行知曾说："教学中要防止两种不同的倾向：一种是将教与学的界限完全泯除，否定了教师主导作用的错误倾向；另一种是只管教，不问学生兴趣，不注重学生所提出问题的错误倾向。"学生集体"弹劾"老师，是一种越过教与学界限的不理性做法；而学生之所以越界，则是因为学校不重视学生的反馈，师生之间没有沟通渠道。

在传统的教学理念中，学校是教学的主导方和管理者，教师被视为知识权威，学生在教学活动中处于被动和客体的地位。但如今，学生获取知识的渠道日趋多元，对学校的规定和教师的教学只听不问、绝对服从的现象越来越少，学生开始勇于表达自己对学校教学和管理的意见。其实，主动表达意见是学生具有思辨能力的体现，但当表达渠道堵塞，管理趋向强制时，未成年人未经理性引导的诉求便会走向极端。

解决问题的办法就是——让学生由"弹劾老师"变为"和老师谈"。教师与学生是教育活动的主体，良好的沟通能够使师生关系保持平衡。然而，有调查显示，三成大学生整年"师生零交流"，师生之间感情淡薄。这大抵是因为以往的师生关系多以情感来维系，而在升学压力增大、大学扩招的社会背景下，只有师生间的情感关联，不足以承载学生的多元反馈。

鼓励学生"和老师谈"还有一个更好的方式——建立起长效沟通机制。在高校中，有的学校探索"校领导午餐会"，师生在平等交流中反馈意见。一些学校和教师还积极运用社交网络与学生沟通，学生若有问题和困扰，只需要"@"他们，就可随时随地进行师生交流。高等教育的这些经验也应为基础教育所借鉴。

师生关系是校园中最重要的人际关系，和谐的师生关系会在教师的诲人不倦中产生，也会在学生的尊师重道中产生，更应当在理性的沟通中产生。当师生关系纳入长效轨道时，和谐的师生情将会变为一股源源不断的清泉，支持教学活动顺利进行。

(资料来源：陈雪. 让"弹劾老师"变成"和老师谈"[N]. 光明日报，2013-09-25(002).)

本 章 小 结

学生是指"在各级各类学校或其他教育机构学习的人"，学生是具有独立人格的人、学生是具有发展潜力的人、学生是具有能动性的人、学生是生活于未来的人；学生具有受教育权、物质帮助权、申诉、起诉权、受尊重的权利、安全的权利；学生应该履行规定的义务。

教师是知识的传授者，教育活动的组织者，教育教学活动的研究者，学生的榜样和朋友，教师作为教育工作者，《中华人民共和国教师法》中明确规定了与职业相联系的权利和义务。

师生关系是一种特殊的社会关系和人际关系，真心关爱学生、公平对待学生、尊重宽容学生、理解鼓励学生是建立良好师生关系的关键。

思 考 题

1. 请谈谈你对好教师的期望是什么。如果这些期望是写给自己的，你将如何实现？

2. 请追溯一件你经历过的，见到过的，由教师造成的学生受委屈事件，并从教育理论上做分析评价。

3. 请你结合自己的体验设计：如果你当了一名教师，你将会与学生建立怎样的师生关系？

4. 教师应该有什么样的学生观？

第十一章 班主任工作与班级管理

本章学习目标

(1) 明确班集体的特征、班主任的工作职责、把握班主任的素质要求。
(2) 掌握班集体组织与培养、班主任工作的方法。
(3) 明确现代班级管理的理念，掌握班级管理的特点及意义。

重点难点

重点：掌握班集体组织与培养的方法。
难点：掌握班主任工作的方法。

家校关系——沟通

班里几个调皮的男孩子严重违反了校规，不仅使班级扣了分，而且在学生中间造成了很坏的影响，我决定把这几个孩子的家长请到学校。但这对于我这个刚接班的班主任来说压力很大，因为现在的家长对老师请家长的做法很有意见。

怀着忐忑不安的心情，我接待了这几位家长。我首先感谢家长能在百忙中抽出时间到校，并检讨了由于自己的工作没做到位，使几个学生发生了严重违纪的行为，同时，也把我心里的想法和盘托出，希望得到家长的理解与支持。

家长没想到我会这样开场，他们心里的抵触情绪消失了，我们在融洽的气氛中把这件比较棘手的事圆满地解决了。

从那以后，这些家长完全接纳了我。我也和这些家长建立了感情，我尽量把孩子们的点滴进步在第一时间告诉他们，出现了问题，我在学校能解决的就及时解决，并把结果及时通知他们。他们有什么想法和好的建议也会及时告诉我。

这些孩子在家长和老师的共同努力下，有了长足的进步。

感悟：现在的孩子大都是独生子女，如何教育好独生子女是学校和家长长期以来共同关心的问题。独生子女的教育仅仅依靠学校的力量是不行的，如果把学校教育和家庭教育真正结合到一起，相信会事半功倍。教师在教育学生时，需要取得家长的积极配合与支持。如何取得家长的支持与信任，是我们教师应该好好思考的问题。如果我们经常从家长的角度去思考问题，并保持沟通渠道的畅通，就会收到意想不到的效果。

(资料来源：傅彦举. 沟通[N]. 大连晚报，2006 年 3 月 7 日)

著名教育家苏霍姆林斯基曾说过："教育的效果取决于学校和家庭教育影响的一致性，如果没有这种一致性，那么学校的教育和教学过程就像纸做的房子一样倒塌下来。"这句话很生动地阐述了家校沟通的重要性，大多数孩子每天的生活就是简单的两点一线，家和学校就是他们的全部空间，因此成功的教育必是家长和老师协同进行的。

第一节 班级组织

班级是学校为顺利开展教育教学活动，确保学生全面发展目标的实现而组织起来的有纪律、有凝聚力的一个班的集体，是班级学生群体发展的高级阶段。

一、班集体的特征

一个良好的班集体应具备以下几个特征。

(一)有共同的奋斗目标

共同的奋斗目标能将全班学生的不同需要转化为共同的动机，从而推动共同行为的产生；能够促使学生按照共同的目标要求控制、修正自己的行为方向；能够给学生以力量去克服困难、排除障碍；能够促使群体产生凝聚作用，增强群体的向心力。

共同的奋斗目标要求班级成员具有共同的价值标准和行为定向；要求学生认识到个人目的和共同目的之间虽然有时会有对立，但是更会有统一；要求学生具有共同的认识和意向，在行动上表现出与集体意志的同一性。

(二)有健全的领导核心和有序的组织机构

班集体是运转自如、协调一致、充满活力的学生群体，这种特点是建立在组织有序的基础之上的。

有序的组织机构包括两层含义。其一是指在班集体中必须形成受大家委托的、具有一定权威的领导层。这种权威不仅表现在能够有效地行使权利，而且表现在集体成员发自内心的信服而自愿服从的威信。其二是指每一位班级成员在班集体中均有合适的位置，每个人都能为集体和个人履行自己的义务。这种有序的组织使得学生成为一个有机的整体。

(三)形成了正确的集体舆论

集体舆论是指在班集体中占优势的、并为多数人赞同的言论和意见。班级正确舆论环境的培育，可以发挥制度的调控作用，通过引导学生开展讨论、座谈等活动，明确建立规章制度的意义和执行规章制度的必要性，营造学生自觉遵守规章制度的氛围，促进学生正确行为习惯的形成。健康的班集体不仅在于正确的班级舆论的建立，更重要的在于学生对它的认同和维护。

(四)形成了和谐的人际关系

和谐的人际关系是班集体团结的纽带，它要求教师与学生，学生与学生，学生与集体彼此尊重、互相促进，一方的存在以另一方的存在为前提和条件，同时又保持着各自的特性和相对独立性。和谐的班级人际关系对班集体的形成和发展具有非常重要的意义，对学生个体的健康成长也有深刻的影响。因此，班级教育管理过程中要通过培养良好的人际关系，形成轻松、愉快、和谐的心理氛围，为班集体的形成和发展以及学生个体的健康成长创造良好的环境。

除此之外，良好的班集体还应有丰富多彩的教育活动、良好的心理氛围等。每一位班级成员都能认同自己的班级，成为班级的主人，在集体中有着自己的岗位和作用，能够充分展现自己，为实现班级目标共同努力。

二、班集体的组织与培养

(一)确立共同的奋斗目标

班集体建设的目标在班集体建设过程中起着导向、推动、激励的作用。创建班集体的首要工作就是要帮助、指导学生制定班级目标。

一般而言，制定的班集体的目标必须符合下列基本要求。

1. 符合社会期望，富有教育意义

班集体的共同目标是根据社会期望和班级本身的任务而制定的预期的活动结果，会对成员产生巨大的激励作用，引导学生朝着共同目标去努力，在实现集体目标的同时也能促进自身的发展。

2. 讲究目标结构的层次性

班级目标应有近期目标、中期目标和远期目标之分，三种目标整合一致，从而确定班级的努力方向和具体实施方案。远期目标的内容比较概括笼统，语言明确简练，具有鼓动性和号召力，同时要兼顾到中近期目标。中期目标的内容相对具体，体现阶段性和专项性的特点，同时又能符合集体目标构成中承上启下、前后衔接的要求。近期目标的内容更加明确具体，但是又不能脱离中远期目标。

还要特别注意班级目标与个体目标的协调。集体目标应该是各个成员个体目标提炼的结果，使各个成员将集体目标内化为个体目标，二者相互统一，更好地发挥集体目标的作用。

3. 使全体成员参与制定并加以认可

班集体的建设目标是集体成员共同的目标，只有全班学生参与制定，才有真正的集体目标，才能把班集体建设当作与自己休戚相关的事情，学生的积极性才能被调动起来，个人目标和班集体的目标才能很自然地整合起来，成为班集体发展的方向和班级成员行动的动力。

4. 既富有挑战性，又具有可行性

一个好的班集体建设目标犹如"跳一跳就可以摘到的桃子"。也就是说，目标水准与现实水平之间有合适的差距，才会有吸引力，才能激发全班学生为达到目标而努力奋斗。如果设置的目标过于容易，甚至无须努力即可实现，就会使学生趣味寡然，使目标失去激励的作用。因此，班主任要及时地了解和把握班级成员的需要和愿望，根据班级的实际情

况，制定出既有实现可能性又有较强可操作性的目标。

(二)培养班干部，形成集体的领导核心

一个好的班集体，有赖于一批团结、得力的班干部。班干部都是同学中比较有影响力的人物，一定要选出关心集体、办事认真、作风正派、能团结同学、愿意为同学服务、学习成绩较好、能起模范带头作用，并在同学中有一定威信和有一定组织能力的同学来担任。因此，班主任必须遵循一定的标准，按照民主、平等、公正的原则，培养和选拔班干部。班干部选定以后，在班级管理过程中，班主任首先要根据每个人的能力、爱好和特长，分配他们适宜的工作，并教育他们团结一致，齐心协力地为同学、为集体服务；其次，班主任要尊重和信任班干部，充分发挥他们的独立性和创造性，放手让他们自己去做，使他们逐步学会自己管理自己，自己教育自己，与此同时，班主任可从旁加以引导和指引，不断地对班干部工作进行指导，分析班级发展状况；最后，为了让更多的学生有机会承担社会工作，从中得到训练，班主任要努力创造条件，在保证班集体核心相对稳定的前提下，让班干部适当地定期轮换，对班级组织机构进行灵活变动，使每位学生都能发挥自己的长处，为班级贡献自己的力量。

(三)营造正确的舆论环境

正确的班级舆论容易形成优良的班风，一方面可以成为衡量班级发展水平的重要标志，另一方面还是学生进行自我教育的必要条件。为了营造正确的舆论环境，班主任应该做好以下工作。

(1) 经常组织学生学习政治理论、学生守则、道德行为规范和学校的规章制度，以提高学生的思想认识、道德认识，明确学生应遵循的规范。

(2) 指导学生充分利用班级的墙报、黑板报、手抄报、班会、晨会等舆论阵地，宣传学校和班级的好人好事，发扬正气，对不良的思想倾向进行善意的批评、积极的引导。

(3) 就班级学生中存在的思想上、道德上的是非问题组织学生展开讨论和辩论，以积极引导，澄清是非，提高认识，为形成正确舆论打下思想基础。

因此，在班级建设过程中，班主任要以身作则，给学生提供行为示范，使学生明辨是非，自觉调节自身的行为，形成良好的教育氛围。

(四)协调人际关系

学校最为常见的人际关系就是师生关系和生生关系。良好的人际关系有利于班级共同愿景的形成和实现，促进班级成员的积极性，增强班级凝聚力。在学生身心发展都不断成熟的过程中，人际互动方式也不断增多，容易在交往过程中产生冲突。班主任要正确认识冲突的发生，并对其进行有效的预防和协调。

首先应该创设有利于班级人际交往的活动情境，引导班级成员的交往活动，帮助学生学会协调人际关系，并引导学生学会真诚待人、互相帮助、互相支持、团结协作，正确处理好竞争与合作的关系，使班级形成"人人为集体，集体为人人"的良好道德氛围。如当同学间出现矛盾时，学会角色换位，站在对方的立场上思考问题，便于问题更好地解决。其次，注意培养学生共同的兴趣和爱好，使学生之间有更多的沟通交流，增强班集体对学生的吸引力和影响力。最后，引导学生正确对待班级中的非正式群体，创造条件让积极型

的非正式群体更好地发挥作用，同时因势利导，教育和引导中间型、消极型的非正式群体向积极方面转化，推动班级整体地进步。

(五)组织多样的班级教育活动

班级活动是班集体形成、巩固和发展的基础，是班级共同目标实现的必要条件。在丰富多彩的教育教学活动中，全体成员都能参与其中，互相交流与合作，建立良好的情感基础，激发出成员的集体荣誉感，从而有助于实现班级的共同目标。

开展班集体教育活动要有明确的目的和要求，要进行精心组织和设计，使各种活动前后衔接，互相配合。活动要丰富多彩，富有吸引力，活动要学生自己动手参与，充分发挥他们的积极性、主动性和创造性，让学生的智慧才能有自我表现和施展的机会，同时教育者要从旁做些必要的指导工作。

第二节　班主任工作

班主任是一个负责班级学生全面发展的教师，在班集体中既承担起设计者、管理者和教育教学工作的协调者的角色，又是班级成员的榜样、朋友和精神关怀者。班主任工作成为各级各类学校中所不可缺少的组成部分。

一、班主任的职责

班主任是一种特殊的管理者角色。《中小学班主任工作规定》指出："班主任是中小学日常思想道德教育和学生管理工作的主要实施者，是中小学生健康成长的引领者。班主任要努力成为中小学生的人生导师。"班主任角色的特殊性赋予了班主任特殊的教育职责。我们可以将班主任的职责大致概括为以下几个方面。

(一)促进学生的全面发展

在日常教育过程中，班主任要及时了解每一位学生，既要及时地全面地了解班级发展情况，也要把握学生的学习、品德、生活和身体的正常进行与发展情况。密切留意每一名学生的变化与成长，引导学生学会学习、学会做人、学会生活，力求促进学生的德、智、体、美、劳全面发展。

(二)做好班级的日常管理

检查学生出勤情况，督促学生学习，了解班级卫生情况，处理班级偶发事件，关心学生用餐及人身财产安全，认真完成学校布置的各项任务等是班主任每天必须做好的工作。班主任要对学生进行常规教育与管理，促进他们养成良好的学习和生活习惯，努力使各种日常教育要求内化为学生的内在准则，培养学生进行自我教育。

(三)组织班级活动的开展

班级活动是实现班级制定的目标和建成班集体的重要途径，同时也是对学生进行全面教育的载体和重要形式。除此之外，班级活动还承担着管理班级的职能。班主任要根据教育目标和学生的实际，有针对性地选择活动内容，精心设计活动形式，组织学生积极实施，以此发挥班级活动的教育功能。比如，指导学生参加有益于身心的社会活动，培养学生的道德品质；指导学生参加劳动、科技和文体活动，鼓励学生发展自己的兴趣特长，等等。

(四)协调各方面教育力量

班主任是沟通学校、家庭和社会三方面教育力量的桥梁。首先，班主任要及时与学校及各任课教师取得联系，了解学校的教育任务，掌握班级学生的学习情况；帮助学生明确学习目的，端正学习态度，激发学习动机，使其掌握学习方法，提高学习的积极性。其次，要与家长进行有效的沟通。虽然家长和学校在教育孩子方面有着共同的目的，但是进行教育的角度却不相同。因此，班主任需要对学校与家庭进行协调，指导家长正确教育孩子，并使学校教育取得家长的支持与配合。最后，班主任要协调好与社会的关系。整合并利用对学生成长有益的社会教育资源，并取得社会力量对教育工作的支持。

📖 知识拓展

《中小学班主任工作规定》

第八条　全面了解班级内每一个学生，深入分析学生思想、心理、学习、生活状况。关心爱护全体学生，平等对待每一个学生，尊重学生人格。采取多种方式与学生沟通，有针对性地进行思想道德教育，促进学生德智体美全面发展。

第九条　认真做好班级的日常管理工作，维护班级良好秩序，培养学生的规则意识、责任意识和集体荣誉感，营造民主和谐、团结互助、健康向上的集体氛围。指导班委会和团队工作。

第十条　组织、指导开展班会、团队会(日)、文体娱乐、社会实践、春(秋)游等形式多样的班级活动，注重调动学生的积极性和主动性，并做好安全防护工作。

第十一条　组织做好学生的综合素质评价工作，指导学生认真记载成长记录，实事求是地评定学生操行，向学校提出奖惩建议。

第十二条　经常与任课教师和其他教职员工沟通，主动与学生家长、学生所在社区联系，努力形成教育合力。

(资料来源：http://old.moe.gov.cn/publicfiles/business/htmlfiles/moe/s3325/201001/81878.html)

二、班主任的工作内容与方法

(一)全面了解学生

班主任工作的
内容与方法.mp4

全面了解学生是开展班级各项教育活动的前提和基础。班主任既要了解个人情况，又要了解班级群体的情况。对于了解班级学生个体，主要内容有：学生的家庭结构、父母职业、家庭关系等家庭状况；学生年龄、身体状况、兴趣爱好等基本情况；学生的学习态度、学习习惯、行为习惯、人际关系等学习和品德状况等。了解班级群体的主要内容有：班级成员的构成；班级学生的人际关系；班级群体的学业状况；班级规范、班级舆论、班风等班级群体的发展状况。

班主任可通过观察法、谈话法、研究书面材料、调查访问等方法来了解学生。

1. 观察法

班主任要在课内外、校内外的学习、劳动及其他各种活动中观察学生。因为活动过程能比较真实地反映出学生的政治思想、道德品质，以及掌握知识和技能的质量，反映出学生的兴趣爱好、才能、个性特征，以及对集体的态度和同学间的关系等。班主任在观察时应该注意以下几个问题。

(1) 观察应在自然状态下进行，否则观察的"现象"便可能是"假象"，获取的信息不具有可靠性。

(2) 要有目的、有计划地对学生做系统的观察。

(3) 要做好观察记录，到一定时候要把观察所获得的材料进行研究和整理，为制定教育措施做好准备工作。

2. 谈话法

谈话法是班主任有目的、有准备地和个别学生通过问答的方式了解情况的一种方法。通过谈话可以更有意识地、主动地研究学生的情况及其思想活动，补充观察法的不足。运用谈话法时应注意以下几点。

(1) 要做好谈话的充分准备，确定好谈话的目的、内容，还要对谈话的时间、地点、进行的方式等加以周密的考虑。

(2) 谈话态度要亲切诚恳，不能让学生感到紧张拘谨，更不能造成对立情绪，以免把了解情况的谈话变成批评、训斥学生的教师独白。

(3) 要根据学生的年龄、性格特点，注意谈话的技巧，启发、引导学生说出心里话。

(4) 注意发挥非正式谈话的作用。非正式的谈话不受时间、地点的限制，在此情形下，学生易于敞开心扉。为此，班主任要善于根据学生的特长、爱好等，有意识地多与他们接触，在随便的交谈中了解情况。

3. 研究书面材料

记载学生情况的有关书面材料如学生登记表、成长档案袋、学籍卡、体检表、成绩单、作业本、试卷、班级日志等，都能比较真实地反映学生的学习、品德、健康及心理特点，研究这些书面材料，对全面了解学生具有十分重要的意义。

4. 调查访问

调查访问就是采用访问、开调查会和座谈会等形式，向家长、教师、学生以及社会有关人员了解情况的一种方法。它对弄清问题，了解学生真实全面的情况有重要作用。其中家访是重要方式，除此以外，还要向任课教师、学生干部和少先队辅导员、原任班主任、校外常接触的人等，进行一些专题调查。

班主任要对观察、谈话、调查所得的材料进行认真的分析研究，作为指导自己工作的依据。所有了解到的情况都应做记录，记录可采取多种方式，如写"班主任工作日记"，建立"学生成长档案袋"等。这也是总结经验，研究学生成长规律的重要依据。

(二)做好班级个别指导

班主任除了对班级群体进行指导和教育外，还应该对班级学生个体进行具体的指导。

班级个别指导包括学习指导、生活指导、品行指导和心理指导，把握学生的年龄、个性等特点，因材施教。在学校教育中，最为普遍个别指导的是基于学生学习的指导，把学生按照学习成绩分为优秀生、中间生和后进生三类，进行个别教育。

教育优秀生正确对待自己的成绩，并确立更高的努力目标。优秀生一般具有自信心足、上进心强、知识面广、智力发展有优势等特点，由于在校内外总是处在受夸奖和受人羡慕的氛围中，往往容易引起自我评价过高和骄傲自满的情况，班主任必须适时适度地加以教育。首先要经常提醒他们在日常的学习与集体生活中多发现别人的长处，让他们在别人的长处面前感到需要进一步提高。其次要注意把握表扬与批评的分寸，对他们的优点要加以肯定，但不可过于渲染；对他们的缺点要适当地指出，不可纵容。另外，要委派他们承担一定的社会工作，一方面利用他们的影响力为班级多做工作，另一方面让他们在实际工作中得到锻炼和提高。优秀生的发展潜能较大，教育优秀生为自己提出更高的努力目标，使他们在全面发展的过程中尽可能地发挥自己的潜能。但应注意全面发展要求，不可把追求好的学习成绩变成唯一的追求。要求也应适度，不要提力所不能及的过高要求。

提高中间生的自信心，激发竞争热情，使其向先进方面转化。中间生，是指在班级中思想品德、学习成绩及其他方面处于中等水平的学生。这类学生面广量大，学校教育质量的高低受他们的影响极大，班主任要调动中间学生的积极性。中间学生常常具有性格沉稳、表现一般的特点。他们通常处在不为别人特别关注的境地，好事坏事似乎都不沾边。其实这类学生隐藏着丰富的创造性，却常因为教师的漠视等问题，使他们的创造性难以展示。调动中间学生的积极性，首先要求班主任帮助他们树立自信心，产生较强烈的表现欲望。其次，要安排适当的活动、角色互换，让他们在丰富的实际活动中施展才能，激发他们向上的积极性和创造性。

对待后进生要树立正确的观念，采用科学的教学方法，根据学生的接受能力循序渐进。

(1) 情感导入：一种以满足后进生心理需要为出发点的方法。从心理学角度看，后进生的形成大多在于基本心理需要未能得到满足。因此，要从情感入手转化后进生。首先，班主任要对后进生动之以情，在师生心灵深处疏通情感交流的渠道。其次，班主任要学会爱后进生。只有爱中有严、严爱相融，才能使后进生严格要求自己、持续进步。

(2) 肯定评价：一种以增强后进生自尊心为出发点的转化方法。为了塑造或者改变后进生的行为，应争取使他们把行为归因于自己的选择，而不归因于外部的力量。为此，班主任首先要维护学生的自尊心，防止后进生产生"破罐子破摔"的想法。其次要造成适当的教育环境，并科学地运用奖励与惩罚的方法引导后进生转化。

(3) 造成"认知失调"：一种以打破后进生心理定式为出发点的转化方法。有一类后进生以为"看破红尘"，不怕管、不怕压、不听劝、不受"贿"，很难教育。班主任要学会打破他们的心理定式并使之产生"认知失调"。这是一项技术性较强的工作，一般可以通过三方面导致后进生产生"认知失调"。一是造成认识与认识之间的不协调，即用一种认识来冲击另一种认识；二是造成认识与行为之间的不协调，即以某种矛盾的行为促使后进生的心理产生不协调；三是造成行为与行为之间的不协调，即让两种矛盾的行为在同一后进生身上发生，从而导致他们产生心理"失衡"。班主任在运用该方法时首先要注意引发后进生"认知失调"的方法技巧；其次要紧紧跟进，及时稳妥地帮助他们化解心理失衡、建立新的健康的心理平衡；最后要防止产生副作用。

(三)进行家庭教育指导

家庭教育在我国愈加受到重视，家长要能够正确地实施家庭教育，首先自己要接受教育。对家长进行必要的家庭教育指导，就是帮助有问题的家长提高家庭教育的素养，树立正确的教育观念。班主任对家长的指导既包括教育理念、教育方法等一般性的指导，又必须根据本班实际，对学生的发展情况做出恰如其分的分析，有针对性地对家长进行指导。

班主任可通过召开家长会、家访和约家长来访等方式对家长进行家庭教育指导。

1. 家长会

召开家长会是班主任指导家庭教育的主要形式。班级家长会上教师一般会向家长汇报班内学生思想、学习、健康状况，指出应当注意的问题，并和家长一起研究改进教育方法等。家长座谈会是教师根据具体问题邀请部分家长来校发表意见，研究学生情况，改进班级工作。这两种班主任与家长联系形式都是班主任经常运用的。在利用这两种形式与家长联系的时候，一定要注意事前的准备工作，确定会议主题和研究的工作重点，切忌匆忙无准备地召开家长会。另外，在召开家长会之前，要与家长取得联系，通报会议内容，让家长在会前有所准备。

2. 家访

班主任指导家庭教育的另一个重要形式是家访。家访的目的是沟通学校教育和家庭教育，使之相互配合；家访工作中，教师要了解学生家庭教育情况，即学生在家情况和学生在家中的表现。要向家长介绍情况，即学生在学校的思想表现、学习成绩、同学关系、纪律表现等。通过访问，协调学校教育和家庭教育的步调，以发挥学校教育的主导作用，和家长建立良好关系，取得家长对教师工作的支持和配合。家访之前，最好和学生打好招呼，对学生家庭情况做初步了解。家访时最忌教师向家长告学生的状。与家长谈话时最好请学生一起参加，也要允许学生发言，说出自己的意见。

3. 家长学校

办好班级家长学校是班主任指导家庭教育的又一形式。苏联教育家苏霍姆林斯基说："没有家长学校，我们就不可能有真正的家庭——学校教育。"要举办班级的家长学校，定期向家长传授教育的理论与教育技巧。班主任办好本班的家长学校，能提高家长家庭教育素质，优化家庭教育环境。家长学校是提高家长教育水平的好形式，不仅传授了教育理论，而且沟通了家长与学校的联系，把学校教育与家庭教育结合在一起，教师和家长心往一处想，劲往一处使，共同促进学生的健康发展。

(四)做好学生的综合评价

班级学生评价是班主任工作的一项重要内容，对学生进行正确的评价有助于学生正确地深入地了解自己。一方面对于获得较高评价的学生，可以增强其自信心，从而制定更高的目标，激励学生进步；另一方面又能帮助学生认识到自己的不足，从而明确自己的努力方向，促进学生不断地努力。因此，班主任要做好学生的评价工作。首先，要以学生的发展为本，更加关注学生的内在潜能，着眼于学生未来学习的进步与提高。其次，要注重对学生进行质性评价和过程评价，突出对学生学习过程和思维过程的评价，考查学生在行为过程中的各种表现。最后，要注重评价的多种维度及多种方法的评价，如对学生的知、情、意、行等维度，进行综合评价。

第三节 班级管理

班级管理是班主任对班级组织实施的管理，包括对班级活动、文化和制度的建设与管理，其根本目的是实现教育目标，使学生得到充分的、全面的发展。

班级管理理念.mp4

一、班级管理的理念

(一)人本理念

在班级管理中，班主任要树立以人为本的理念，始终面向全体学生，以促进学生身心全面和谐地发展。

学生具有发展性、主动性、不稳定性和可塑性等特点，在班级管理过程中处于主体和中心的位置。首先，尊重每一个人是班级管理的最高宗旨。人本理念强调要尊重学生的主体地位，使学生主动参与班级的管理。其次，注重人的自我发展和完善是主要的管理任务。依据班级的总体目标，通过各种活动将这一目标转化为自己的个人目标，以此推进班级管理活动。最后，促进人的全面发展是班级管理的最终目标。有效地进行人本管理，促进每个学生主动、生动活泼地发展。

(二)民主理念

班主任与学生处于平等的地位，要互相尊重、互相理解，班主任要充分调动学生的积极性，让所有学生都参与管理。只有让学生真正参与班级的管理，才能培养学生的民主意识和能力。每一名学生在参与集体生活的过程中通过师生交往，在学习和生活上得到班主任的更多的帮助；通过同学之间的交往与合作，实现自身的主动发展。

(三)自主理念

自主理念强调学生的自我管理能力，引导学生进行自我教育。首先，要引导学生个体进行自我教育，指导他们学会对自己的思想和行为进行控制和反思，并自觉调节自己的日常行为，提高自己的自控力。其次，班主任要引导班级群体进行自我教育，鼓励指导班干部自主管理班级日常事务。通过各种教育活动，抓住教育时机，培养班级成员的主人翁意识。

(四)生命理念

班主任要认识到身体生命与精神生命的相互统一，帮助班级成员认识生命的价值和意义，重视对学生进行人文的关怀。教育的根本旨趣在于促进学生生命的成长和发展，而学生生命是身体生命和精神生命相统一的双重存在。班主任专业化的核心内容就是关怀学生的双重生命，让它们展现出本真的色彩而诗意地栖居于教育之中。班级管理中的生命理念要求班主任要意识到学生身体的健康发展是学生一切发展的前提和基础，不能使学生的发展建立在牺牲学生身体的代价之上。班主任更不能运用粗暴的管制方式，如体罚等来教育学生。同时班主任要关怀学生的精神生命，学生的精神生命的成长和发展有赖于班主任对学生的精神滋养和精神关怀。

二、班级日常管理

班级日常管理包括日常行为管理、班级环境管理、学生发展指导和学生评价等。

(一)日常行为管理

学生的发展不仅是知识的学习，更重要的是行为的学习。因此，班级日常行为管理是班级日常管理的首要任务。班主任可通过行为训练法、活动教育法、环境熏陶法和品德评价法等对学生的日常行为进行规范。

(二)班级环境管理

良好的班级环境可以为学生营造出良好的学习氛围，对学生的发展有着积极的作用。班级环境主要包括物质环境、文化环境和制度环境，要把三者相互融合统一，营造健康的班级环境。

(三)学生发展指导

班级日常管理不仅仅指对学生的日常行为进行规范，其根本目的在于学生的发展。学生发展指导包括集体指导和个体指导。集体指导是教师面对全班学生的指导，针对共性问题、普遍问题进行指导；个别指导是针对某个具体学生的具体问题进行指导。两者都是班级日常管理工作。班主任在班级管理中要坚持集体指导与个体指导的统一，在集体中做好对个别学生的指导，通过指导个体进而达到指导班级的目的。

(四)学生评价

《中小学班主任工作规定》指出，班主任应"做好学生的综合素质评价工作，指导学生认真记载成长记录，实事求是地评定学生操行"。对学生进行评价不仅可以规范班级成员的行为，进而起到教育的作用，还是班级管理的重要手段。班级日常管理工作中的学生评价可以通过奖惩和成长档案袋等评价方法。例如一年级第一学期，组织实践活动，使学生在学习之余积极参加各项活动，如主题班会、科技文体竞赛、参观游览等。

三、班级活动的管理

班级活动的管理是班主任从实现班级愿景出发，为建成班集体而专门开展的、由班级成员共同参与的各种教育性的班级活动。一次具体的班级活动管理主要包括确定活动目标和内容、制定活动方案、进行班级活动的准备、组织开展班级活动及总结班级活动。

(一)班级活动管理的特点

明确班级活动管理的特点可以帮助我们更好地进行班级活动管理。从组织建设出发，班级活动管理具有目的性、系统性、计划性和阶段性的特点。

第一，目的性。班级活动是学校教育活动的重要形式，班主任要为促进班级成员德智体美劳全面发展与健康成长组织班级活动，实现教育目标。

第二，系统性。一方面，班级活动由设计、准备、实施、评价四个阶段构成一个完整的活动过程；另一方面，一个班的班级活动是围绕着教育总目标，制订学期活动计划，在每个学期完成各个阶段性的教育目标。每一次班级活动都是实现阶段性教育目标的一个环节，最后组成一个完整的系统。

第三，计划性。每一次班级活动都应制订详细周密的计划，为达到教育目的提供保障。

第四，阶段性。对于不同的年级阶段的班级活动管理，会采用不同的管理模式。每一阶段的实际发展特点不同，教师的指导作用和学生的自主作用所处的位置是不同的。比如，对于低年级的班级活动管理主要以班主任指导为主，学生自主为辅；到了中年级，班主任的指导与学生的自主并重；进入高年级后，班级活动管理的特点是以学生自主为主，教师的指导为辅。

(二)班级活动的意义

班级活动具有以下意义。

(1) 班级活动对学生身心健康发展具有积极的作用。班级活动是班级教育的主要形式，通过开展各种形式的班级活动，提高学生思想道德素养，丰富学生文化知识素养，促进学生的个性健康发展，培养学生的自我教育能力。

(2) 班级活动对班级建设具有积极的作用。开展班级活动是班主任实施班级管理的主要内容，而班级组织建设需要通过班级活动来实现。通过有组织的班级活动，建设良好的班集体，使班级成员得到很好的集体指导，取得自身的发展。

(三)组织班级活动的基本要求

所有的班级活动都有严格的要求，要求班主任加强对活动的管理和指导，确保达到目标。首先，班级活动要有明确的目的和周密的计划，使每次班级活动都目的明确，并富有深刻的教育意义。其次，班级活动要以学生为主体，充分发挥学生的主动性、积极性。最后，班级活动要具有科学性和思想性，贴近学生的生活。在内容上要不断有创新，在形式上要新颖、灵活、多样且富有创造性。

📄 知识拓展

新建班级的组织建设
——浅谈如何当好一年级班主任

杜美青

一年级的班主任，面对的是从幼儿园向小学过渡的儿童，这个幼小衔接的过程很是不容易的，面对着这些天真可爱、幼稚的小孩子，我们的教学工作着实是要下些功夫。但无论如何，我们也要用我们的智慧和汗水将普通而又平凡的班主任工作做好。

一、细要求，勤指导

一年级，是人生的一个起点，一年级学生的健康成长与老师的悉心指导是分不开的，班主任对学生的成长起着重要的作用。一年级学生，天真活泼，以形象思维为主，对抽象的词语理解不够，也把握不好尺度。因此，教师对学生的习惯要求不能太笼统、太空洞，要求一定要细、要实，要学生一听就懂，知道做法，操作性强。如要求学生上课要专心听讲，那到底怎样做是专心听讲呢？那就要告诉大家手要怎么放，人要怎么坐，小耳朵和眼睛应该怎样。有时学生上课开小差了，做小动作了，随便讲话等，我们要明确地指出他具体违反了哪一条要求，使学生一听就明白，并知道怎么改正。当然，行为习惯的养成并不是一蹴而就的，孩子们对学校的每一项规章制度都是完全陌生的，这就需要老师勤于引导，让学生在反复扎实的强化训练中习得。比如坐姿问题，学生坚持不了一会儿就歪歪扭扭了，老师需要提醒、督促、矫正坐姿，可以自编儿歌反复训练。例如："要发言，先举手"。"学写字，要记牢，头正身直腿放好，一尺一拳一寸高。"上课时，老师说前半句，学生马上接着说后半句，既复习了常规，又有效地提醒、督促了不守纪律的孩子。经过这样几次三番的强化教育，行为要求就会慢慢深入学生心田，并转化为自觉行为，良好习惯也就逐步养成了。

二、多激励，少批评

苏霍姆林斯基说：教育必须是小心翼翼地去触及那幼小的心灵。给学生一个赞扬，给他们一个被别人认可的机会，使其赏识自我，便会在其幼小的心灵中，点燃追求进步的火把。对于一年级的孩子来说，激励这种方法更是体现了极大的优越性。这个年龄段的儿童更是爱听表扬，因为他们年龄小，许多说教他们听不懂，声色俱厉也只能让他们短暂地照做，过一会儿可能就忘了，可是一句表扬的话语，一颗小小的红星，做一天的值日班长，都可能让他们感到特别自豪、特别兴奋。所以，我们在班级管理中要大做"激励"这篇文章，有意放大孩子的优点。尤其是面对问题学生时，如果能尽量发现他们的优点，然后真诚地去赞赏、鼓励他们，那么我们就会发现，学生个个都是那么可爱、那么优秀。

三、教学中注意动静结合

一年级刚入学的儿童，他们的注意力容易分散，所以一定要抓住他们好动、好奇的心理，利用各种活动调动他们的积极性，让他们四肢、脑、眼、口相互配合，提高学习效率。孩子在注意力集中了一定的时间以后，就要溜号了，这时候，想办法把他们的注意力再转回到学习上来。比如：我们可以在他们读的时候，让他们配合上手和脚的动作，边读边拍手，不要让他们手脚随便乱动。这样，手脚和大脑、眼、口一齐动起来，注意力又集中起来了，而且，也使学生的协调能力有所提高。

四、提高自身素质，做好学生表率

班主任的德才学识、情感人格、言行举止等都会给学生留下深远的影响。一年级的学生天真活泼，对小学生活充满好奇，但他们分辨是非的能力较弱，有时不知道什么是对的，什么是错的。班主任对学生具有强烈的示范作用。叶圣陶先生说："身教最为贵，知行不可分。"我们在要求学生不乱扔废纸时，要首先做到不乱扔废纸，严格要求自己，潜移默化中使学生的行为习惯受到良好的熏陶。所以，新时期的班主任应不断地完善自己，在实践中总结经验，提高自身素质，严于律己，以身作则，在学生中树立一个实实在在的榜样。

五、注意做好家校配合工作

父母是孩子的第一任老师，家庭教育对孩子的成长起着举足轻重的作用。学校教育需要家长的配合，班主任工作更需要家长的信任和支持。在教育过程中若能取得家长的积极配合，对学生的教育可起到事半功倍的作用。一年级学生的家长在家庭教育方面往往不知从何入手，对孩子的教育存在过于溺爱的倾向，为此，班主任要针对学生的行为习惯、学习习惯的养成与家长交流，对家长的教育观念认真进行疏导，与家长共同探讨教育的有效方法，努力赢得家长的信任、支持和配合。平时只要发现新的问题就及时通过电话和家长联系，争取第一时间得到家长的配合；孩子取得进步也及时致电家长。班主任和家长配合起来，共同教育好孩子，这样在家长中有了威信，自然也在孩子的心目中树立起了形象，孩子也会相信我们，喜欢我们，按照我们的要求去做。

有人说："不变的老师，流水的学生。"走过了多年的教学生涯，我要说："老师也要变，老师和学生一起成长才是真正的教学相长。"班主任工作是琐碎的，但意义却很重大。新的时代向我们提出了新的要求，新课程向我们提出了新的理念，那就让我们用心思考，用心感悟，努力把自己塑造成一个新型优秀班主任。

(资料来源：杜美青. 浅谈如何当好一年级班主任[N]. 发展导报，2017-07-25(028).)

本 章 小 结

班级是现代学校制度的产物。学校教育目标实现的最基本组织单位是班级，班级组织管理的主要承担者是班主任。

班主任是一种特殊的管理者角色，具有促进学生全面发展、做好班级的日常管理、组织班级活动的开展、协调各方面教育力量等方面的职责。班主任要掌握科学的教育内容和方法，要全面了解学生，做好班级个别指导工作，对家长进行家庭教育指导，做好学生的综合评价。

现在班级管理要树立人本、民主、自主和生命的管理理念，组织好班级日常管理和班级活动的管理，创建良好的班级文化。

思 考 题

1. 班主任究竟是学校中怎样的一种角色？怎样才能担当起这一角色呢？
2. 班级是怎样一种社会组织？良好的班集体具备哪些特征？
3. 班级日常管理包括哪些内容？

主要参考文献

1. 全国十二所重点师范大学联合编写. 教育学基础[M]. 3 版. 北京：教育科学出版社，2018.

2. 陈桂生. 教育原理[M]. 上海：华东师范大学出版社，2009.

3. 陈桂生. 学校教育原理[M]. 上海：华东师范大学出版社，2012.

4. 袁振国. 当代教育学[M]. 北京：教育科学出版社，2003.

5. 王蕙. 现代教育学[M]. 北京：北京师范大学出版社，2012.

6. 王本陆. 课程与教学论[M]. 3 版. 北京：高等教育出版社，2017.

7. 王道俊，王汉澜. 教育学[M]. 3 版. 北京：人民教育出版社，1999.

8. 邵宗杰等. 教育学[M]. 3 版. 上海：华东师范大学出版社，2006.

9. 李学农. 班级管理[M]. 2 版. 北京：高等教育出版社，2010.

10. 刘志军. 教育学[M]. 北京：高等教育出版社，2011.

11. 檀传宝. 德育原理[M]. 北京：北京师范大学出版社，2007.

12. 孙培青. 中国教育史[M]. 修订版. 上海：华东师范大学出版社，2000.

13. 唐智松. 教育原理：研究与教学[M]. 重庆：西南师范大学出版社，2017.

14. [英]赫·斯宾塞. 教育论[M]. 北京：人民教育出版社，1962.

15. 王道俊，郭文安. 教育学[M]. 北京：人民教育出版社，2016.

16. 黄济，王策三. 现代教育论[M]. 北京：人民教育出版社，1996.